Mensch-Technik-Interaktion

Patrick Pötters • Sumona Sen

Mensch-Technik-Interaktion

Von Robotik bis KI – Ein interdisziplinärer Zugang zur Technik von morgen

Springer Gabler

Patrick Pötters
Fachbereich Wirtschaftsingenieurwesen –
Labor für Human Factors Engineering
& Produktion Management
Hochschule Niederrhein
Krefeld, Deutschland

Sumona Sen
Fachbereich Wirtschaftsingenieurwesen –
Labor für Human Factors Engineering
& Produktion Management
Hochschule Niederrhein
Krefeld, Deutschland

ISBN 978-3-658-49500-8 ISBN 978-3-658-49501-5 (eBook)
https://doi.org/10.1007/978-3-658-49501-5

Die Deutsche Nationalbibliothek verzeichnet diese Publikation in der Deutschen Nationalbibliografie; detaillierte bibliografische Daten sind im Internet über https://portal.dnb.de abrufbar.

Springer Gabler ist ein Imprint der eingetragenen Gesellschaft Springer Fachmedien Wiesbaden GmbH und ist ein Teil von Springer Nature.
Die Anschrift der Gesellschaft ist: Abraham-Lincoln-Str. 46, 65189 Wiesbaden, Germany

Geleitwort

Das Fachbuch Mensch-Technik-Interaktion widmet sich einer der drängendsten Fragen unserer Zeit: Wie wird das Zusammenspiel zwischen Mensch und Technik gestaltet und wie werden Aufgaben sinnvoll, wirksam und verantwortungsvoll verteilt? In Zeiten fortschreitender Automatisierung, zunehmender Digitalisierung und rasant entwickelter Künstlicher Intelligenz gewinnt diese Frage an strategischer wie praktischer Bedeutung – für die Arbeitswelt, die Technikgestaltung und nicht zuletzt für den Menschen selbst.

Die beiden Autorinnen und Autoren, Prof. Dr. Patrick Pötters und Dr. Sumona Sen, präsentieren eine umfassende und interdisziplinär fundierte Darstellung dieses komplexen Themenfelds. Die Gliederung spannt den Bogen von den wissenschaftlichen Grundlagen über Konzepte der Aufgabenallokation und Gebrauchstauglichkeit bis hin zu aktuellen Entwicklungen wie sozialen Robotern, Assistenzsystemen und der Mensch-KI-Interaktion. Das Buch verbindet theoretische Fundierung, systematische Strukturierung und anschauliche Anwendung auf bemerkenswerte Weise. Es bietet Studierenden ebenso wie Fachleuten aus Wissenschaft und Praxis eine solide Grundlage und wertvolle Orientierung.

In gewisser Weise stellt dieses Werk eine inhaltliche Weiterentwicklung des Buches Mensch-Roboter-Kollaboration dar, das ich vor fünf Jahren herausgegeben habe. Umso mehr freut es mich, dass zwei Wissenschaftler, die ich über viele Jahre hinweg begleiten durfte, dieses wichtige Thema aufgegriffen und mit wissenschaftlicher Tiefe und didaktischer Klarheit weiterentwickelt haben.

Mit Prof. Dr. Patrick Pötters verbindet mich eine langjährige Zusammenarbeit. Bereits als Student im Masterstudium zeichnete er sich durch analytisches Denken, hohe Eigenständigkeit und ausgeprägtes fachliches Interesse aus. Ich durfte ihn auf seinem akademischen Weg begleiten und war zuletzt Vorsitzender der Berufungskommission, die ihn auf die Professur an unserer Hochschule berufen hat – eine Entscheidung, die sich angesichts seiner Leistungen in Lehre, Forschung und akademischer Selbstverwaltung als überaus tragfähig erwiesen hat.

Auch Dr. Sumona Sen durfte ich bereits während ihres Studiums an der Hochschule Niederrhein betreuen. Als wissenschaftliche Mitarbeiterin meines Fachbereichs überzeugte sie durch präzises Arbeiten, hohe Reflexionsfähigkeit und ein feines Gespür für die gesellschaftliche Relevanz technischer Fragestellungen. Ihre zahlreichen, renommierten Veröffentlichungen sowie ihre Promotion an der Universität Kassel – die ich als Mitglied der Promotionskommission mit großem Respekt begleitet habe – zeugen von einer konsequenten und substanzreichen wissenschaftlichen Profilbildung.

Es ist mir eine besondere Freude und Genugtuung zu sehen, wie die beiden Autoren mit diesem Buch die thematische Linie der Mensch-Technik-Interaktion fortführen und auf hohem fachlichen Niveau weiterentwickeln. Das Werk steht exemplarisch für eine neue Generation von Wissenschaftlerinnen und Wissenschaftlern, die technische Systeme nicht allein unter Effizienz- und Funktionsaspekten betrachten, sondern sie auch aus humanwissenschaftlicher und gesellschaftlicher Perspektive gestalten wollen.

Ich wünsche dieser Publikation die breite Beachtung, die sie verdient – in der universitären Lehre, in der angewandten Forschung und in der Diskussion um die Zukunft der digitalen Arbeitswelt.

Dortmund, Deutschland
im Juni 2025

Hans-Jürgen Buxbaum

Vorwort

Die Idee zu diesem Buch entstand aus einer Vielzahl von Diskussionen auf Konferenzen, Projekten und Lehrveranstaltungen zum Thema Mensch-Technik-Interaktion – einem Fachgebiet, das in den letzten Jahren zunehmend an Bedeutung gewonnen hat, insbesondere in der derzeit diskutierten Industrie 5.0. Die immer stärkere Verflechtung von Mensch und Technik in nahezu allen Lebens- und Arbeitsbereichen stellt uns vor neue Herausforderungen, verlangt nach wissenschaftlicher Fundierung und praktischen Lösungen und wirft nicht zuletzt auch ethische Fragen auf. Ziel dieses Buches ist es, die Mensch-Technik-Interaktion in ihrer ganzen Breite darzustellen – von den theoretischen Grundlagen über die Konzepte der Aufgabenverteilung bis hin zu aktuellen Entwicklungen wie der sozialen Robotik oder der Mensch-KI-Interaktion. Dabei möchten wir nicht nur ein wissenschaftlich fundiertes Lehr- und Fachbuch vorlegen, sondern auch Denkanstöße geben und zur kritischen Reflexion anregen. Es richtet sich gleichermaßen an Studierende, Lehrende sowie an Fachleute aus Praxis und Forschung. Ein solches Werk entsteht nie im Alleingang. Unser besonderer Dank gilt dem Fachbereich Wirtschaftsingenieurwesen der Hochschule Niederrhein, der dieses Projekt durch kontinuierliche Unterstützung in Lehre und Forschung mit ermöglicht hat. Ebenso danken wir Herrn Ristic, der uns als studentische Hilfskraft engagiert, gewissenhaft und zuverlässig unterstützt hat. Ein weiterer Dank geht an Frau Kramer vom Springer Verlag, deren sorgfältige redaktionelle Begleitung und konstruktive Rückmeldungen einen wesentlichen Beitrag zur Qualität und Klarheit dieses Buches geleistet haben. Nicht zuletzt danken wir all den Kolleginnen und Kollegen, Studierenden und Partnern aus der Praxis, die uns in Gesprächen, Diskussionen und gemeinsamen Projekten wertvolle Impulse gegeben haben. Ihre Fragen, Kritik und Perspektiven haben uns immer wieder motiviert, das Thema Mensch-Technik-Interaktion nicht nur zu durchdringen, sondern auch weiterzuentwickeln.

Wir hoffen, dass dieses Buch einen Beitrag dazu leistet, technische Systeme menschengerecht, nachhaltig und verantwortungsvoll zu gestalten.

Krefeld, Deutschland
im Juli 2025

Patrick Pötters
Sumona Sen

Inhaltsverzeichnis

Über die Autoren

Prof. Dr.-Ing. Patrick Pötters ist Professor für die Fachgebiete Mensch-Technik-Interaktion und Produktionsmanagement, sowie Leiter des Labors für Human Factors Engineering & Production Management an der Hochschule Niederrhein im Fachbereich Wirtschaftsingenieurwesen und Unternehmensberater. Er beschäftigt sich seit über 15 Jahren mit dem Aufbau von Arbeitssystemen, insb. in der Produktion. Ein weiterer Schwerpunkt liegt in der Optimierung von Prozessen mit geeigneten Methoden und Managementansätzen, wie dem Lean Management, Six Sigma, Human Factors Engineering und dem Prozessmanagement. Dabei liegt der Fokus im optimalen Zusammenspiel aus Mensch und Technik. Seit 2020 ist auch das umfassende Themengebiet der künstlichen Intelligenz und der Interaktion mit dem Mensch Teil seiner Arbeit in der Wissenschaft und in Industrieprojekten.

Dr. Sumona Sen ist an der Hochschule Niederrhein in Kooperation mit der Lufthansa Aviation Training in dem Post Doc-Qualifizierungsprogramm „Tandem Niederrhein" im Labor für Human Factors Engineering & Production Management tätig. Dabei liegt Ihr Fokus auf Human-Factors Engineering, dass sowohl in Lehrgängen bei der Lufthansa als auch in Modulen wie Ingenieurspsychologie und Gebrauchstauglichkeit zum Tragen kommt. Sie schloss 2025 erfolgreich Ihre Promotion im Bereich der Mensch-Roboter-Kollaboration ab und beschäftigt sich in Ihrer Forschung mit aktuellen Technologien für Industrie und Wirtschaft im Hinblick auf die menschliche Verarbeitung und Leistung.

Einleitung

1

Die Mensch-Technik-Interaktion (MTI) ist ein zentrales Thema der modernen Arbeits- und Lebenswelt und beschreibt die wechselseitige Beziehung zwischen Menschen und technischen Systemen. Diese Interaktion hat sich historisch stetig weiterentwickelt und bildet heute die Grundlage vieler technologischer Innovationen und gesellschaftlicher Transformationen. Die MTI muss dabei als eine interdisziplinäre Disziplin, bestehend aus den Ingenieurwissenschaften, der Informatik, der Psychologie und den Arbeitswissenschaften, verstanden werden. Ziel dieses Lehr- und Fachbuchs ist es, Fachthemen, die Entwicklung, die Grundlagen und Zukunftsperspektiven der MTI umfassend darzustellen und zugleich praxisnahe Anwendungen und theoretische Konzepte aus den verschiedenen Disziplinen zu integrieren. Es richtet sich gleichermaßen an Studierende, Lehrende sowie an Fachleute in Wissenschaft und Praxis.

1.1 Historischer Überblick: Von der Werkzeugnutzung zur KI-gestützten Interaktion

Die Wurzeln der Mensch-Technik-Interaktion reichen weit in die Geschichte zurück. Bereits in der Steinzeit nutzten Menschen einfache Werkzeuge wie Faustkeile, Speere oder Schleifsteine, um ihre Umwelt aktiv zu gestalten und ihre Überlebenschancen zu verbessern (Wirtz 2024). Diese Werkzeuge stellten frühe Formen technischer Systeme dar, bei denen die physische Interaktion im Vordergrund stand. Die Entwicklung des Rads, der Töpferscheibe oder des Pflugs im Alten Orient um 3000 v. Chr. markierte weitere Meilensteine auf dem Weg zur systematischen Nutzung technischer Artefakte (Peters 2021).

Die industrielle Revolution brachte eine tiefgreifende Transformation: Maschinen wie die Dampfmaschine, mechanische Webstühle oder frühe Rechenmaschinen wie jene von Wilhelm Schickard (1623) und Charles Babbage (1837) zeigten, dass Technik nicht nur unterstützend, sondern produktionsbestimmend eingesetzt werden konnte (Peters 2021).

P. Pötters, S. Sen, *Mensch-Technik-Interaktion*,
https://doi.org/10.1007/978-3-658-49501-5_1

Der Mensch wurde zunehmend Teil eines arbeitsteiligen Systems, woraus sich neue Herausforderungen an Ergonomie, Sicherheit und kognitiven Anforderungen ergaben.

Noch vor der Etablierung des Begriffs „Mensch-Computer-Interaktion" entwickelte sich seit Ende der 1950er-Jahren das Feld der Mensch-Maschine-Interaktion (MMI), insbesondere im Bereich der Kybernetik, Luftfahrt und Automatisierungstechnik. Hier lag der Fokus auf der Schnittstelle zwischen Mensch und mechanischen bzw. elektronischen Systemen – etwa in Cockpits, Steuerzentralen oder industriellen Kontrollsystemen. Diese frühe Form der Interaktionsforschung war stark technisch geprägt, betonte aber bereits die Bedeutung ergonomischer und sicherheitsrelevanter Faktoren. Der Begriff MMI ist bis heute in der Industrie gebräuchlich, insbesondere bei Maschinensteuerung, Automatisierung und sicherheitskritischen Systemen.

Ab den 1970er-Jahren wurde zunehmend deutlich, dass Computer als eigenständige Interaktionspartner eine besondere Rolle einnehmen. Daraus entstand das Forschungsfeld der Mensch-Computer-Interaktion (MCI), das sich vor allem mit der Gestaltung digitaler Schnittstellen und der Benutzerfreundlichkeit von Computersystemen befasst (Card et al. 1983). Mit der Ausweitung der Digitaltechnik in Alltag und Arbeitswelt wurde es notwendig, die menschlichen kognitiven Fähigkeiten und Bedürfnisse stärker in den Mittelpunkt der Technikgestaltung zu stellen.

Seit Ende der 1990er-Jahren hat sich schließlich der umfassendere Begriff Mensch-Technik-Interaktion in der Forschung etabliert, wobei dieser schon in den 1980er-Jahren in Artikeln genannt wurde. Er reflektiert heute die zunehmende Verschmelzung physischer, digitaler und autonomer technischer Systeme. MTI beschreibt die dynamische Interaktion zwischen Nutzern und technischen Systemen in Form von Kommunikation, Steuerung, Zusammenarbeit und Feedbackprozessen (Peissner und Hipp 2013). Sie umfasst sowohl direkt steuerbare Geräte (z. B. Touchscreens, Sprachassistenten) als auch autonome Systeme, wie smarte Ampeln oder adaptive Assistenzsysteme. Dabei gilt es, technische Systeme so zu gestalten, dass sie den Fähigkeiten, Bedürfnissen und Erwartungen der Nutzer entsprechen.

Soziologisch betrachtet ist MTI ein symmetrisches Wechselspiel: Technik wird nicht nur genutzt, sondern tritt als Akteur in sozialen Kontexten auf. Konzepte wie maschinelles Lernen, personalisiertes Feedback oder algorithmische Entscheidungen machen technische Systeme zu adaptiven Interaktionspartnern (Weyer und Fink 2011).

MTI löst die früheren Begriffe MMI und MCI insofern ab, als sie eine integrative Perspektive auf sämtliche Formen technischer Systeme bietet – von mechanischen Werkzeugen über digitale Interfaces bis hin zu KI-basierten und vernetzten Systemen. Der Begriff wurde insbesondere durch interdisziplinäre Forschung, sowie durch Programme des Bundesministeriums für Bildung und Forschung (BMBF) seit 2010 gestärkt und erweitert den Fokus über funktionale Interaktion hinaus auf emotionale, soziale und kontextuelle Dimensionen (Peissner und Hipp 2013).

Übergeordnet, mit dem heutigen Wissen, beschäftigt sich die MTI mit der Konzeption, Implementierung und Evaluation von Interaktionen mit Technik, die den Menschen in den Mittelpunkt einer Systemgestaltung stellt.

Seit den 2000er-Jahren stehen dabei intuitive Schnittstellen (Touch, Sprache, Gesten), immersives Design (AR/VR) sowie KI-gestützte Interaktionen im Mittelpunkt der Entwicklung (Wirtz 2024). Ein aktueller Meilenstein war die Einführung von ChatGPT im Jahr 2022, das erstmals eine skalierbare, natürliche Sprachinteraktion zwischen Menschen und Maschine ermöglichte. Abb. 1.1 gibt einen zeitlichen Überblick der MTI-Entwicklung.

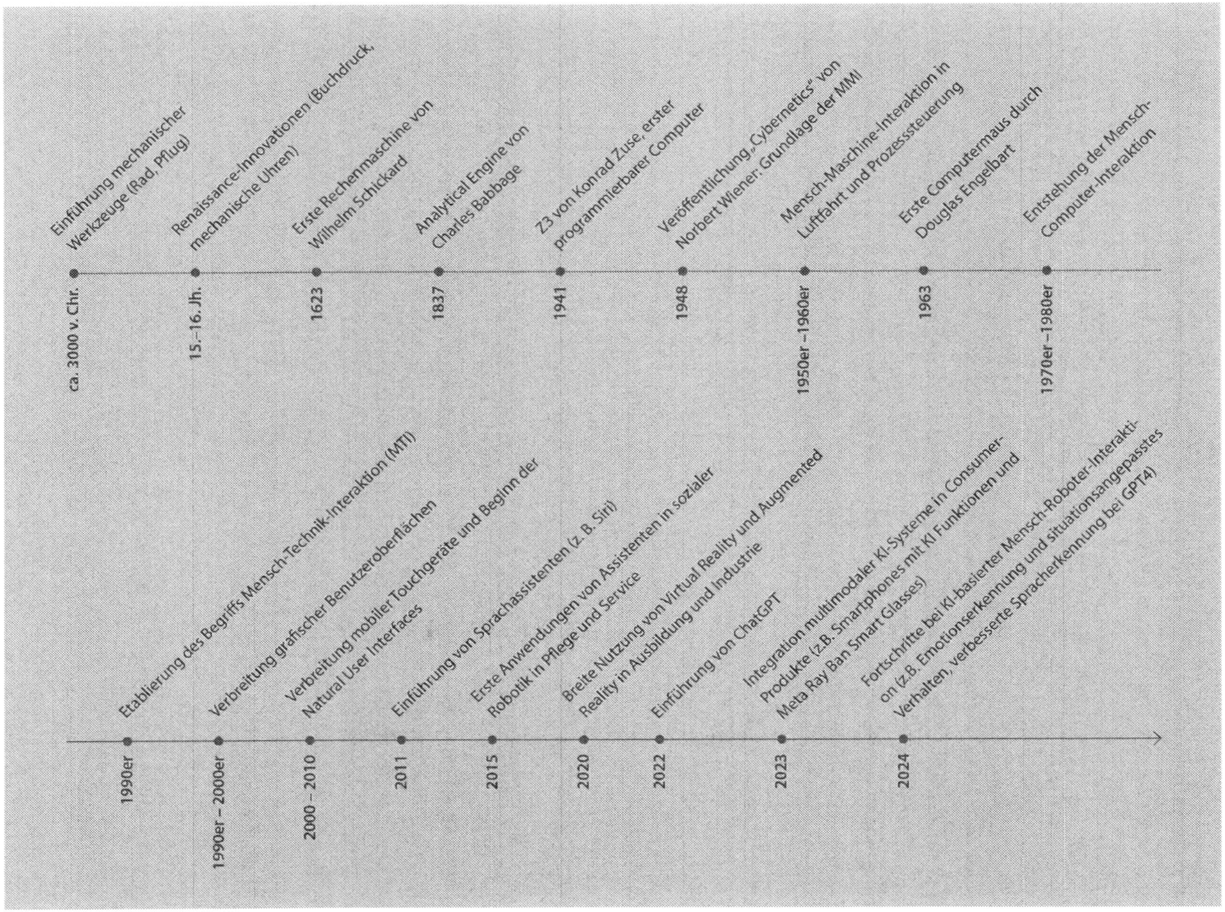

Abb. 1.1 Zeitstrahl zur Entwicklung der Mensch-Technik-Interaktion

1.2 Zukunftsperspektiven und technologische Entwicklungen

Neue Technologien wie Eye-Tracking, Gestenerkennung oder haptische Rückmeldungen verändern die Art und Weise, wie Menschen mit Technik interagieren. Diese Entwicklungen sind insbesondere in hybriden Mensch-Maschine-Systemen relevant, etwa in der Industrie, der Pflege oder der Mobilität (Bullinger-Hoffmann 2023; Peissner und Hipp 2013).

Künstliche Intelligenz spielt dabei eine zentrale Rolle: Sie übernimmt Aufgaben der Datenanalyse, trifft (teil-)autonome Entscheidungen und individualisiert die Interaktion. Gleichzeitig stellen sich ethische Fragen zur Transparenz, Fairness und Verantwortung, insbesondere bei Technologien, oder sozialen Robotern.

Die Neuroarbeitswissenschaft, welche in diesem Buch fachlich nicht behandelt wird, liefert zusätzliche Impulse zur Gestaltung der MTI, indem sie die kognitiven Prozesse der Nutzer analysiert und in die Entwicklung technischer Systeme integriert (Vukelić 2015). Dies fördert eine menschengerechte, nachhaltige und adaptive Technikgestaltung, die sowohl Effizienz als auch Akzeptanz steigert.

1.3 Aufbau des Buches

Das vorliegende Lehr- und Fachbuch gliedert sich in sieben thematische Hauptkapitel, die jeweils zentrale Aspekte der MTI systematisch behandeln:

1. **Einleitung**
2. **Basiswissenschaften** – Dieses Kapitel legt das wissenschaftliche Fundament. Es behandelt die Beziehung zwischen Automatisierung und MTI, wirtschaftliche Aspekte der Produktion, den Einfluss der Digitalisierung, ergonomische und psychologische Grundlagen (Human Factors Engineering) sowie die Rolle der Künstlichen Intelligenz.
3. **Mensch-Technik-Funktionsteilung** – Es fokussiert auf die Allokation von Aufgaben in soziotechnischen Systemen und zeigt, wie diese zwischen Mensch und Technik verteilt werden können. Aspekte wie Aufgabenanalyse und flexible Aufgabenteilung stehen im Zentrum.
4. **Gebrauchstauglichkeit** – An dieser Stelle werden die Prinzipien des nutzerzentrierten Designs behandelt. Es führt in zentrale Begriffe ein, stellt Normen und Evaluationstechniken vor und erläutert Methoden der Usability-Forschung sowie Heuristiken.
5. **Mensch-KI-Interaktion** – Hier werden KI-Modelle, Methoden und Anwendungsbeispiele vorgestellt. Der Fokus liegt auf der Gestaltung intelligenter Systeme, die mit Menschen in sinnvollen Interaktionen stehen.
6. **Soziale Robotik** – Dieses Kapitel beleuchtet technologische, gesellschaftliche und ethische Aspekte sozialer Roboter, inklusive der Einsatzfelder Pflegerobotik, Sexrobotik und der Servicerobotik.

7. **Assistenzsysteme** – Im siebten Kapitel werden konkrete ausgewählte Technologien wie Exoskelette, AR/VR, autonome Fahrzeuge und MRK-Systeme vorgestellt, ergänzt durch Use Cases aus der Praxis.
8. **Anthropomorphisierung von Technik** – Das letzte Kapitel beschäftigt sich mit der Zuweisung menschlicher Eigenschaften an technische Systeme. Es umfasst eine Einführung in das Konzept der Anthropomorphisierung und Gestaltung, sowie die verschiedenen Gestaltungsdimensionen: Kommunikation, Kontext und Bewegung. Abgerundet wird es mit der Humanoiden Robotik.

Die Mensch-Technik-Interaktion steht im Zentrum einer Welt im Wandel -insbesondere in der Forschung diskutierten Industrie 5.0 (siehe Abschn. 2.2) ist die MTI ein wichtiger Bestandteil. Sie verbindet technologische Entwicklungen mit gesellschaftlichen Bedürfnissen und bietet die Chance, Technik und Arbeitssysteme menschlich und nachhaltig zu gestalten.

Ein kleiner Tipp am Rande: Recherchieren Sie gerne auf gängigen Plattformen zu dem hier im Buch erwähnten technischen Artefakten, um einen erweiterten visuellen Überblick zu bekommen. Insbesondere Videos bieten sich dafür an.

Literatur

Bullinger-Hoffmann, A. (2023). Chancen und Herausforderungen hybrider Mensch-Maschine-Interaktion am Beispiel des Innovationsprozesses. In: A. C. Bullinger-Hoffmann (Hrsg.), *Interaktive Wertschöpfung zwischen Mensch und Maschine (KI)* (S. 45–60). Springer Vieweg, Wiesbaden.

Card, S. K., Moran, T. P., & Newell, A. (1983). *The Psychology of Human-Computer Interaction.* Lawrence Erlbaum Associates, Hillsdale, NJ.

Peissner, M., & Hipp, C. (2013). Potenziale der Mensch-Technik-Interaktion für die effiziente und vernetzte Produktion von morgen. In: D. Spath & A. Weisbecker (Hrsg.), *Produktionsarbeit der Zukunft – Industrie 4.0* (S. 1091–1103). Fraunhofer Verlag.

Peters, G. (2021). *Einführung in die Mensch-Computer-Interaktion.* FernUniversität in Hagen, Lehrgebiet Mensch-Computer-Interaktion.

Vukelić, M. (2015). Neuroarbeitswissenschaft und Mensch-Technik-Interaktion. *Zeitschrift für Arbeitswissenschaft*, 69(2), 101–112.

Weyer, J., & Fink, R. (2011). Die Interaktion von Mensch und autonomer Technik in soziologischer Perspektive. *TATuP – Zeitschrift für Technikfolgenabschätzung in Theorie und Praxis*, 20(1), 39–45. https://doi.org/10.14512/tatup.20.1.39

Wirtz, B. W. (2024). *Künstliche Intelligenz und Geschäftsmodelle: Grundlagen, Anwendungen und Implikationen der KI-Revolution.* Springer Gabler.

Basiswissenschaften

2

Dieses zweite Kapitel widmet sich den grundlegenden Disziplinen, die das Fundament für das Verständnis der Mensch-Technik-Interaktion (MTI) bilden. Dazu zählen unter anderem Ergonomie, Human Factors Engineering, Automatisierung, Künstliche Intelligenz (KI), Maschinenethik, Produktionswirtschaft und Digitalisierung. Sie liefern sowohl theoretische als auch praktische Grundlagen, um die komplexen Wechselwirkungen zwischen Mensch und Technik zu analysieren, zu gestalten und zu optimieren. Der Schwerpunkt liegt auf der Anwendung dieses Wissens und seinem Beitrag zur Entwicklung menschengerechter Technologien. Jeder Abschnitt beleuchtet kurz die Entwicklung und die theoretischen Grundlagen der jeweiligen Disziplin und zeigt auf, wie diese miteinander verzahnt das Fundament einer erfolgreichen Mensch-Technik-Interaktion bilden.

2.1 Automatisierung und Mensch-Technik-Interaktion: Eine symbiotische Beziehung

Die Automatisierung hat die industrielle Landschaft und Arbeitswelt nachhaltig verändert. Sie beschreibt die Übertragung von Aufgaben an technische Systeme, die diese ganz oder teilweise ohne menschliches Zutun ausführen. Trotz wachsender Autonomie technischer Systeme bleibt der Mensch jedoch ein zentraler Akteur. Die Mensch-Technik-Interaktion spielt daher eine Schlüsselrolle bei der Gestaltung und Optimierung automatisierter Systeme.

Bis zur dritten industriellen Revolution in den 1980er-Jahren wurden Anlagen, wie bereits in der Einleitung beschrieben, vorwiegend manuell gesteuert. Der Mensch fungierte nicht nur als Bediener, sondern als entscheidende Instanz im Prozess: Er erfasste Zustandsgrößen, verarbeitete Informationen kognitiv und griff aktiv in Abläufe ein. Diese Tätigkeiten lassen sich als technischer Regelkreis verstehen, in dem der Mensch die Rolle

P. Pötters, S. Sen, *Mensch-Technik-Interaktion*,
https://doi.org/10.1007/978-3-658-49501-5_2

des Reglers übernahm. Ein frühes Beispiel für Automatisierung war die Karosseriefertigung in der Automobilindustrie: Schon in den 1960er-Jahren führten Roboter dort Punktschweißprozesse nahezu vollautomatisch durch. Dennoch blieb menschliches Eingreifen für Wartung, Überwachung und Fehlerbehebung unerlässlich.

Mit der vierten industriellen Revolution (Industrie 4.0) hat sich die Rolle des Menschen weiter gewandelt. Durch die Integration cyber-physischer Systeme (CPS), des Internets der Dinge (IoT) und Künstlicher Intelligenz entstehen intelligente, vernetzte Systeme mit Selbstoptimierungspotenzial. Der Mensch bleibt jedoch unverzichtbar – als Entwickler, Überwacher oder Entscheidungsinstanz in kritischen Situationen.

Die DIN V 19233 definiert Automatisierung als „das Ausrüsten einer Einrichtung, sodass sie ganz oder teilweise ohne Mitwirkung des Menschen bestimmungsgemäß arbeitet." Selbst hochautomatisierte Systeme benötigen menschliche Kontrolle. Die Aufgaben verlagern sich zunehmend von direkter Steuerung hin zur Überwachung und Systemoptimierung. Dies erfordert neue Interaktionsformen, die sowohl kognitive als auch physische Fähigkeiten berücksichtigen. Kap. 3 beleuchtet deshalb in Grundzüge der Mensch-Technik Funktionsteilung, um wesentliche Prozesse gelingender Mensch-Technik-Interaktion zu beschreiben.

Ein zentrales Element sind Mensch-Maschine-Schnittstellen (MMS), über die Nutzer mit komplexen Systemen interagieren. Solche Schnittstellen müssen so gestaltet sein, dass sie die Gebrauchstauglichkeit (Usability) und das Situationsbewusstsein fördern. Laut ISO 9241-110 sind dabei Prinzipien wie Aufgabenangemessenheit, Selbstbeschreibungsfähigkeit und Erwartungskonformität entscheidend. Die Gebrauchstauglichkeit wird ausführlich in Kap. 4 behandelt.

Die wachsende Komplexität automatisierter Systeme bringt neue Herausforderungen mit sich. Die Arbeitsbelastung des Menschen verlagert sich von physischer hin zu kognitiver Beanspruchung. Studien zeigen, dass die Überwachung hochautomatisierter Systeme zu Vigilanzproblemen führen kann, da Aufmerksamkeit über lange Zeiträume aufrechterhalten werden muss.

Ein weiteres Problem ist die begrenzte Fehlertoleranz automatisierter Systeme. Während der Mensch flexibel auf unvorhergesehene Situationen reagieren kann, stoßen Maschinen hier oft an ihre Grenzen. Daher ist es essenziell, die Mensch-Technik-Interaktion so zu gestalten, dass effektives menschliches Eingreifen jederzeit möglich ist. Dies bedingt eine klare Aufgabenverteilung und die Berücksichtigung menschlicher Faktoren in der Systemgestaltung.

Die Zukunft der Automatisierung liegt in der Entwicklung autonomer Systeme, die sich an veränderliche Bedingungen anpassen und miteinander kommunizieren können. Der Mensch wird dabei zunehmend strategische Aufgaben übernehmen und ethische Bewertungen vornehmen. Transparenz ist hierbei zentral: Nur wenn Entscheidungsprozesse nachvollziehbar sind, kann eine effektive Interaktion stattfinden.

Ein Beispiel ist das autonome Fahren (siehe Kap. 7), bei dem Fahrzeuge in der Lage sind, Fahraufgaben selbstständig zu übernehmen. Dennoch obliegt es dem Menschen, in kritischen Situationen einzugreifen. Dies erfordert eine intuitive Gestaltung der Schnittstelle, die dem Fahrer in Echtzeit relevante Informationen bereitstellt.

2.2 Produktionswirtschaft

Der Begriff „Produktion" leitet sich vom lateinischen „producere" ab, was so viel bedeutet wie „hervorbringen" oder „heraufführen" (Langenscheidt 2008). Waffenschmidt definierte Produktion 1955 rein technisch als „Förderung und Umwandlung der Stoffe" und schrieb die eigentliche Erzeugung von Stoffen der Natur zu (Waffenschmidt 1955). Diese Sichtweise gilt heute als überholt. Betrachtet man jedoch die lange Tradition der Produktionswirtschaft, zeigt sich, dass frühe Schriften vor allem mikroökonomische Überlegungen bezüglich Systematik von Produktionsfaktoren und -funktionen aus agrarwirtschaftlicher Sicht enthalten (Steven 2007). In diesem Sinne entwickelt sich auch die Produktionstheorie aus dem Interesse, die quantitativen Beziehungen zwischen Faktoreinsatz- und Ausbringungsmenge rational erklären zu können (Bloech et al. 2014).

Stellt man verschiedene modernere Definitionen gegenüber wird deutlich, dass sowohl die Lehre als auch die betriebliche Praxis den Produktionsbegriff unterschiedlich auslegt und verschiedene Schwerpunkte setzt. So differenzieren Günther und Tempelmeier die industrielle Produktion – ein Gesamtsystem aus miteinander verknüpfter Teilsystemen– von der betriebswirtschaftlichen, welche vorrangig die Produktion von Sachgütern fokussiert (Günther und Tempelmeier 2012). Darüberhinaus können hinsichtlich des Begriffsumfangs folgende drei Definitionsvorschläge abgegrenzt werden (Wöhe und Döring 2005; Corsten und Gössinger 2012):

Produktion im weiteren Sinne bzw. als Faktorkombinationsprozess: Demnach inkludiert Produktion jeden betrieblichen Prozess, bei dem Produktionsfaktoren, wie die Betriebsmittel, Werkstoffe und die Arbeitskraft von Menschen kombiniert werden.

Die Produktion ist im engeren Sinne ein werteschaffender Prozess. Infolgedessen werden alle Funktionen und Prozesse unter Produktion verstanden, die als wertschöpfend kategorisiert werden können.

Diese unterschiedlichen Perspektiven vereint eine umfassende Definition von Kern (1979): „Produktion ist die sich in betrieblichen Systemen oder Subsystemen vollziehende, auf Wiederholung angelegte, systematische Bildung von Faktorkombinationen i.S. einer Anwendung von technischen oder konzeptionellen Verfahren, welche für die Erfüllung des Systemzwecks (Sachziel) nötig sind und die beabsichtigte nutzensteigernde Veränderung derjenigen materiellen und/oder immateriellen Güter ermöglichen, welche die materielle oder immaterielle Hauptleistung des Systems [...] darstellen." (Kern 1979)

Die Produktionswirtschaft wird sowohl in der Betriebswirtschaftslehre als auch in den Ingenieurwissenschaften behandelt (Dyckhoff 2006). Insbesondere wird sich mit der Gestaltung, Überwachung und Steuerung eines Produktionssystems sowie der eingesetzten Ressourcen beschäftigt (Schuh und Schmidt 2014).

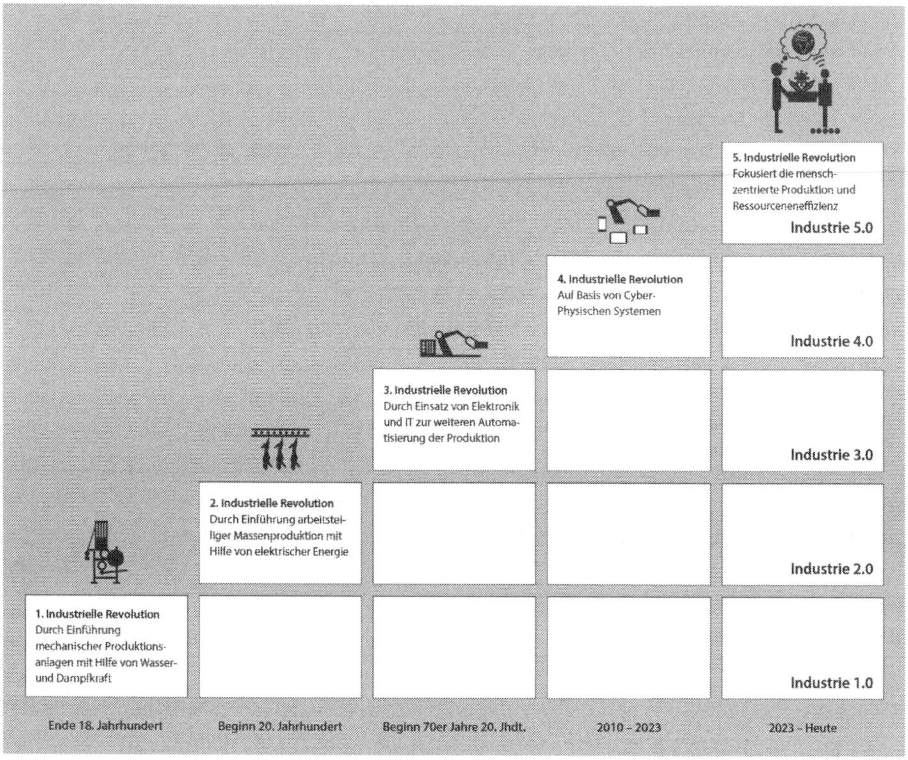

Abb. 2.1 Fünf Stufen der industriellen Produktion. (In Anlehnung an Bitkom 2014; European Commission 2024)

Der Stellenwert der industriellen Produktion in der deutschen Wirtschaft hat im Verlauf der letzten Jahrzehnte abgenommen. Der Anteil am Bruttoinlandsprodukt liegt in 2024 bei etwa 10 %. Aufgrund der diversen Krisen seit 2020 lässt sich jedoch eine Verlangsamung dieses Rückgangs oder sogar eine Umkehr vermuten.

Während die Produktion in den 1970er-Jahren durch vergleichsweise einfache Systeme gekennzeichnet war (Hopp und Spearman 2008), sieht sie sich heute mit einer Vielzahl neuer Herausforderungen konfrontiert: globale Märkte und Krisen, Supply-Chain-Partnerschaften, Nachhaltigkeitsanforderungen, kurze Produktentwicklungszyklen, kundenindividuelle Massenproduktion, Just-in-time-Lieferungen sowie qualifizierte und selbstverantwortliche Mitarbeitende. In Abb. 2.1 werden die 5 Revolutionen der Industrie dargestellt.

- Die erste industrielle Revolution begann im 18. Jahrhundert mit der Mechanisierung durch den mechanischen Webstuhl und die Dampfmaschine.
- Die zweite folgte Ende des 19. Jahrhunderts mit der Elektrifizierung, der Entwicklung von Fließbändern und dem Übergang zur Massenproduktion.

- Die dritte setzte in der Mitte des 20. Jahrhunderts ein, geprägt durch die Automatisierung und den Einsatz von Computern.
- Die vierte Revolution, Industrie 4.0, beschreibt den gegenwärtigen Wandel hin zu intelligenten, sich selbst steuernden Produktionssystemen auf Basis digitaler Technologien.
- Die fünfte Revolution ist eine Weiterentwicklung der vierten Revolution, mit der sich die Forschung intensiv seit 2023 beschäftigt. Dies wird in der derzeitigen Forschungslandschaft kontrovers diskutiert. Ein Hauptmerkmal ist dabei die MTI, worin die humanzentrierte Gestaltung und Interaktion von und mit Arbeitssystemen im Mittelpunkt steht. Des Weiteren rückt die ressourcenschonende Produktion immer mehr in den Vordergrund.

In den folgenden Hauptkapiteln werden u. a. Use Cases und Beispiele aus der Produktion genutzt und detailliert dargestellt. Die Beschreibung der Produktion an dieser Stelle dient dafür als Basiswissen.

2.3 Digitalisierung: Transformation der Mensch-Technik-Interaktion

Die Digitalisierung ist ein prägender Megatrend des 21. Jahrhunderts und verändert grundlegend die Art und Weise, wie Menschen mit Technik interagieren. Sie beschreibt die umfassende Integration digitaler Technologien in nahezu alle Lebens- und Arbeitsbereiche – von Industrie und Gesundheitswesen bis hin zum privaten Alltag. Im Kontext der Mensch-Technik-Interaktion ermöglicht sie die Entwicklung von Systemen, die intuitiver, effizienter und adaptiver sind, wodurch neue Formen der Zusammenarbeit zwischen Mensch und Technik entstehen.

Grundlage der Digitalisierung sind die Vernetzung von Systemen, die Verarbeitung großer Datenmengen (Big Data) sowie der Einsatz von Algorithmen, die komplexe Aufgaben automatisieren und optimieren. Ein zentrales Konzept ist das Internet der Dinge (IoT): Physische Objekte sind über das Internet miteinander verbunden und tauschen kontinuierlich Daten aus. Dies ermöglicht die Schaffung intelligenter Umgebungen, etwa in Form von Smart Homes, die sich automatisch an die Bedürfnisse ihrer Nutzer anpassen.

Ein weiteres zentrales Element ist das Cloud Computing. Es erlaubt, Daten und Anwendungen über das Internet bereitzustellen und zu verarbeiten, was neue Formen kollaborativer Arbeit und KI-gestützter Dienste ermöglicht. Zugleich gewinnt die Cybersicherheit an Bedeutung, da die zunehmende Vernetzung auch neue Risiken für Datenschutz und IT-Sicherheit mit sich bringt (Dulebohn und Hoch 2017).

Die Digitalisierung transformiert die Mensch-Technik-Interaktion, indem sie neue Kommunikations-, Kooperations- und Steuerungsmöglichkeiten schafft. Mobile Kommunikation beispielsweise erlaubt orts und zeitunabhängigen Zugriff auf Informationen und Dienste. Dadurch verschmelzen physische und digitale Welten – ein Phänomen, das unter dem Begriff Mixed Reality zusammengefasst wird. Technologien wie Virtual Reality (VR) und Augmented Reality (AR), die in Kap. 7 thematisiert werden, verdeutlichen diese Entwicklung.

Ein weiteres Beispiel ist die virtuelle Zusammenarbeit, ermöglicht durch Plattformen wie Microsoft Teams oder Zoom. Diese Tools erlauben standortunabhängiges Arbeiten und fördern die Effizienz und Flexibilität von Teams. Studien weisen allerdings auch auf Herausforderungen wie Kommunikationsbarrieren oder soziale Isolation hin, die durch geeignete Maßnahmen kompensiert werden müssen.

Gleichzeitig bringt die Digitalisierung Herausforderungen mit sich. Eine davon ist die digitale Spaltung: Nicht alle Bevölkerungsgruppen haben gleichermaßen Zugang zu digitalen Technologien. Dies erfordert die Anwendung inklusiver Designprinzipien, um Barrierefreiheit und Nutzerfreundlichkeit für alle sicherzustellen.

Auch Datenschutz und Datensicherheit sind zentrale Themen. Die allgegenwärtige Erhebung und Verarbeitung von Nutzerdaten erfordert robuste Schutzmechanismen – etwa durch Verschlüsselungstechnologien und klare Datenschutzrichtlinien, die die Rechte der Nutzer wahren.

Ein Beispiel für die Digitalisierung in der Mensch-Technik-Interaktion ist der Einsatz von Robotern in der Pflege. Hier verbessern digitale Technologien die Patientenversorgung und entlasten Arbeitskräfte (Graf et al. 2022).

Weitere Anwendungsbeispiele der digitalisierten Welt:

- Smart Cities: Entwicklung intelligenter urbaner Infrastrukturen zur Verbesserung der Lebensqualität.
- E-Health: Digitalisierung des Gesundheitswesens zur Optimierung der Patientenversorgung.
- Bildung: Nutzung digitaler Technologien zur Individualisierung des Lernens und Förderung der Kollaboration.

Ein besonders zukunftsträchtiges Konzept ist der digitale Zwilling – die virtuelle Repräsentation eines physischen Objekts oder Systems. Damit lassen sich Prozesse simulieren, analysieren und optimieren, etwa zur Effizienzsteigerung in der Produktion.

Die Perspektive der Digitalisierung liegt in der Entwicklung intelligenter, adaptiver Systeme. Die Integration von KI erlaubt es, komplexe Aufgaben automatisiert zu bewältigen. Partizipative Ansätze, bei denen Nutzer aktiv in Entwicklungsprozesse eingebunden werden, stärken Akzeptanz, Transparenz und Nutzerzentrierung digitaler Systeme.

2.4 Ergonomie: Wissenschaft der menschengerechten Arbeitsgestaltung

Ergonomie ist die Wissenschaft von der Gestaltung menschengerechter Arbeitsbedingungen. Ziel ist es, Arbeitsumgebungen, Werkzeuge und Prozesse so zu optimieren, dass sie die physischen, kognitiven und emotionalen Bedürfnisse des Menschen berücksichtigen – ohne dabei Effizienz oder Qualität der Arbeit zu beeinträchtigen. Der Begriff leitet sich aus dem Griechischen ab: *ergon* (Arbeit) und *nomos* (Gesetz, Regel). Geprägt wurde er Mitte des 19. Jahrhunderts von Wojciech Jastrzębowski. Seither hat sich die Ergonomie zu einer eigenständigen Disziplin entwickelt, die Erkenntnisse aus der Psychologie, Physiologie, Ingenieurwissenschaft und Arbeitsmedizin vereint.

Die Ergonomie entstand als Reaktion auf die Herausforderungen der Industrialisierung – wie bereits im Abschnitt zur Automatisierung beschrieben. Anfangs lag der Fokus auf physischen Aspekten: Die Gestaltung von Arbeitsplätzen sollte körperliche Belastungen reduzieren und Verletzungen vermeiden. Mit der Einführung automatisierter und computerbasierter Systeme rückten zunehmend auch kognitive und psychologische Aspekte in den Vordergrund. Heute umfasst die Ergonomie die Gestaltung von Schnittstellen, die Organisation von Arbeitsprozessen und die Berücksichtigung von menschlichen Faktoren in komplexen Systemen.

Das zentrale Ziel ist die Reduktion von Beanspruchungen, um gesundheitliche Schäden, Ermüdung und Stress zu vermeiden – bei gleichzeitigem Erhalt oder gar Verbesserung von Effizienz und Arbeitsqualität. Dieses Ziel wird durch eine ganzheitliche Analyse des Arbeitssystems verfolgt, das sich aus Mensch, Technik und Organisation zusammensetzt. Laut DIN EN ISO 6385 ist Ergonomie die „wissenschaftliche Disziplin, die sich mit dem Verständnis der Wechselwirkungen zwischen menschlichen und anderen Elementen eines Systems befasst, und der Berufszweig, der Theorie, Prinzipien, Daten und Methoden auf die Gestaltung von Arbeitssystemen anwendet mit dem Ziel, das Wohlbefinden des Menschen und die Leistung des Gesamtsystems zu optimieren.“ (DIN EN ISO 2016).

1. **Physische Ergonomie:**
   - Im Mittelpunkt steht die körperliche Belastung. Maßnahmen umfassen z. B. die ergonomische Gestaltung von Arbeitsplätzen, Werkzeugen oder Bürostühlen zur Vermeidung von Fehlhaltungen und repetitiven Belastungen.
2. **Kognitive Ergonomie:**
   - Diese befasst sich mit der Informationsverarbeitung des Menschen. Ziel ist die Reduktion mentaler Belastungen durch benutzerfreundliche Schnittstellen, verständliche Warnsysteme und Vermeidung kognitiver Überlastung.
3. **Organisatorische Ergonomie:**
   - Hierbei geht es um die Strukturierung von Arbeitsabläufen im Spannungsfeld zwischen Effizienz und Humanorientierung. Dazu zählen u. a. flexible Arbeitszeiten, Teamarbeit oder Maßnahmen zur Vermeidung monotoner Tätigkeiten.

Ein zentrales Konzept ist die Gebrauchstauglichkeit (Usability), oft auch als Benutzerfreundlichkeit bezeichnet. Die ISO 9241-11 definiert diese als „das Ausmaß, in dem ein Produkt durch bestimmte Benutzer in einem bestimmten Nutzungskontext verwendet werden kann, um bestimmte Ziele effektiv, effizient und zufriedenstellend zu erreichen.“ Dies umfasst nicht nur die physische, sondern auch die emotionale Interaktion.

Die fortschreitende Digitalisierung und der Einsatz Künstlicher Intelligenz stellen die Ergonomie vor neue Herausforderungen. Es bedarf adaptiver Systeme, die sich individuell an Nutzerbedürfnisse anpassen. Zudem gewinnen ethische Aspekte an Bedeutung – etwa in Bezug auf Fairness, Transparenz und Autonomie.

2.5 Human Factors Engineering

Human Factors Engineering (HFE), auch als Ergonomie der Systemgestaltung bezeichnet, ist eine interdisziplinäre Wissenschaft zur Optimierung der Mensch-Technik-Interaktion. Im Gegensatz zur klassischen Ergonomie, die primär physische Anpassungen betrachtet, fokussiert HFE das Systemdesign unter Berücksichtigung kognitiver, emotionaler und sozialer Faktoren. Ziel ist es, technische Systeme benutzerfreundlich, effizient und sicher zu gestalten.

Im Zentrum steht die Verbesserung der Systemleistung bei gleichzeitiger Reduktion von Fehlern und Förderung des menschlichen Wohlbefindens. Dies gelingt durch frühzeitige Integration menschlicher Faktoren in den Entwicklungsprozess. Gemäß ISO 6385 umfasst HFE „die Anwendung von Theorien, Prinzipien, Daten und Methoden zur Gestaltung von Arbeitssystemen, um das Wohlbefinden des Menschen und die Leistung des Gesamtsystems zu optimieren."

HFE verfolgt einen systemischen Ansatz: Mensch, Technik und Organisation werden ganzheitlich betrachtet. Dabei werden ihre Wechselwirkungen analysiert und so gestaltet, dass eine harmonische Zusammenarbeit entsteht. Voraussetzung ist ein tiefes Verständnis menschlicher Fähigkeiten und Grenzen, wie sie durch Psychologie, Kognitionswissenschaft und Arbeitsmedizin erforscht werden (Abb. 2.2).

Ein zentraler Bestandteil des HFE ist die Aufgabenanalyse. Sie identifiziert Anforderungen, die sich aus technischen und organisatorischen Rahmenbedingungen ergeben. In der Prozessindustrie beispielsweise führen schlecht gestaltete Schnittstellen bei der Überwachung komplexer Anlagen zu hoher kognitiver Belastung. Eine optimierte Gestaltung kann Aufmerksamkeit und Situationsbewusstsein fördern sowie Fehlerrisiken reduzieren.

Ein weiteres Kernelement ist das User-Centered Design (UCD), das den Menschen in den Mittelpunkt des Entwicklungsprozesses stellt. Durch iterative Entwicklung und frühzeitige Einbindung der Nutzer lassen sich Lösungen entwickeln, die ihrem Nutzungskontext gerecht werden. Die ISO 9241-210 hebt Prinzipien wie iterative Gestaltung, frühe Nutzerbeteiligung und ganzheitliche Betrachtung hervor. Kap. 4 vertieft diese Thematik.

Die Integration menschlicher Faktoren in komplexe Systeme bringt auch Herausforderungen mit sich. Dazu zählt die steigende kognitive Belastung durch unzureichend gestaltete Schnittstellen – ein Risiko für Fehler und Stress (Endsley 1995). Hier helfen Prinzipien wie Konsistenz, Feedback und Fehlertoleranz, um die Informationsverarbeitung zu unterstützen.

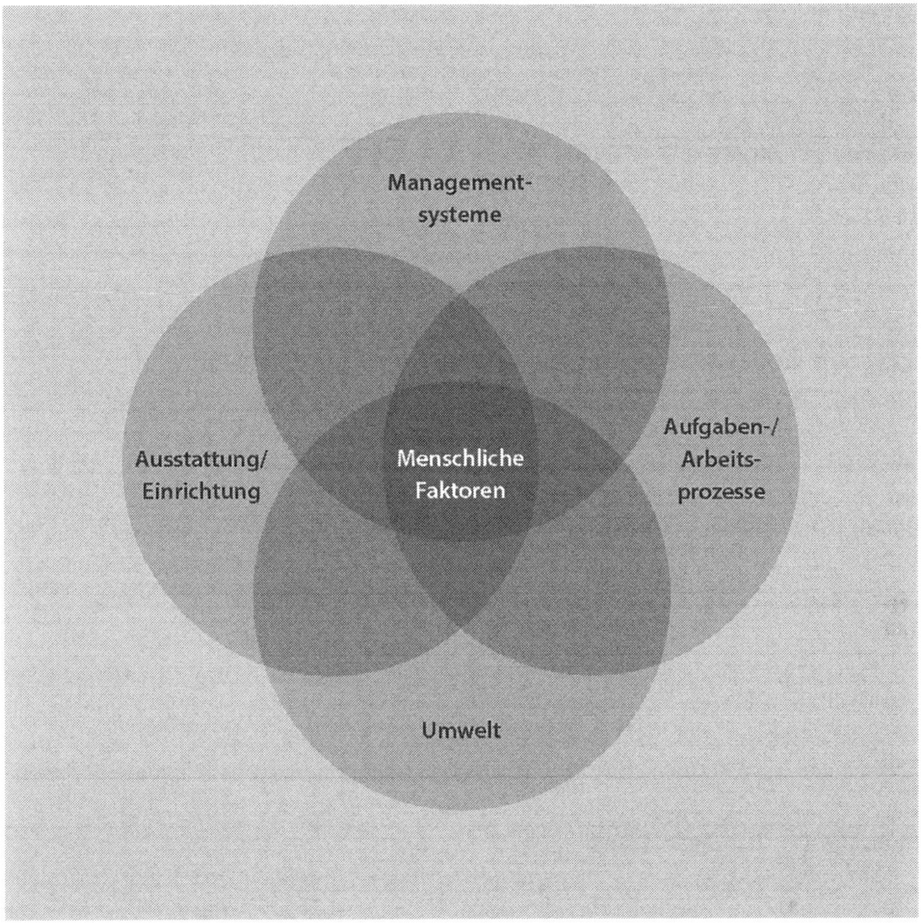

Abb. 2.2 HFE-Ansatz

Ein weiteres Problem ist die Dynamik moderner Arbeitsumgebungen. Adaptive Automatisierung bietet hier einen Lösungsansatz: Der Automatisierungsgrad wird flexibel an den Nutzer angepasst. Dies erlaubt eine dynamische Aufgabenteilung und steigert sowohl Effizienz als auch Sicherheit.

HFE findet in einer Vielzahl von Bereichen Anwendung, darunter:

- **Luftfahrt**: Die Gestaltung von Cockpits, die die Piloten bei der Entscheidungsfindung unterstützen.
- **Medizin**: Die Entwicklung von medizinischen Geräten, die die Fehlerwahrscheinlichkeit bei der Bedienung minimieren.
- **Industrie**: Die Optimierung von Produktionsanlagen, um die Belastung der Arbeiter zu reduzieren und die Produktivität zu steigern.

Ein prominentes Beispiel ist das Crew Resource Management (CRM) in der Luftfahrt. Es verbessert die Teamkommunikation und reduziert unfallbedingte Fehler (Helmreich et al. 1999).

Zukünftige Entwicklungen liegen in der Kombination von HFE mit KI und Big Data. Die Analyse großer Datenmengen erlaubt eine noch präzisere Anpassung an Nutzerbedürfnisse. Virtual und Augmented Reality eröffnen darüber hinaus neue Möglichkeiten für die Gestaltung intuitiver Interaktionen – ein Thema, das in Kap. 7 weiter vertieft wird.

2.6 Maschinenethik: Ethische Herausforderungen in der Mensch-Technik-Interaktion

Die Maschinenethik ist ein interdisziplinäres Forschungsfeld, das sich mit der Integration moralischer Entscheidungsfähigkeiten in künstlichen Systeme beschäftigt. Sie untersucht, wie Maschinen durch algorithmische Prozesse moralische Entscheidungen treffen und Handlungen ausführen können, die menschlichen moralischen Prinzipien entsprechen. Diese Disziplin steht an der Schnittstelle von Informatik, Philosophie und Ethik und zielt darauf ab, Maschinen nicht nur nach moralischen Vorgaben handeln zu lassen, sondern ihnen die Fähigkeit zu verleihen, aus moralischen Gründen zu agieren. Die Motivation für die Maschinenethik ergibt sich aus der wachsenden Präsenz autonomer Systeme in unserem Alltag, von Pflegerobotern bis hin zu autonomen Fahrzeugen. Diese Systeme müssen in der Lage sein, in komplexen und unvorhersehbaren Situationen moralisch angemessene Entscheidungen zu treffen. Das Ziel der Maschinenethik ist es, explizite moralische Akteure zu entwickeln, die eigenständig moralische Urteile fällen und auf Basis dieser Urteile handeln können (Misselhorn 2020).

Ein zentrales Konzept ist die Operationalisierung von Ethik, d. h. die Übersetzung abstrakter moralischer Prinzipien in konkrete Regeln und Entscheidungsprozesse, die von Maschinen verarbeitet werden können. Dabei wird zwischen starker und schwacher Maschinenethik unterschieden. Während die schwache Maschinenethik darauf abzielt, bestimmte Aspekte menschlicher Moral zu simulieren, indem Maschinen Regeln für moralisches Handeln einprogrammiert werden, strebt die starke Maschinenethik danach, eine Maschinenmoral zu entwickeln, die der menschlichen Moral in allen oder ausgewählten Aspekten gleichkommt. Allerdings steht die starke Maschinenethik noch vor erheblichen Herausforderungen, da sie Fähigkeiten wie Bewusstsein und freien Willen bei Maschinen voraussetzt, was technologisch noch nicht realisierbar ist (Bendel 2020).

Die Integration ethischer Prinzipien in technische Systeme beginnt mit der Definition von Wertesystemen, die den Entscheidungsprozess der Maschine leiten. Dies kann durch die Anwendung von ethischen Frameworks wie dem Utilitarismus, der Deontologie oder der Tugendethik erreicht werden. Jeder dieser Ansätze hat seine Stärken und Schwächen und muss sorgfältig auf den jeweiligen Anwendungskontext abgestimmt werden.

Ein wichtiger Aspekt ist die Transparenz der Entscheidungsprozesse. Laut der IEEE (Institute of Electrical and Electronics Engineers) Ethically Aligned Design Initiative sollten KI-Systeme so gestaltet sein, dass ihre Entscheidungen für den Menschen nachvollziehbar sind. Dies erfordert die Entwicklung von Explainable AI-Methoden, die es ermöglichen, die zugrunde liegenden Entscheidungsregeln und -prozesse zu verstehen und zu überprüfen.

Ein weiteres zentrales Prinzip ist die Verantwortung. Da autonome Systeme eigenständig handeln können, muss klar geregelt sein, wer für ihre Entscheidungen verantwortlich ist. Dies erfordert die Entwicklung von rechtlichen und ethischen Rahmenbedingungen, die die Verantwortlichkeiten zwischen Entwicklern, Betreibern und Nutzern klar definieren.

Als Herausforderungen der Maschinenethik kann die Diversität moralischer Wertenangesehen werden. Ethische Prinzipien variieren zwischen Kulturen, Gesellschaften und Individuen, was die Entwicklung universell gültiger ethischer Algorithmen erschwert. Ein Lösungsansatz ist die kontextsensitive Ethik, bei der die Systeme in der Lage sind, ihre Entscheidungen an den jeweiligen kulturellen und sozialen Kontext anzupassen.

Ein weiteres Problem ist die Fehlertoleranz ethischer Systeme. Da ethische Entscheidungen oft komplex und mehrdeutig sind, müssen die Systeme so gestaltet sein, dass sie auch in unsicheren oder unvorhergesehenen Situationen ethisch vertretbare Entscheidungen treffen können. Dies erfordert die Entwicklung von robusten ethischen Modellen, die Unsicherheiten und Mehrdeutigkeiten berücksichtigen können. Beispiel dafür ist die praktische Anwendung der Maschinenethik bei der Gesichtserkennung. Hier müssen ethische Prinzipien wie Privatsphäre und Diskriminierungsfreiheit berücksichtigt werden, um sicherzustellen, dass die Technologie nicht missbraucht wird. Studien zeigen, dass unzureichend gestaltete Gesichtserkennungssysteme zu Bias und Diskriminierung führen können (Buolamwini und Gebru 2018). Um dies zu vermeiden, müssen die Systeme so gestaltet werden, dass sie fair und unvoreingenommen sind.

Anwendungsfelder der Maschinenethik umfassen:

- Autonomes Fahren: Entscheidungssysteme für Notfallsituationen.
- Robotik: ethisch reflektiertes Handeln in sozialen Kontexten.
- KI-gestützte Entscheidungsfindung: z. B. in Medizin oder Justiz.

Ein bekanntes Beispiel ist der „ethische Assistent" in der Medizin, ein System, das ethische Prinzipien wie Autonomie, Gerechtigkeit und Fürsorge in medizinische Entscheidungen integriert.

Die Zukunft liegt in lernfähigen ethischen Systemen, die durch maschinelles Lernen kontinuierlich verbessert werden. Partizipative Ethik, bei der Nutzer aktiv in Entwicklungsprozesse eingebunden werden, fördert zudem Akzeptanz und Transparenz.

2.7 Künstliche Intelligenz: Grundlagen und Anwendungen in der Mensch-Technik-Interaktion

Künstliche Intelligenz (KI) ist eine Schlüsseltechnologie unserer Zeit, die weitreichende Veränderungen in Arbeit, Alltag und Technikinteraktion bewirkt. Sie bezeichnet die Fähigkeit von Maschinen, intelligentes Verhalten zu zeigen – darunter Lernen, Problemlösen, Entscheidungsfindung und Sprachverarbeitung. Im Rahmen der Mensch-Technik-Interaktion ermöglicht KI adaptive Systeme, die sich an menschliche Bedürfnisse und Fähigkeiten anpassen und so eine effektive, intuitive Zusammenarbeit fördern.

KI umfasst ein breites Spektrum von Methoden, darunter maschinelles Lernen (ML), neuronale Netze, natürliche Sprachverarbeitung (NLP) und Computer Vision. Beim Supervised Learning werden Systeme mit gelabelten Daten trainiert, um Vorhersagen zu treffen – etwa in der Bilderkennung. Unsupervised Learning hingegen identifiziert Muster in unstrukturierten Daten, z. B. zur Clusterbildung. Reinforcement Learning nutzt Belohnung und Bestrafung, um optimale Entscheidungen in dynamischen Umgebungen zu erlernen – dies wird z. B. in der Entwicklung von autonomen Robotern und Spiel-KIs verwendet.

Die Integration von KI in Mensch-Technik-Systeme kann die Benutzerfreundlichkeit und Effizienz deutlich steigern. Adaptive Automatisierung beispielsweise erlaubt eine dynamische Anpassung des Automatisierungsgrads an den Zustand und die Fähigkeiten des Nutzers – ein Ansatz, der Sicherheit und Leistung erhöht.

Wie bereits erwähnt ist die natürliche Sprachverarbeitung (NLP) ein weiteres Beispiel, die die Interaktion in gesprochener Sprache ermöglicht. Chatbots, Sprachassistenten und automatische Übersetzungssysteme basieren auf NLP. Studien zeigen, dass solche Systeme die Interaktion vereinfachen und die Nutzerzufriedenheit erhöhen (Jurafsky und Martin 2020).

Personalisierung durch KI ist ein weiterer wichtiger Aspekt: Systeme analysieren Nutzerdaten, erkennen Präferenzen und passen Inhalte individuell an – etwa bei Empfehlungsdiensten wie Netflix oder Amazon.

Herausforderungen bestehen insbesondere in der Nachvollziehbarkeit der Entscheidungen. Viele KI-Systeme agieren als „Black Box", deren Funktionsweise für den Nutzer undurchsichtig bleibt. Explainable AI (XAI) verfolgt daher das Ziel, Entscheidungsprozesse transparent und überprüfbar zu machen durch zugrunde liegende Entscheidungsregeln. Ein weiteres Problem betrifft die Diversität der Nutzer. KI-Systeme müssen inklusiv gestaltet sein, sodass sie die unterschiedlichen Fähigkeiten und Bedürfnisse aller Nutzergruppen berücksichtigen. Designprinzipien zur Barrierefreiheit und Benutzerfreundlichkeit sind dabei unerlässlich (siehe Kap. 4 und 5).

Weitere Einsatzbereiche:

- Autonomes Fahren: Entwicklung von Navigations- und Entscheidungsalgorithmen.
- Robotik: autonome Assistenzsysteme in Industrie, Pflege und Haushalt.
- Medizin: Unterstützung bei Diagnose und Behandlung.
- Unterhaltung: KI-basierte Spiele, virtuelle Assistenten und Personalisierung.

Ein prominentes Beispiel ist der autonome Chirurgieroboter (KISH), der komplexe Eingriffe mit hoher Präzision durchführen kann und den Chirurgen dabei entlastet (Landesportal Schleswig-Holstein 2025).

Die Perspektive der KI liegt in der Entwicklung intelligenter, lernfähiger Systeme, die sich kontinuierlich an neue Bedingungen anpassen. Eine vielversprechende Richtung ist die Kombination von maschinellem Lernen mit ethischen Modellen, sodass Systeme nicht nur funktional, sondern auch verantwortungsvoll agieren. Partizipative KI, bei der Nutzer aktiv in Entwicklungsprozesse eingebunden werden, erhöht Transparenz, Akzeptanz und Orientierung an menschlichen Werten.

Dieses Kapitel bietet einen Überblick über zentrale Basiswissenschaften, die das Fundament der Mensch-Technik-Interaktion bilden. Die dargestellten Disziplinen – darunter Automatisierung, Produktionswirtschaft, Digitalisierung, Ergonomie, Human Factors Engineering, Maschinenethik und Künstliche Intelligenz – liefern die theoretischen und methodischen Grundlagen, um technologische Systeme menschengerecht zu gestalten. Sie verdeutlichen, wie interdisziplinäres Wissen erforderlich ist, um komplexe Wechselwirkungen zwischen Mensch und Technik zu verstehen, zu analysieren und zielgerichtet zu gestalten. Die in diesem Kapitel beschriebenen Konzepte und Prinzipien bilden damit die notwendige Ausgangsbasis für die weiterführenden Inhalte der folgenden Kapitel.

Literatur

Bendel, O. (2020). Wozu brauchen wir die Maschinenethik. In: O. Bendel (Hrsg.). Springer, Wiesbaden.

Bitkom; Fraunhofer-Institut. (2014). Industrie 4.0 – Volkswirtschaftliches Potenzial für Deutschland. Verfügbar unter: https://www.bitkom.org/files/documents/Studie_Industrie_4.0.pdf (Zugegriffen am 17.12.2024).

Bloech, J., Bogaschewsky, R., Buscher, U., Daub, A., Götze, U., & Roland, F. (2014). Einführung in die Produktion (7., korr. und akt. Aufl.). Springer, Berlin/Heidelberg.

Buolamwini, J., & Gebru, T. (2018). Proceedings of the 1st Conference on Fairness, Accountability and Transparency.

Corsten, H., & Gössinger, R. (2012). Produktionswirtschaft – Einführung in das industrielle Produktionsmanagement (13. Aufl.). Oldenbourg Verlag, München.

Dulebohn, J. H., & Hoch, J. E. (2017). Virtual teams in organizations. Human Resource Management Review, 27.

Dyckhoff, H. (2006). Produktionstheorie (5. Aufl.). Springer, Berlin/Heidelberg.

Endsley, M. R. (1995). Toward a Theory of Situation Awareness in Dynamic Systems. Human Factors, 37(1), 32–64.

European Commission (2024). Industrial Technologies Roadmap on Human-Centric Research and Innovation for the manufactoring sector. Manuscript European Union.

Günther, H.-O., & Tempelmeier, H. (2012). Produktion und Logistik (9. Aufl.). Springer, Berlin/Heidelberg.

Graf, B., Reiser, U., Hägele, M., & Mauz, K. (2022). Care-O-bot 4 in elderly care: Field studies on task efficiency and user experience. IEEE Transactions on Human-Robot Interaction, 13(4).

Helmreich, R. L., Merritt, A. C., & Wilhelm, J. A. (1999). The Evolution of Crew Resource Management Training in Commercial Aviation. International Journal of Aviation Psychology, 9(1), 19–32.

Hopp, W. J., & Spearman, M. L. (2008). Factory Physics (3. Aufl.). Waveland Press, Long Grove.

Jurafsky, D., & Martin, J. H. (2020). Speech and Language Processing. Prentice Hall.

Kern, Werner (1979): Handwörterbuch der Produktionswirtschaft, Stuttgart: Poeschel Verlag.

Landesportal Schleswig-Holstein. (2025). Künstliche Intelligenz. Verfügbar unter: https://www.schleswig-holstein.de/DE/landesregierung/themen/digitalisierung/kuenstliche-intelligenz/kuenstliche_intelligenz_node.html (Zugegriffen am 17.12.2024).

Langenscheidt. (2008). Großes Schulwörterbuch Lateinisch-Deutsch. Langenscheidt, Berlin/München.

Misselhorn, C. (2020). Maschinenethik und Philosophie. In: O. Bendel (Hrsg.). Springer, Wiesbaden.

Schuh, G., & Schmidt, C. (2014). Produktionsmanagement – Handbuch Produktion und Management 5 (2., vollst. neu bearb. und erw. Aufl.). Springer, Berlin/Heidelberg.

Steven, M. (2007). Handbuch Produktion – Theorie – Management – Logistik – Controlling. Kohlhammer, Stuttgart.

Waffenschmidt, W. G. (1955). Produktion. Verlag Anton Hain, Meisenheim/Glan.

Wöhe, G., & Döring, U. (2005). Einführung in die Allgemeine Betriebswirtschaftslehre (22. Aufl.). Vahlen, München.

Mensch-Technik-Funktionsteilung

3

Kap. 3 widmet sich der zentralen Fragestellung, wie Aufgaben zwischen Mensch und Technik innerhalb sozio-technischer Systeme gestaltet werden können. Ausgangspunkt ist die Erkenntnis, dass die Interaktion von Mensch, Organisation und Technik maßgeblich über die Effizienz, Sicherheit und Humanorientierung moderner Arbeitssysteme entscheidet. In diesem Kontext wird die funktionale Verteilung von Aufgaben analysiert – sowohl im statischen als auch im flexiblen Sinne. Ziel ist es, Prinzipien, Methoden und Herausforderungen der Mensch-Technik-Funktionsteilung systematisch zu erfassen und zu bewerten.

3.1 Sozio-technisches System

Ein sozio-technisches System umfasst soziale (menschliche), organisatorische und technische Komponenten, die in wechselseitiger Beziehung zueinanderstehen und gemeinsam ein übergeordnetes Ziel verfolgen. Im industriellen Kontext wird ein solches System häufig als Arbeitssystem bezeichnet, in dem nach definierten Standards gearbeitet wird, etwa zur Herstellung eines Produkts gemäß spezifischer Kundenanforderungen.

Dabei gilt: Jedes Arbeitssystem ist per Definition ein sozio-technisches System, da in ihm Mensch und Technik innerhalb eines Arbeitsprozesses miteinander interagieren. Umgekehrt ist jedoch nicht jedes sozio-technische System zwangsläufig ein Arbeitssystem, da der Fokus nicht immer auf Erwerbsarbeit oder produktionsbezogene Dienstleistungen gerichtet ist – ein Beispiel hierfür ist das Smart Home (siehe Abschn. 3.2.3).

P. Pötters, S. Sen, *Mensch-Technik-Interaktion*,
https://doi.org/10.1007/978-3-658-49501-5_3

In einem industriellen Arbeitssystem kooperieren Menschen und technische Mittel unter bestimmten Arbeitsbedingungen, um eine klar definierte Arbeitsaufgabe zu erfüllen. Im Zentrum der Analyse und Gestaltung solcher Systeme steht die Mensch-Technik-Interaktion, also das unmittelbare Zusammenspiel zwischen handelnden Personen und eingesetzten technischen Systemen (REFA 2002; Schlick et al. 2018). Diese Interaktion umfasst sämtliche Schnittstellen, an denen der Mensch mit Maschinen, Geräten oder digitalen Systemen kommuniziert – sei es über Bedienelemente, Steuerungssoftware, Displays oder intelligente Assistenzsysteme.

Ziel der Mensch-Technik-Interaktion ist es, Arbeitsaufgaben sicher, effizient und ergonomisch zu gestalten. Dabei sind sowohl die Leistungsfähigkeit der Technik als auch die physischen, kognitiven und emotionalen Fähigkeiten der Menschen zu berücksichtigen.

Die Grundannahme des sozio-technischen Systems besagt, dass technische Systeme nicht isoliert betrachtet werden dürfen, sondern stets im Zusammenspiel mit sozialen Strukturen, organisatorischen Abläufen und Interaktionsschnittstellen stehen. Das technische Subsystem umfasst die eingesetzten Betriebsmittel, Maschinen sowie die technologischen und räumlichen Rahmenbedingungen.

Das soziale Subsystem bezieht sich auf die beteiligten Menschen mit ihren Bedürfnissen, Qualifikationen, Erfahrungen und organisationalen Rollen.

Der sozio-technische Gestaltungsansatz verfolgt das Ziel, soziale und technische Komponenten ganzheitlich und integrativ weiterzuentwickeln – nicht durch nachträgliche Anpassung eines Systems an das andere, sondern durch eine gemeinsame, systemische Gestaltung. Die Mensch-Technik-Schnittstelle nimmt dabei eine Schlüsselrolle ein, da eine gelungene Abstimmung von Mensch und Technik wesentlich zur Effizienz, Arbeitssicherheit und Zufriedenheit der Beschäftigten beiträgt.

Ein typisches Beispiel für ein solches Arbeitssystem im Produktionsumfeld ist in Abb. 3.1 dargestellt.

Die schematische Darstellung in Abb. 3.1 zeigt den Aufbau eines Arbeitssystems als strukturierte Einheit zur Bearbeitung einer definierten Arbeitsaufgabe. Es besteht aus den folgenden zentralen Elementen:

- **Arbeitsperson(en):** Die ausführenden Personen, die aktiv auf Arbeitsmittel und -objekte einwirken und im Gegenzug durch diese beeinflusst werden.
- **Arbeitsmittel:** Maschinen, Werkzeuge oder digitale Systeme, die zur Ausführung der Aufgabe benötigt werden.
- **Arbeitsobjekte:** Materialien, Informationen oder Produkte, die bearbeitet, verändert oder transformiert werden.
- **Arbeitsauftrag (Zielvorgabe):** Gibt die intendierte Zielsetzung des Systems vor – etwa die Herstellung eines Produkts.
- **Eingabe (Input):** Rohstoffe, Daten oder Energie, die dem System zugeführt werden.
- **Ausgabe (Output):** Das konkrete Arbeitsergebnis in Bezug auf Quantität und Qualität.
- **Organisation:** Sie stellt das Fundament des Arbeitssystems dar, indem sie Aufbau- und Ablauforganisation, Führungsstrukturen und Kommunikationswege definiert.

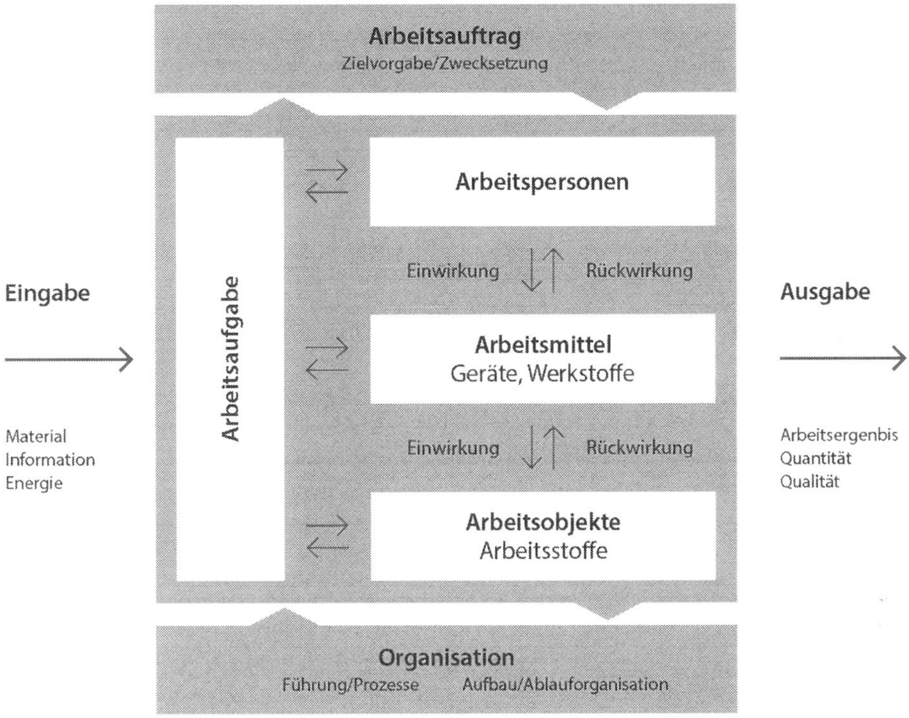

Abb. 3.1 Arbeitssystem. (In Anlehnung an REFA 2002)

3.2 Digitalisierung als Treiber sozio-technischer Veränderung

Die fortschreitende Digitalisierung verändert sozio-technische Systeme in grundlegender Weise. Besonders in industriellen Arbeitssystemen, in denen Mensch, Technik und Organisation im Rahmen strukturierter Prozesse zusammenwirken, führt die Integration digitaler Technologien zu tiefgreifenden Umgestaltungen. Diese betreffen nicht nur die technischen Rahmenbedingungen, sondern auch soziale Strukturen und Interaktionsformen.

Unter Digitalisierung wird insbesondere der verstärkte Einsatz von Informations- und Kommunikationstechnologien (IKT), datenbasierten Systemen und Automatisierungslösungen verstanden, die Arbeitsprozesse unterstützen oder vollständig übernehmen können. Im Kontext von Industrie 4.0 spielen dabei Technologien wie Cyber-Physische Systeme (CPS), das Internet der Dinge (IoT) sowie Künstliche Intelligenz (KI) eine zentrale Rolle.

Diese Entwicklungen transformieren die sozio-technischen Systeme, da technische Komponenten – etwa durch intelligente Sensorik, digitale Plattformen und autonome Systeme – zunehmend mit sozial-organisatorischen Elementen wie Qualifikationsanforderungen, Rollenverteilung und Kommunikationsstrukturen verwoben werden. Die

Einführung digitaler Technologien verändert somit nicht nur Abläufe, sondern auch Entscheidungsprozesse, Kooperationsformen und Kompetenzverteilungen innerhalb von Arbeitssystemen (Schlick et al. 2018).

3.2.1 Auswirkungen der Digitalisierung auf Arbeitssysteme

Die Auswirkungen der Digitalisierung betreffen insbesondere drei Kernbereiche: die technische, soziale und organisatorische Systemkomponente. Diese stehen in enger Wechselwirkung und müssen für eine erfolgreiche Systemgestaltung integrativ betrachtet werden.

Technische Komponente
Digitale Technologien erweitern die technischen Möglichkeiten in Arbeitssystemen erheblich. Intelligente Maschinen und vernetzte Anlagen ermöglichen die Erfassung, Verarbeitung und Rückmeldung von Produktionsdaten in Echtzeit. Dies schafft Transparenz, fördert flexible Reaktionen auf Abweichungen und ermöglicht adaptive Prozesssteuerungen. Ergänzend kommen digitale Assistenzsysteme – beispielsweise Augmented Reality (AR) oder interaktive Werkerassistenz – zum Einsatz, die Arbeitskräfte bei komplexen oder variantenreichen Tätigkeiten unterstützen. Der Einsatz von Robotik, insbesondere kollaborativer Robotersysteme (Cobots), entlastet Beschäftigte bei monotonen, körperlich belastenden oder gefährlichen Aufgaben. Gleichzeitig entstehen neue Anforderungen an Steuerung, Überwachung und Interaktion zwischen Mensch und Technik (siehe Kap. 7).

Soziale Komponente
Mit der Digitalisierung verändern sich auch soziale Rollenprofile. Beschäftigte benötigen zunehmend Kompetenzen im Umgang mit digitalen Technologien, in der Dateninterpretation sowie in der proaktiven Prozesssteuerung. Die klassische manuelle Tätigkeit wird durch überwachende, koordinierende und entscheidungsunterstützende Aufgaben ergänzt oder ersetzt. Zentrale Herausforderungen liegen in der gezielten Schnittstellengestaltung zwischen Mensch und Maschine, um Sicherheit, Ergonomie und Akzeptanz neuer Technologien zu gewährleisten. Die Qualität der Interaktion beeinflusst maßgeblich Motivation, Zufriedenheit und psychisches Wohlbefinden der Mitarbeitenden.

Organisatorische Komponente
Organisatorische Abläufe werden durch Digitalisierung grundlegend verändert. Digitale Plattformen und automatisierte Kommunikationsprozesse – etwa durch Manufacturing Execution Systems (MES) – ermöglichen eine transparente, durchgängige Echtzeitsteuerung. Hierdurch verändern sich Aufgabenverteilungen, Prozessverantwortungen und Kooperationsmuster. Die wachsende Vernetzung erhöht jedoch auch die Komplexität der Organisation. Es entstehen neue Anforderungen an Koordination, Informationsfluss und Anpassungsfähigkeit, um die Systemstabilität zu gewährleisten und gleichzeitig menschliche Handlungsfähigkeit nicht einzuschränken.

3.2.2 Chancen und Herausforderungen für sozio-technische Arbeitssysteme

Die Digitalisierung eröffnet erhebliche Potenziale für Produktivität, Qualität und Effizienz in Arbeitssystemen. Datengestützte Prozessoptimierungen und vorausschauende Wartungskonzepte wie Predictive Maintenance ermöglichen eine signifikante Effizienzsteigerung. Ebenso kann die Ergonomie verbessert und die Arbeitssicherheit erhöht werden, da digitale Technologien monotone oder gefährliche Aufgaben übernehmen.

Ein weiteres zentrales Potenzial liegt in der Flexibilisierung der Produktion: Durch intelligente Steuerungssysteme wird eine kundenindividuelle Fertigung bis hin zur Losgröße 1 realisierbar. Unternehmen können somit schneller und bedarfsgerechter auf individuelle Anforderungen reagieren (Bauernhansl et al. 2020).

Gleichzeitig bringt die digitale Transformation jedoch auch erhebliche Herausforderungen mit sich. Die zunehmende Komplexität der technischen Systeme erfordert von den Mitarbeitenden ein hohes Maß an digitaler Kompetenz, insbesondere im Umgang mit neuen Technologien, Datenanalysen und Prozesssteuerung. Zudem besteht die Gefahr der Entfremdung oder der Reduktion menschlicher Autonomie, insbesondere wenn Entscheidungsprozesse vollständig automatisiert werden und der Mensch zunehmend eine überwachende Rolle einnimmt (Zinke et al. 2021). Nicht zuletzt stellen Datenschutz und IT-Sicherheit zentrale Anforderungen an die Gestaltung der technischen Infrastruktur dar, da die zunehmende Vernetzung von Systemen auch die Angriffsflächen für sicherheitsrelevante Bedrohungen vergrößert. Die digitale Transformation erfordert somit nicht nur technologische, sondern auch soziale und organisationale Anpassungsprozesse, um nachhaltige Veränderungen erfolgreich zu gestalten.

3.2.3 Digitalisierung im privaten Lebensumfeld

Die Auswirkungen der Digitalisierung beschränken sich nicht auf den industriellen Bereich, sondern prägen zunehmend auch den privaten Alltag. Digitale Technologien ermöglichen flexiblere Arbeitsmodelle wie das Homeoffice, was insbesondere für Familien eine bessere Vereinbarkeit von Berufs- und Privatleben ermöglicht (McKinsey & Company 2016).

Bei der Umfrage, im Rahmen welcher Aktivitäten heute bereits digitale Technologien genutzt werden, stehen persönliche und telefonische Gespräche, schriftliche Kommunikation an erster Stelle mit 84 %. Gefolgt von persönlicher Bildung, worunter Zeitungen oder Nachrichten lesen, fallen mit 83 %. An dritter Stelle mit 77 % werden Kultur und Unterhaltung angegeben. Digitale Technologien werden für einfache Tätigkeiten genutzt und der häufigste Grund ist, dass der Nutzen der Werkzeuge nicht wahrgenommen wird mit 50 % und relevante Angebote unbekannt seien mit 40 %. Für Haushaltsnahe Tätigkeiten wollen die meisten befragten die digitalen Technologien nutzen, wie z. B. putzen, aufräumen, waschen, bügeln, nähen etc. 51 % der Befragten nutzen bereits digitale Technologien für die Haushaltsplanung. Diese dienen der Organisation und Strukturierung (22 %) mithilfe digitaler Kalender, der Informationssuche (16 %) zur Angebotssuche und der sozialen Interaktion mit 13 Prozentpunkten (McKinsey & Company 2016).

Die folgende Studie belegt, dass 99 % der Familien zu Hause Zugriff auf das Internet haben, befragt wurden hierfür 1001 Eltern minderjähriger Kinder mit Wohnsitz in NRW. Darunter 63 % mobil oder über Festnetzanschluss, 4 % nur über mobiles Internet und 33 % nur über Festnetzanschluss (Kantar Emnid 2017, S. 6). 98 % der Familien besitzen mindestens eines, in der Regel mehrere Handys, im Durchschnitt 2,4 Geräte. 94 % der Familien besitzen ein Laptop bzw. Desktop, im Schnitt jedoch 1,6 % und rund 71 % der Familien besitzen ein Tablet. Die Nutzung digitaler Endgeräte ist geläufig, wobei das Handy ein täglicher Gebrauchsgegenstand ist. Bei einer Umfrage von 980 Nutzern beim Thema, wozu die digitalen Endgeräte genutzt werden, hat sich ergeben, dass 96 % es als Informationssuche nutzen, 76 % zum Online-shoppen und 55 % zur Organisation der Freizeit (Kantar Emnid 2017). Mittlerweile gibt es etliche IoT-Geräte zur Nutzung im Alltag oder persönlichem Leben, wie im Haushalt. Von smarten Handys oder Kühlschränken, Saug- und Wischrobotern, Smartwatches bis hin zu Sensoren und intelligenten Sicherheitssystemen. Der Begriff des „Smart Home“, was übersetzt „Intelligentes Heim“ bedeutet, wird immer gängiger und gewinnt an Popularität. Dies zeigt eine Befragung von Bitkom aus 2024 mit 1193 Teilnehmer, wovon 46 % Smart Home Anwendungen in 2024 haben, was ein Anstieg um 3 % gegenüber dem Vorjahr und 20 % im Vergleich zum Jahre 2018 bedeutet (Bitkom 2024).

Der Begriff des „Smart Home“ beinhaltet das Informations- und sensortechnisch aufgerüstete, in sich selbst und nach außen vernetzte Haus. Es gibt engere Beziehungen zum IoT und angestrebt wird eine erhöhte Lebens-und Wohnqualität, der Betriebs- und Einbruchsicherheit und der Energieeffizienz.

Populär ist es besonders bei 16 bis 29-Jährigen mit 60 %, mit jeweils 54 % bei 30 bis 49-Jährigen und 50 bis 64-Jährigen (Bitkom 2024). Besonders gefragt ist die Steuerung von Licht und Heizung, also smarte Anwendungen in den Bereichen: Energie, Sicherheit und Haus bzw. Garten. Nicht nur Jugendliche, sondern auch bei Älteren ist der Trend angekommen und 37 % der Befragten 65-Jährigen und älter wollen selbstbestimmter Leben. Durchschnittlich sind sieben Smart-Home Anwendungen im Einsatz, darunter am meisten im Wohnzimmer, gefolgt vom Schlafzimmer und dem Gartenbereich. Überdies wurden Robotern, unter anderem Staubsauger-, Rasenmäher- oder Fensterputzer-Robotern von 28 % der 400 Befragten, einen Namen gegeben, was auch hier die emotionalere Verbindung von Menschen zu Robotern widerspiegelt. Oft werden KI und IoT-Systeme in Verbindung gebracht und viele Nutzer wünschen es sich bei der Heizung, indem die KI automatisch die Wohlfühltemperatur einstellt, das Licht automatisch selbst anschaltet oder bei der Sicherheit, z. B. indem die KI erkennt, wann die Alarmanlage eingeschaltet werden muss. Dies gilt als Ergänzung zu den bereits integrierten IoT-Geräten, jedoch mit dem Unterschied, um sie nicht mehr manuell steuern zu müssen, sondern komplett automatisiert (Bitkom 2024).

3.3 Aufgabenanalyse

Die Aufgabenanalyse stellt ein zentrales Instrument der Arbeitswissenschaft dar, um Arbeit systematisch zu erfassen, zu strukturieren und im Hinblick auf eine menschengerechte und effiziente Gestaltung von Arbeits- und Produktionssystemen aufzubereiten. Ihr Ziel ist es, die Anforderungen, Inhalte und Zusammenhänge von Arbeitsaufgaben differenziert zu verstehen, um darauf aufbauend fundierte Gestaltungsentscheidungen treffen zu können (Luczak und Volpert 1987). Sie bildet sowohl die Grundlage für klassische arbeitsorganisatorische Konzepte als auch für moderne Ansätze wie agile Arbeitsgestaltung, Mensch-Roboter-Kollaboration oder ganzheitliche Produktionssysteme.

Der Analyseprozess beginnt typischerweise mit der Identifikation der Gesamtaufgabe eines Systems oder einer Organisationseinheit. Diese wird anschließend in Teil- und Unteraufgaben gegliedert. Die Zerlegung erfolgt nach systematischen Kriterien, etwa entlang von Funktionsketten, Bearbeitungsobjekten, zeitlichen Abläufen oder Verantwortungsbereichen. Dabei werden Handlungserfordernisse, eingesetzte Mittel sowie angestrebte Ergebnisse untersucht.

Zu den wesentlichen Analyseaspekten zählen:

- **Arbeitsinhalte**: Was wird konkret getan?
- **Arbeitsmittel**: Womit wird gearbeitet?
- **Ablaufstruktur**: Wie verläuft die Ausführung der Aufgabe?
- **Anforderungsprofil**: Welche physischen, psychischen und kognitiven Fähigkeiten sind erforderlich?

Ergänzend werden Kontextfaktoren wie Umgebungsbedingungen, Schnittstellen zu anderen Tätigkeiten und übergeordnete Systembedingungen berücksichtigt (Hacker 2005).

Die Aufgabenanalyse verfolgt sowohl analytische als auch gestalterische Ziele. Sie dient der Transparenz arbeitsbezogener Abläufe, der Identifikation von Belastungen und der Aufdeckung von Optimierungspotenzialen. Gleichzeitig bildet sie die Grundlage für Entscheidungen über Arbeitsverteilung, Arbeitsplatzgestaltung, Qualifikationsbedarf und Automatisierungsgrad. Angesichts dynamischer Entwicklungen wie zunehmender Digitalisierung, Integration KI-basierter Systeme und wachsender Agilität bleibt die Aufgabenanalyse ein zentrales Element der zukunftsorientierten Arbeitsgestaltung – sie muss heute neben der statischen Beschreibung auch die Veränderlichkeit und Interaktivität moderner Arbeitssysteme abbilden können.

Beispiel: Aufgabenanalyse in der Endmontage eines Pkw

In einem Endmontagewerk werden Fahrzeuge auf einer Fließlinie montiert. Die Fahrzeuge bewegen sich über ein Montageband von Station zu Station. An jeder Station wird ein definierter Arbeitsschritt durchgeführt. Eine konkrete Teilaufgabe ist das **Einsetzen und Verschrauben des Armaturenbretts**.

- **Arbeitsinhalte:** Einpassen des vormontierten Armaturenbretts, Fixieren im Fahrzeugrahmen, Verschrauben mit automatischem Drehmomentwerkzeug, Anschluss von Kabelverbindungen (z. B. Display, Klimasteuerung).
- **Arbeitsmittel:** Pneumatischer Schrauber mit Drehmomentüberwachung, Positionierhilfe (z. B. Schwenkarm oder Exoskelett zur Entlastung), digitaler Arbeitsplan mit Schritt-für-Schritt-Anleitung.
- **Ablaufstruktur:** Die Aufgabe erfolgt innerhalb eines festen Taktintervalls von z. B. 4 min. Der Mitarbeitende scannt den Fahrzeugtyp, prüft visuell die Passform, führt den Einbau aus und quittiert den Arbeitsgang digital.
- **Anforderungsprofil:** Technisches Verständnis für Komponenten, hohe Präzision bei der Positionierung, körperliche Belastbarkeit (Heben, Überkopf-Arbeit), Sicherheit im Umgang mit digitalen Assistenzsystemen. ◄

3.3.1 Messmethoden in der Aufgabenanalyse

In der Praxis kommen unterschiedliche Methoden zur Anwendung, abhängig vom Ziel der Analyse, dem gewünschten Detaillierungsgrad und den Bedingungen des jeweiligen Arbeitssystems. Zu den verbreitetsten Verfahren zählen Beobachtungen, schriftliche und mündliche Befragungen, Selbstaufschreibungen sowie Ablaufanalysen, etwa nach REFA (2002).

Schriftliche Befragungsmethoden
Diese Methoden ermöglichen eine standardisierte, systematische Erhebung arbeitsbezogener Informationen aus Sicht der Arbeitspersonen. Sie dienen der Identifikation und Bewertung von Aufgaben sowie der Wahrnehmung physischer, psychischer und organisatorischer Anforderungen im Kontext der Mensch-Technik-Interaktion. Häufig genutzte Instrumente sind standardisierte Fragebögen und Interviews (Schaper 2011).

Kurzfragebogen zur Arbeitsanalyse (KFZA)
Der KFZA, entwickelt von Prümper, Hartmannsgruber und Frese (1995), ist ein valides Instrument zur Bewertung arbeitsbezogener Belastungen und Ressourcen anhand von 26 Items, die auf einer fünfstufigen Likert-Skala bewertet werden. Der Fragebogen erfasst Aspekte wie Arbeitsanforderungen, Organisationsstrukturen, soziale Rahmenbedingungen, Arbeitsplatzgestaltung und Belastungsempfinden. Die Ergebnisse bieten wertvolle Hinweise zur Verbesserung der Arbeitsumgebung und dienen als Basis für Gestaltungsmaßnahmen im Sinne einer gesundheitsförderlichen Arbeitsorganisation (Prümper et al. 1995).

Beobachtungsverfahren
Beobachtungsverfahren ermöglichen eine objektive Erhebung realer Arbeitsabläufe. Dabei wird das Verhalten der Arbeitspersonen sowie die Ausführung von Aufgaben systematisch dokumentiert. Diese Verfahren zählen zu den wichtigsten und etabliertesten Me-

thoden der empirischen Arbeitsanalyse. Sie ermöglichen es, reale Arbeitsabläufe systematisch und objektiv zu erfassen, insbesondere dann, wenn subjektive Verfahren wie Befragungen oder Interviews nicht ausreichen oder durch soziale Erwünschtheit verzerrt werden könnten. Beobachtungen liefern unmittelbare Informationen über das tatsächliche Verhalten der Arbeitspersonen, ihre Interaktionen mit technischen Systemen sowie über Arbeitsbedingungen und ergonomische Aspekte.

Arten von Beobachtungsverfahren
Beobachtungsmethoden lassen sich in zwei Hauptkategorien einteilen: strukturierte (standardisierte) und unstrukturierte (offene) Beobachtungen:

1. **Strukturierte Beobachtung** erfolgt auf der Grundlage vorab definierter Kategorien, Bewertungsmaßstäbe und Zielgrößen. Häufig werden Checklisten, Kodierbögen oder Zeiterfassungsformulare genutzt, um festgelegte Parameter zu erfassen. Diese Methode ist besonders geeignet, wenn vergleichbare Daten für mehrere Personen oder Arbeitsplätze erhoben werden sollen, etwa zur Optimierung von Abläufen oder zur arbeitswissenschaftlichen Bewertung (Schaper 2011).
2. **Unstrukturierte Beobachtung** erlaubt eine offenere Erhebung, bei der der Fokus stärker auf explorativen Erkenntnissen liegt. Beobachtende Personen erfassen spontane Eindrücke, situative Besonderheiten oder unerwartete Interaktionen. Diese Form eignet sich besonders zur Hypothesenbildung oder zur Vorbereitung strukturierter Analysen.

Zeit- und Bewegungsstudien (z. B. REFA)
Ein klassisches Instrument der strukturierten Beobachtung ist die Zeitstudie, wie sie im Rahmen der REFA-Methodenlehre angewendet wird. Hierbei wird die Arbeitszeit für einzelne Verrichtungen (Grundzeiten, Verteilzeiten, Erholzeiten) systematisch gemessen und dokumentiert. Dies dient der Identifikation von Zeitverschwendung, der Normzeitermittlung und der Verbesserung der Ablaufgestaltung (REFA 2002). Ergänzt werden Zeitstudien häufig durch Bewegungsstudien, z. B. mithilfe der MTM-Analyse (Methods-Time Measurement), bei der standardisierte Bewegungsabläufe in Mikroelemente zerlegt und bewertet werden.

Diese Methoden sind besonders wertvoll in repetitiven, standardisierten Produktionsumgebungen, z. B. in der Serienmontage, und liefern fundierte Grundlagen für die Prozessoptimierung, Arbeitsorganisation und ergonomische Gestaltung.

In modernen Arbeitskontexten, insbesondere bei der Mensch-Technik-Interaktion, gewinnen Beobachtungen an neuen Bedeutungen. Sie helfen dabei, nicht unmittelbar sichtbare Belastungen zu erfassen, z. B.:

- **Interaktionsverhalten** mit Benutzeroberflächen, Assistenzsystemen oder Robotern
- **Nonverbale Hinweise** auf Überforderung, Stress oder ergonomische Defizite (z. B. Körperhaltung, Gestik)

- **Situative Anpassungen**, etwa in Störungssituationen oder bei fehlerhafter Systemrückmeldung
- Beobachtungen in solchen Kontexten werden häufig mit **Videoanalysen** kombiniert. Diese ermöglichen eine detaillierte Nachanalyse komplexer Abläufe und die Einbindung interdisziplinärer Perspektiven (z. B. Ergonomie, Psychologie, Informatik).

Fragebogen zur Arbeitsanalyse (FAA)
Der FAA, entwickelt von Frieling und Hoyos (1978) wird meist als Beobachtungsinterview durchgeführt. Der Fragebogen umfasst Skalen zur Informationsverarbeitung, Arbeitsausführung und Umgebungsbedingungen. Er liefert sowohl quantitative als auch qualitative Informationen zur Gestaltung geistiger und manueller Tätigkeiten. Die Ergebnisse dienen insbesondere der Erstellung von Anforderungsprofilen und arbeitsorganisatorischen Maßnahmen zur Arbeitsplatz- und Personalentwicklung.

3.3.2 Potenziale und Herausforderungen der Aufgabenanalyse

Die zunehmende Integration technischer Systeme in Arbeitsprozesse hat die Bedeutung der Aufgabenanalyse nochmals gesteigert. Mensch und Technik agieren zunehmend als Team – diese Entwicklung bringt jedoch auch neue Herausforderungen mit sich.

Eine zentrale Problematik liegt darin, dass der menschliche Faktor in der Systementwicklung oft erst spät berücksichtigt wird. Dies kann zu unausgereiften Mensch-Technik-Schnittstellen, Bedienfehlern und sicherheitsrelevanten Schwächen führen. Die Folge sind nicht selten nachträgliche Korrekturen, die mit hohen Kosten und Zeitaufwand verbunden sind (Stich 2013).

Durch die frühzeitige und systematische Anwendung von Fragebögen lassen sich die Perspektiven der Nutzerinnen und Nutzer – insbesondere hinsichtlich physischer und psychischer Anforderungen – besser integrieren. Dies reduziert das Risiko ineffizienter Abläufe und ermöglicht eine zielgerichtete Anpassung der Systeme an individuelle Bedürfnisse. Darüber hinaus lassen sich Schwachstellen und Belastungsschwerpunkte frühzeitig identifizieren und entsprechende Maßnahmen entwickeln.

Ein weiteres Risiko stellt der sogenannte „Overtrust" dar – ein übermäßiges Vertrauen in autonome Systeme bei gleichzeitiger Unterschätzung verbleibender Risiken. Wenn technologische Systeme nicht angemessen überwacht oder kritisch hinterfragt werden, kann dies zu sicherheitskritischen Fehlhandlungen führen.

Die Aufgabenanalyse kann dieser Entwicklung aktiv entgegenwirken, indem sie ein differenziertes Verständnis für die Rolle des Menschen im System schafft. Sie fördert zudem den interdisziplinären Austausch zwischen Fachbereichen – etwa zwischen Ingenieurwesen, Arbeitspsychologie und Systementwicklung. Die Integration unterschiedlicher Perspektiven ermöglicht die Gestaltung ganzheitlicher, menschengerechter und leistungsfähiger Arbeitssysteme.

3.4 Statische Aufgabenallokation

Die Gestaltung von Mensch-Technik-Systemen erfordert nach einer fundierten Aufgabenanalyse eine gezielte Zuordnung von Aufgaben an menschliche Akteure und technische Systeme. Diese Zuweisung wird als Aufgabenallokation bezeichnet und stellt einen zentralen Schritt im arbeitswissenschaftlichen Gestaltungsprozess dar. Grundsätzlich wird zwischen statischer und flexibler Aufgabenallokation unterschieden. Die statische Allokation stellt dabei den klassischen Ansatz dar, bei dem Aufgaben dauerhaft einem Subsystem – entweder Mensch oder Technik – zugewiesen werden. Diese Form der Aufgabenverteilung ist insbesondere in standardisierten Produktionsprozessen weit verbreitet und bis heute in zahlreichen industriellen Anwendungen von hoher Relevanz.

In der statischen Aufgabenallokation erfolgt die Aufgabenverteilung frühzeitig im Planungsprozess und bleibt über einen definierten Zeitraum konstant. Grundlage für diese Entscheidung sind in der Regel die grundsätzlichen Fähigkeiten und Eigenschaften von Mensch und Technik. Ziel ist eine funktionale, ressourcenschonende Arbeitsteilung mit geringem Abstimmungsbedarf im laufenden Betrieb.

In klassischen Modellen übernimmt der Mensch vorwiegend kognitive, kreative und feinmotorische Aufgaben, während Technik für physisch belastende, repetitive oder präzise standardisierbare Tätigkeiten eingesetzt wird. Dieses Prinzip wurde durch das MABA-MABA-Konzept (Men Are Better At – Machines Are Better At) von Paul Fitts (1951) etabliert. Es basiert auf empirischen Untersuchungen zur menschlichen Motorik und formuliert differenzierte Kriterien, welche Aufgaben besser vom Menschen oder von Maschinen übernommen werden sollten. Fitts' Arbeiten legten den Grundstein für die Mensch-Technik-Systemgestaltung, insbesondere hinsichtlich der effektiven Zuordnung von Funktionen (Butz et al. 2022).

In den frühen Phasen der Mensch-Technik-Interaktion stand vor allem die Gestaltung benutzerfreundlicher Schnittstellen im Vordergrund, um Ablenkungen zu reduzieren und die Bedienbarkeit technischer Systeme zu verbessern. Mit dem Aufkommen hybrider Systeme und zunehmender Systemkomplexität treten jedoch neue Herausforderungen in den Vordergrund, etwa hinsichtlich der Dynamik, Adaptivität und Resilienz der Aufgabenverteilung (Heinlein und Huchler 2024).

3.4.1 Merkmale und Vorteile

Ein zentrales Merkmal der statischen Aufgabenallokation ist ihre hohe Planungs- und Steuerungssicherheit. Die vorab definierte Aufgabenverteilung ermöglicht klare Verantwortlichkeiten, strukturierte Abläufe und eine stabile Rollenverteilung. Dies begünstigt die Standardisierung von Prozessen und erleichtert die Einführung technischer Unterstützungssysteme.

In industriellen Serienfertigungen oder in sicherheitskritischen Anwendungsfeldern – wie der Luftfahrt oder Bahntechnik – sind diese Eigenschaften besonders vorteilhaft. Statische Systeme lassen sich vergleichsweise einfach planen, implementieren und betreiben. Auch die Schulung der Mitarbeitenden sowie die Wartung technischer Systeme erfolgen in festgelegten Strukturen, was den Koordinationsaufwand reduziert.

3.4.2 Typische Aufgabenbereiche von Mensch und Maschine

In klassisch organisierten Produktionssystemen mit statischer Aufgabenallokation übernehmen Maschinen vor allem automatisierbare Tätigkeiten – etwa das Sandstrahlen von Brücken, das hochautomatisierte Fahren oder das präzise Bestücken von Bauteilen. Der Mensch ist hingegen für anspruchsvolle, kreative oder variantenreiche Aufgaben zuständig, wie z. B. Qualitätskontrollen, Sondermontagen oder manuelle Justierungsprozesse.

Die MABA-MABA-Logik ordnet die Aufgaben anhand der jeweiligen Stärken zu: Menschen sind überlegen bei Mustererkennung, situativer Anpassung und bei unstrukturierten Entscheidungsprozessen. Maschinen hingegen sind effizient bei Rechenoperationen, Wiederholungsaufgaben und präziser Kraftausübung.

Soziotechnische Systeme bauen auf dieser Differenzierung auf, verfolgen jedoch ein erweitertes Ziel: Die Aufgabenverteilung erfolgt nicht allein auf Basis technischer Leistungsfähigkeit, sondern unter Berücksichtigung menschlicher Kompetenzen, Lernpotenziale und ergonomischer Anforderungen. Dies soll sowohl die Systemeffizienz als auch die individuelle Beanspruchung optimieren (Album-Schäffer et al. 2023).

3.4.3 Grenzen und Herausforderungen

Trotz ihrer Vorteile stößt die statische Aufgabenallokation zunehmend an Grenzen – insbesondere in hochdynamischen Produktionsumgebungen, wie sie im Kontext von Industrie 4.0 entstehen. Hier ändern sich Anforderungen, Prozesszustände und Systemkonfigurationen häufig und unvorhersehbar.

Eine starre Aufgabenverteilung kann in solchen Fällen zu Effizienzverlusten führen: Systemkomponenten werden entweder über- oder unterfordert, Reaktionszeiten auf Störungen verlängern sich und Anpassungen sind nur durch aufwendige Umstrukturierungen möglich. Zudem fehlt es an Mechanismen, um bei Ausfällen oder kurzfristigen Änderungen Aufgaben flexibel neu zu verteilen.

Ein weiterer Nachteil besteht in der mangelnden Kontextsensitivität: Die tatsächliche Verfügbarkeit von Kompetenzen, situative Belastungen oder individuelle Leistungsschwankungen bleiben unberücksichtigt. Dies kann zu inadäquaten Belastungsverteilungen führen – mit negativen Folgen für Gesundheit, Motivation und Prozessqualität.

3.4.4 Praxisbeispiele

Ein typisches Beispiel für statische Aufgabenallokation ist das klassische Fließband: Jede Arbeitsperson übernimmt einen festen Handgriff, jede Maschine eine spezifische Teilfunktion. Auch automatisierte Hochregallager oder CNC-Maschinen folgen diesem Prinzip: Die Steuerungseinheit übernimmt die Bewegungsführung, der Mensch bleibt für Instandhaltung, Kontrolle oder Parametereingabe zuständig.

In sicherheitskritischen Bereichen werden statische Allokationen häufig dokumentiert durch sogenannte „Function Allocation Tables", die festlegen, welche Funktion dauerhaft welchem Subsystem zugewiesen ist. Diese Form ist besonders in der Luftfahrt, der chemischen Industrie oder im Bahnbetrieb etabliert, wo Zuverlässigkeit und Fehlervermeidung höchste Priorität haben.

3.4.5 Einordnung in die moderne Systemgestaltung

Trotz der zunehmenden Digitalisierung und Vernetzung bleibt die statische Aufgabenallokation ein wichtiger Bestandteil moderner Arbeitssysteme – insbesondere dort, wo Prozesse stabil, wiederholbar und standardisierbar sind. Sie bietet eine verlässliche Grundlage für Systemstabilität, Prozesskontrolle und Qualitätsmanagement.

In komplexen, variantenreichen oder adaptiven Produktionsumgebungen reicht eine rein statische Verteilung jedoch nicht mehr aus. Hier gewinnen flexible oder hybride Modelle an Bedeutung, bei denen situative Kontextbedingungen, Systembelastung und individuelle Fähigkeiten in die Allokation einbezogen werden.

Derzeit gilt ein hybrider Ansatz als Best Practice: Statische Aufgabenverteilung wird für wiederkehrende Standardprozesse genutzt, während flexible Allokationen (siehe Abschn. 3.5) in dynamischen oder unvorhersehbaren Situationen eingesetzt werden. Dieser Ansatz bietet eine hohe Resilienz, kombiniert Planungssicherheit mit Reaktionsfähigkeit und stellt die Weichen für zukunftsfähige Arbeitssysteme.

3.5 Flexible Aufgabenallokation

In der Gestaltung moderner Arbeitssysteme – insbesondere im Kontext von Digitalisierung, Automatisierung und Industrie 4.0 – gewinnt die flexible Aufgabenallokation zunehmend an Bedeutung. Während in klassischen Konzepten Aufgaben weitgehend statisch bestimmten Systembestandteilen zugewiesen wurden (siehe Abschn. 3.4), erfordert die zunehmende Dynamik technischer und organisatorischer Prozesse heute adaptive Allokationsmechanismen. Flexible Aufgabenallokation beschreibt in diesem Zusammenhang die situative, kontextabhängige und dynamische Verteilung von Aufgaben zwischen menschlichen und technischen Akteuren innerhalb eines sozio-technischen Systems.

Flexible Aufgabenallokation meint den prozessbegleitenden, bedarfs- und kompetenzorientierten Abgleich zwischen Aufgabenanforderungen und verfügbaren Ressourcen. Im

Unterschied zur statischen Aufgabenverteilung, bei der Zuständigkeiten dauerhaft festgelegt sind, erlaubt dieser Ansatz eine kontinuierliche Anpassung an veränderte Rahmenbedingungen – etwa bei schwankender Auslastung, kurzfristigen Ausfällen, Kompetenzverschiebungen oder neuen Anforderungen. Besonders relevant ist diese Form der Aufgabenverteilung in adaptiven, digital vernetzten Produktionsumgebungen, die durch hohe Variantenvielfalt, kleine Losgrößen und eine verstärkte Mensch-Roboter-Kollaboration (MRK) geprägt sind.

Neben der organisatorischen Perspektive ist auch die psychologische Dimension bedeutsam. Die Art und Weise, wie Aufgaben verteilt werden, hat Einfluss auf Autonomieerleben, Arbeitszufriedenheit und Motivation. Starre Aufgabenverteilungen können zu Frustration oder Unterforderung führen, während flexible Allokationen ermöglichen, individuelle Stärken gezielt zu nutzen und Belastungen angemessen zu steuern.

Flexible Aufgabenallokation trägt zudem zur Erhaltung menschlicher Fähigkeiten bei, indem sie dem sogenannten Deskilling entgegenwirkt – dem Verlust von Qualifikationen durch übermäßige Automatisierung. Darüber hinaus begünstigt sie ergonomische Arbeitsbedingungen und eine nachhaltige Arbeitsgestaltung.

3.5.1 Merkmale und Prinzipien

Flexible Aufgabenallokation basiert auf vier zentralen Prinzipien:

1. **Situationsbezogenheit**: Aufgaben werden in Abhängigkeit aktueller Systemzustände, Verfügbarkeiten und Störungen verteilt.
2. **Kompetenzorientierung**: Die Zuweisung erfolgt entsprechend der gegenwärtigen Fähigkeiten und Qualifikationen von Mensch und Technik.
3. **Adaptivität**: Die Allokation kann jederzeit angepasst werden, z. B. bei Veränderungen im Prozess, bei Ausfällen oder Kompetenzverschiebungen.
4. **Kooperationskultur**: Mensch und Technik arbeiten in dynamischen, sich wandelnden Kooperationsstrukturen zusammen.

In der praktischen Umsetzung unterstützen digitale Assistenzsysteme, intelligente Steuerungen sowie semiautonome Agentensysteme die flexible Aufgabenverteilung. Sie analysieren in Echtzeit, welche Systemeinheit eine bestimmte Aufgabe effizient und zuverlässig übernehmen kann.

Ein konzeptioneller Rahmen zur Gestaltung solcher Systeme ist das sogenannte TOP-Prinzip (Tausch 2021). Dieses berücksichtigt drei Ebenen:

1. **Technik**: Entwicklung intelligenter Assistenzsysteme und algorithmischer Entscheidungslogiken,
2. **Organisation**: Einbettung adaptiver Allokationsprozesse in bestehende Arbeitsstrukturen,
3. **Person**: Förderung der individuellen Kompetenzentwicklung und Beteiligung der Mitarbeitenden.

Dieses Prinzip betont, dass flexible Aufgabenallokation nicht isoliert betrachtet wird, sondern im Zusammenspiel von Technik, Organisation und Mensch entwickelt wird. Eine erfolgreiche Implementierung erfordert den Einsatz intelligenter Unterstützungssysteme, eine adaptive Organisation sowie eine gezielte Kompetenzentwicklung der Mitarbeitenden.

Ein wesentlicher Aspekt ist auch, dass für die Zusammenarbeit der Akteure, wie Mensch und Roboter, entscheidend ist, dass ein Bewusstsein für die gemeinsame Aufgabe geschaffen wird, um eine echte und wirksame Zusammenarbeit zu ermöglichen (Tausch 2021).

Nur im Zusammenspiel dieser drei Ebenen kann eine menschengerechte und leistungsfähige flexible Aufgabenverteilung erreicht werden.

3.5.2 Methoden zur flexiblen Aufgabenallokation

KABA-Verfahren

Das KABA-Verfahren (Kompetenz – Aufgabe – Bedarf – Anpassung) ist ein dynamischer Ansatz zur situativen Aufgabenverteilung. Es basiert auf der kontinuierlichen Analyse von Kompetenzen, aktuellen Aufgabenanforderungen sowie betrieblichen Bedarfen und leitet daraus eine kontextabhängige Anpassung der Aufgabenverteilung ab.

Beispiel: Montage eines Elektromoduls

Ein Unternehmen fertigt Elektromodule in variantenreicher Losgröße. Mensch und Cobot (siehe Kap. 7) arbeiten an einem gemeinsamen Arbeitsplatz:

- **Kompetenz**: Der Mensch ist geschult für Sondermontagen, Fehlererkennung und Dokumentation; der Cobot führt standardisierte Verschraubungen aus.
- **Aufgabe**: Tagesaufträge umfassen Standard- und Sondermodule.
- **Bedarf**: Bei hoher Variantenvielfalt wird menschliche Flexibilität benötigt, bei Serienproduktion übernimmt der Cobot mehr Aufgaben.
- **Anpassung**: In Serienphasen übernimmt der Cobot die Verschraubung, während der Mensch Sondermodule und Prüfprozesse verantwortet.

Diese flexible, kompetenzbasierte Aufgabenzuweisung ermöglicht eine effiziente Ressourcennutzung, reduziert körperliche Belastungen und verbessert die Reaktionsfähigkeit des in Produktionsprozessen. (Dumitrescu et al. 2020). ◄

RHIA/VERA-Verfahren

Das RHIA/VERA-Verfahren (Regulationshindernisse und -erfordernisse in der Arbeitstätigkeit) ist ein arbeitspsychologisches Instrument zur Analyse geistiger Arbeitsanforderungen. Es differenziert:

- **RHIA/VERA-Produktion**: Analyse von Produktionsarbeit mit Fokus auf Regulationsanforderungen.
- **RHIA/VERA-Büro**: Analyse kognitiver Belastungen in administrativen Tätigkeiten.

Ziel ist es, sowohl psychisch beanspruchende als auch förderliche Aufgabenmerkmale zu identifizieren und die Arbeit entsprechend zu gestalten.

RHIA/VERA-Produktion-Verfahren

Das RHIA/VERA-Produktionsverfahren ist eine weitere Methode zur Analyse und Verbesserung von Arbeitsplätzen, insbesondere in industriellen Umgebungen. Das Verfahren eignet sich insbesondere zur Analyse von Arbeitstätigkeiten im Bereich Mensch-Technik. Die Abkürzung steht für „Verfahren zur Ermittlung von Regulationshindernissen und zur Ermittlung von Regulationserfordernissen in der Arbeitstätigkeit". Es konzentriert sich darauf, die Arbeitsbedingungen zu untersuchen und Vorschläge für eine bessere Arbeitsgestaltung zu entwickeln. Das Verfahren berücksichtigt sowohl die psychologischen Anforderungen, die durch die Arbeitsaufgaben entstehen, als auch die potenziell belastenden Arbeitsbedingungen. Ein wichtiger Aspekt ist die Bewertung des Maßes, in dem die Arbeitstätigkeit eigenständige Zielsetzungen und Entscheidungen erfordert. Das RHIA/VERA-Produktionsverfahren zielt darauf ab, sowohl die positiven geistigen Anforderungen als auch die potenziell belastenden Aspekte der Arbeit zu berücksichtigen, um eine gesunde und produktive Arbeitsumgebung zu fördern (Oesterreich et al. 2000).

Beispiel zur Anwendung des RHIA/VERA-Produktionsverfahrens an einem Montagearbeitsplatz

Das RHIA/VERA-Produktionsverfahren eignet sich hervorragend zur Analyse von Arbeitsplätzen in industriellen Umgebungen, insbesondere dort, wo Mensch und Technik in enger Interaktion stehen. Nachfolgend wird ein typisches Beispiel aus der industriellen Montage erläutert:

Tätigkeitsbeschreibung:

Die Arbeitsperson ist an einem Montagearbeitsplatz eingesetzt, an dem verschiedene Bauteile – beispielsweise in der Automobilindustrie – an einem Fließband montiert werden. Die Tätigkeit umfasst das Zusammensetzen von vorgefertigten Komponenten, das Prüfen der Teile sowie die Weitergabe des montierten Produkts an die nächste Station.

Regulationshindernisse:

Im Arbeitsprozess treten regelmäßig Störungen auf, etwa durch das verspätete Eintreffen von Bauteilen, unvollständige Materialsets oder unklare Arbeitsanweisungen. Zudem fehlen in manchen Fällen Rückmeldungen aus dem vorgelagerten Prozessschritt, was zu Verzögerungen und zusätzlichem Klärungsaufwand führt.

Regulationserfordernisse:

Die Arbeit erfordert ein mittleres Maß an selbstständiger Regulation: Die Arbeitsperson muss bei Störungen flexibel reagieren, etwa durch Umorganisation der Abläufe oder durch Rücksprachen mit der Instandhaltung oder der Logistik. Auch die Anpassung der eigenen Arbeitsschritte an wechselnde Bauteilvarianten oder Kundenanforderungen gehört zu den regulativen Anforderungen.

Bewertung:
Die Tätigkeit weist eine mittlere Regulationsanforderung auf, da eigenständige Entscheidungen notwendig sind, aber in einem vorstrukturierten Rahmen erfolgen. Gleichzeitig bestehen erhöhte Belastungspotenziale durch Zeitdruck, repetitive Bewegungen und gelegentliche Informationsdefizite.
Gestaltungsempfehlungen:
Zur Verbesserung der Arbeitsbedingungen werden mehrere Maßnahmen empfohlen: eine optimierte Materialbereitstellung zur Vermeidung von Wartezeiten, klarere und visuell unterstützte Arbeitsanweisungen, sowie die Einführung eines einfachen Rückmeldesystems bei Störungen. Ergänzend kann der Einsatz von digitalen Assistenzsystemen zur Variantenführung und Qualitätssicherung die kognitive Entlastung der Mitarbeitenden fördern. ◀

Das RHIA/VERA-Büro-Verfahren
Zur Untersuchung von Tätigkeiten im Büro- und Verwaltungsbereich wurde das RHIA/VERA-Büro-Verfahren entwickelt. Das RHIA/VERA-Büro-Verfahren hat das Ziel, die Denk- und Planungsprozesse sowie die aufgabenbezogenen psychischen Belastungen spezifisch in der Büroarbeit zu analysieren. Der Anwendungsbereich dieses Verfahrens ist auf Tätigkeiten beschränkt, die nicht hauptsächlich die Planung der Arbeitstätigkeiten anderer Personen, die Personalführung oder Managementaufgaben umfassen.

Beispiel zur Anwendung des RHIA/VERA-Büro-Verfahrens:

Eine Sachbearbeiterin in der Leistungsabteilung einer Krankenversicherung bearbeitet täglich Kundenanfragen, prüft Leistungsansprüche und erstellt Entscheidungsschreiben. Die Tätigkeit erfolgt überwiegend am Bildschirmarbeitsplatz und umfasst sowohl standardisierte als auch nicht-routinemäßige Aufgaben. ◀

Anwendung des RHIA/VERA-Büro-Verfahrens
- **Erhebung der Tätigkeit:**
  Die Analyse beginnt mit einer Beobachtung über mehrere Arbeitszyklen hinweg. Ergänzend erfolgen leitfadengestützte Interviews zur subjektiven Einschätzung der Arbeitsanforderungen.
- **Identifikation von Regulationshindernissen:**
  Es zeigt sich, dass häufige Unterbrechungen durch Rückfragen von Kolleginnen und ein nicht integriertes Softwaresystem (mehrere Masken und Programme gleichzeitig) den Arbeitsfluss stören. Die Sachbearbeiterin muss oft zwischen Anwendungen wechseln, was zu kognitiver Belastung und Zeitverlust führt.
- **Ermittlung von Regulationserfordernissen:**
  Die Tätigkeit erfordert ein hohes Maß an eigenständiger Informationsbeschaffung, Priorisierung der Fälle und Beurteilung von medizinischen Unterlagen. Zudem sind Kommunikationsfähigkeiten für Rücksprachen mit Versicherten notwendig. Diese Anforderungen werden im Verfahren als komplexe Regulationsanforderungen klassifiziert.

- **Bewertung:**
  Die Kombination aus hoher Verantwortung, Unterbrechungen und kognitiver Komplexität stellt eine potenziell belastende Arbeitssituation dar. Die Analyse weist auf ein Ungleichgewicht zwischen Anforderungen und vorhandenen Unterstützungsressourcen hin.
- **Gestaltungsempfehlung:**
  Auf Basis der RHIA/VERA-Büro-Analyse werden Maßnahmen empfohlen, etwa die Einführung einer integrierten Benutzeroberfläche (One-System-Lösung), Schulungen zur Priorisierung und ergonomische Optimierungen (z. B. verbesserte Lichtverhältnisse, Pausenstrukturierung). Ebenso wird die Schaffung störungsfreier Arbeitszeiten für konzentrierte Aufgaben empfohlen.

3.5.3 Vergleich der Arbeitsanalyseverfahren

Die Verfahren KABA, RHIA VERA-Produktion und RHIA VERA Büro verfolgen jeweils unterschiedliche Schwerpunkte im Bereich der Aufgabenallokation zwischen Mensch und Technik, basieren jedoch alle auf dem Prinzip einer flexiblen, anpassungsfähigen Verteilung von Aufgaben.

Das KABA-Verfahren (Kompetenz–Aufgabe–Bedarf–Anpassung) ist besonders auf die situative und dynamische Aufgabenverteilung in modernen, hochdynamischen Produktionsumgebungen ausgerichtet. Es analysiert kontinuierlich die vorhandenen Kompetenzen, den aktuellen Aufgabenbedarf sowie die situativen Rahmenbedingungen und passt die Aufgabenverteilung laufend an. KABA eignet sich insbesondere für adaptive Montageprozesse, Mensch-Roboter-Kollaborationen und cyber-physische Produktionssysteme im Kontext von Industrie 4.0.

Im Gegensatz dazu fokussiert das Verfahren RHIA VERA-Produktion auf die strukturierte, variantenrobuste Aufgabenverteilung in der Serien- und Variantenfertigung. Ziel ist es, in Produktionsumgebungen mit hoher Produktvielfalt eine menschengerechte und effiziente Zuordnung von Aufgaben zu erreichen. Dabei wird sowohl die Integration menschlicher Fähigkeiten als auch der sinnvolle Einsatz technischer Unterstützung berücksichtigt, um trotz Variantenvielfalt stabile und produktive Prozesse sicherzustellen.

Das Verfahren RHIA VERA Büro überträgt das Konzept auf den Bereich der Büro- und Wissensarbeit. Es richtet sich auf die Gestaltung von Aufgabenverteilungen in digitalen Arbeitsumgebungen, wobei insbesondere kognitive Anforderungen, mentale Belastungen und die Unterstützung durch digitale Systeme im Vordergrund stehen. RHIA VERA Büro hilft dabei, Aufgaben im Dienstleistungsbereich so zu gestalten, dass Arbeitsbelastungen reduziert und Effizienzpotenziale durch den gezielten Einsatz von Automatisierung und Assistenzsystemen gehoben werden können.

Insgesamt zeigt sich, dass KABA für hochdynamische Produktionsumgebungen mit ständig wechselnden Anforderungen besonders geeignet ist, während RHIA VERA-Produktion und RHIA VERA Büro vor allem für strukturell komplexe, aber weniger hoch-

Tab. 3.1 Vergleich der Verfahren

Verfahren	Fokus	Anwendungskontext
KABA	Kompetenz-, Bedarfs- und Situationsanalyse	Fertigung, MRK
RHIA/VERA-Produktion	Psychische Regulation industrieller Tätigkeiten	Variantenfertigung, Serienproduktion
RHIA/VERA-Büro	Kognitive Anforderungen im Dienstleistungsbereich	Büro- und Wissensarbeit

frequent veränderliche Aufgabenfelder in der Fertigung beziehungsweise der Büroarbeit konzipiert sind. Alle drei Verfahren tragen dazu bei, moderne Arbeitssysteme flexibler, effizienter und zugleich menschengerechter zu gestalten (Tab. 3.1).

Alle Verfahren unterstützen eine differenzierte und anpassungsfähige Aufgabenverteilung – abgestimmt auf technologische, organisationale und menschliche Faktoren.

3.5.4 Vorteile der flexiblen Aufgabenallokation

Flexible Aufgabenallokation bietet zahlreiche Vorteile:

- **Erhöhte Systemrobustheit** durch schnelle Reallokation bei Ausfällen oder Störungen,
- **Optimierte Ressourcennutzung** durch gezielte Nutzung individueller Stärken,
- **Anpassungsfähigkeit** bei wechselnden Kundenanforderungen und Produktvarianten,
- **Förderung der Menschzentrierung** durch aktive Beteiligung und Entscheidungsmitwirkung,
- **Erhalt menschlicher Kompetenzen** durch Integration in dynamische Aufgaben,

Auch eine Effizienzsteigerung kann durch eine klare Rollenverteilung erreicht werden, die die Stärken von Menschen und Maschinen berücksichtigt. In der Mensch-Roboter-Kollaboration (MRK) (siehe Kap. 7) übernimmt der Roboter Aufgaben, die sich wirtschaftlich automatisieren lassen, während der Mensch für komplexere Tätigkeiten zuständig ist. Diese Arbeitsteilung ermöglicht eine flexible und situationsabhängige Aufgabenverteilung, was die Effizienz erhöht. Eine klare Rollenverteilung fördert zudem eine kooperative Zusammenarbeit, die auf gemeinsame Ziele abzielt und eine optimierte Interaktion erfordert.

3.5.5 Herausforderungen und Ausblick

Trotz der Vorteile bringt die flexible Aufgabenallokation hohe Anforderungen mit sich. Technische Infrastrukturen müssen Echtzeitanalyse, Transparenz und Adaptivität gewährleisten. Mensch-Maschine-Schnittstellen müssen intuitiv, sicher und akzeptanzfördernd gestaltet werden. Auch Fragen der Verantwortlichkeit, Nachvollziehbarkeit von Systementscheidungen und Datenschutz gewinnen an Bedeutung.

Ein besonders vielversprechender Ansatz ist das „Aushandeln von Aufgaben" in dynamischen Teams, bei dem Roboter proaktiv Vorschläge zur Aufgabenverteilung unterbreiten, die gemeinsam mit Menschen abgestimmt werden. Effizienzgewinne von bis zu 25 % gegenüber statischen Strukturen können in der praktischen Umsetzung erreicht werden.

Die Zukunft der Aufgabenallokation liegt somit in hybriden, partizipativen und lernfähigen Systemen, die technische, organisationale und psychologische Anforderungen gleichermaßen integrieren. Sie ermöglichen nicht nur höhere Effizienz, sondern auch eine nachhaltige und menschengerechte Gestaltung komplexer Arbeitssysteme.

Literatur

Album-Schäffer, A., Huchler, N., Kessler, I., Lay, F. S., Perzylo, A., Seidler, M. J., Steinmetz, F., & Weitschat, R. (2023). Soziotechnisches Assistenzsystem zur lernförderlichen Arbeitsgestaltung in der robotergestützten Montage. Gruppe. Interaktion. Organisation. Zeitschrift für Angewandte Organisationspsychologie (GIO), 54, 79–93.

Bauernhansl, T., Ten Hompel, M., & Vogel-Heuser, B. (Hrsg.) (2020). Industrie 4.0 in Produktion, Automatisierung und Logistik. Anwendung, Technologien, Migration (3. Aufl.). Springer Vieweg, Wiesbaden.

Bitkom (2024) Smart Home 2024. https://www.bitkom.org/sites/main/files/2024-08/240822-Bitkom-Charts-Smart-Home-2024.pdf. Zugegriffen: 1. Mai 2025

Butz, A., Krüger, A., & Völkel, S. T. (2022). Mensch-Maschine-Interaktion.

Dumitrescu, R., Gausemeier, J., & Kühn, A. (2020). Gestaltung wandlungsfähiger Produktionssysteme – Ein Vorgehensmodell zur Entwicklung digitaler Arbeitssysteme. HNI-Verlagsschriftenreihe, Band 431.

Fitts, P. M. (Hrsg.). (1951). Human Engineering for an Effective Air Navigation and Traffic Control System. National Research Council, Washington, D.C.

Frieling, E., & Hoyos, C. (Hrsg.). (1978). Fragebogen zur Arbeitsanalyse (FAA): Deutsche Bearbeitung des „Position Analysis Questionnaire" (PAQ). Handbuch. Huber, Bern.

Frieling, E., & Buch, M. (2007). Handbuch der Arbeits- und Organisationspsychologie. Hogrefe Verlag, Göttingen.

Hacker, W. (2005). Allgemeine Arbeitspsychologie – Psychische Regulation von Arbeitstätigkeiten. Huber, Bern.

Heinlein, M., & Huchler, N. (2024). Künstliche Intelligenz, Mensch und Gesellschaft.

Kantar Emnid. (2017). Familie im Digitalzeitalter. Ministerium für Familie, Kinder, Jugend, Kultur und Sport des Landes NRW. https://www.mkjfgfi.nrw/sites/default/files/documents/report-familie-digital.pdf (Zugegriffen: 1. Mai 2025).

Luczak, H., & Volpert, W. (1987). Arbeitswissenschaft – Gestaltung von Arbeitssystemen. Springer, Berlin.

McKinsey & Company. (2016). Digitalisierung in deutschen Haushalten – Wie Familien mehr Qualitätszeit gewinnen können. https://www.bmfsfj.de/resource/blob/100556/22337b52e49a0118ef08c6018584eece/studie-digitalisierung-deutsche-haushalte-data.pdf (Zugegriffen: 1. Mai 2025).

Oesterreich, R., Leitner, K., & Resch, M. (2000). Analyse psychischer Anforderungen und Belastungen in der Produktionsarbeit. Das Verfahren RHIA-VERA Produktion Handbuch. Hogrefe, Berlin.

Prümper, J., Hartmannsgruber, K., & Frese, M. (1995). KFZA – Kurzfragebogen zur Arbeitsanalyse. Zeitschrift für Arbeits- und Organisationspsychologie. Hogrefe-Verlag, Göttingen.

REFA Verband für Arbeitsgestaltung, Betriebsorganisation und Unternehmensentwicklung e. V. (2002). Methodenlehre der Betriebsorganisation. Teil 2: Datenermittlung (3. Aufl.). Hanser Verlag, München.

Schaper, N. (2011). Arbeits- und Organisationspsychologie. Arbeitsanalyse und -bewertung (2. Aufl.). Springer, Berlin Heidelberg.

Schlick, C., Bruder, R., & Luczak, H. (2018). Arbeitswissenschaft – Grundlagen der menschgerechten Gestaltung von Arbeitssystemen (4. Aufl.). Springer Vieweg, Berlin.

Stich, V. (2013). Mensch-Technik-Interaktion – Leitfaden für Hersteller und Anwender. Begleitforschung zum Technologieprogramm AUTONOMIK: Institut für Innovation und Technik. Bundesministerium für Wirtschaft und Technologie, Berlin.

Tausch, A. (2021). Aufgabenallokation in der Mensch-Roboter-Interaktion – Eine psychologische Betrachtung von Aufgabenzuteilungs-Prozessen zur Gestaltung menschengerechter Zusammenarbeit von Mensch und Roboter. Bundesanstalt für Arbeitsschutz und Arbeitsmedizin (baua), Dortmund.

Zinke, S., Bengler, K., & Butz, A. (2021). Arbeitswelt 4.0 – Der Mensch im Zentrum von Arbeitssystemen der Zukunft. Universitätsverlag der TU München, München.

4 Gebrauchstauglichkeit

Die Rolle des Nutzers in der Mensch-Technik Interaktion

Gebrauchstauglichkeit ist der Begriff für die „erlebte Qualität der Nutzung" eines interaktiven Dialogsystems auf der Schnittstelle zwischen Mensch und Maschine. Je einfacher, intuitiver und aufgabenangepasster diese Schnittstelle realisiert ist, desto benutzerfreundlicher wird sie empfunden. Die Bandbreite der Komplexität solcher Schnittstellen ist sehr groß; sie reicht von einfachen Automaten (z. B. Fahrkartenautomat, Zigarettenautomat) bis hin zu aufwendig gestalteten Dialogsystemen im Internet (z. B. beim Onlineshopping oder -banking). Daher ist die Bewertung und Gestaltung gebrauchstauglicher Systeme ein wichtiger Aspekt der Mensch-Technik-Interaktion.

4.1 Gebrauchstauglichkeit – Definition

Die ISO 9241-11 definiert Gebrauchstauglichkeit als „the extent to which a product can be used by specified users to achieve specified goals with effectiveness, efficiency, and satisfaction in a specified context of use".

Die deutsche Übersetzung in Anlehnung an die ISO 9241-11 kann man u. a. in den deutschen Fassungen der Normen EN ISO 13407 sowie DIN ISO 20282 Teil 1 und Teil 2 finden. Hier wird Gebrauchstauglichkeit definiert als „das Ausmaß, in dem ein Produkt von bestimmten Benutzern verwendet werden kann, um bestimmte Ziele mit Effektivität, Effizienz und Zufriedenheit in einem bestimmten Nutzungskontext zu erreichen".

Effektivität bezeichnet dabei die Vollständigkeit und die Genauigkeit, mit der ein bestimmtes Ziel erreicht werden kann. Effizienz ist quasi die Geschwindigkeit auf dem Weg zum Ziel; sie stellt den notwendigen Aufwand mit der Zielerreichung in Relation und bestimmt das Kosten-Nutzen-Verhältnis. Zufriedenheit ist schwerer zu fassen, da sie eher subjektive Kriterien fokussiert. In dieser Norm ist Zufriedenheit als die Nicht-Anwesenheit

P. Pötters, S. Sen, *Mensch-Technik-Interaktion*,
https://doi.org/10.1007/978-3-658-49501-5_4

von Beeinträchtigungen und eine allgemein positive Einstellung gegenüber der Systemnutzung definiert. Nielsen (1993) ergänzt, dass, zusätzlich zu den Kriterien Effektivität, Effizienz und Zufriedenheit, das System zudem Aspekte wie Lernförderlichkeit (learnability), Einprägsamkeit (memorability) und Fehlertoleranz (error tolerance) berücksichtigen sollte. Bei der Gestaltung und Bewertung von Benutzeroberflächen sollten die allgemeinen, in der ISO 9241 stehenden Grundsätze berücksichtigt werden. Diese sind wie folgt auch in der deutschen Fassung DIN EN ISO 9241-110 dargestellt: Aufgabenangemessenheit, Fehlertoleranz, Steuerbarkeit und Individualisierbarkeit. Oft wird synonym zu Gebrauchstauglichkeit der Begriff Usability oder Usability-Engineering verwendet.

4.2 Normen der Gebrauchstauglichkeit

Mittlerweile liegen eine Reihe von Normen, Gesetzen und Verordnungen vor, welche Entwickler technischer Systeme in die Pflicht nehmen und die Position der Nutzer stärken. Insbesondere auf dem Gebiet des Arbeitsschutzgesetzes und der Gleichstellung wurden verbindliche Vereinbarungen verabschiedet. Das Vorhandensein von internationalen Normen mit direktem Bezug auf das Usability-Engineering verdeutlicht nachdrücklich die Bedeutung, welche Gebrauchstauglichkeit bei der Gestaltung von technischen Systemen heute bereits hat.

4.2.1 Arbeitsschutzgesetz

Das Arbeitsschutzgesetz (ArbSchG) stellt die nationale Umsetzung europäischer Arbeitsschutzrichtlinien dar und bildet den gesetzlichen Rahmen zur Sicherung und fortlaufenden Verbesserung von Sicherheit und Gesundheit aller Beschäftigten am Arbeitsplatz. Es regelt die wechselseitigen Rechte und Pflichten von Arbeitgebern und Arbeitnehmern im Kontext des betrieblichen Gesundheitsschutzes.

Primäres Ziel des ArbSchG ist es, durch präventive und strukturierte Maßnahmen die Arbeitsbedingungen so zu gestalten, dass die physische und psychische Unversehrtheit der Beschäftigten gewährleistet ist. In § 1 Abs. 1 wird dies explizit formuliert: „[…] Sicherheit und Gesundheitsschutz der Beschäftigten bei der Arbeit durch Maßnahmen des Arbeitsschutzes zu sichern und zu verbessern."

Zur Umsetzung dieses Schutzziels ist der Arbeitgeber gesetzlich verpflichtet, geeignete Maßnahmen des Arbeitsschutzes zu ergreifen. Diese haben sich an den spezifischen betrieblichen Gegebenheiten zu orientieren, wobei sowohl die Art der Tätigkeit als auch individuelle Risikofaktoren zu berücksichtigen sind. In § 3 Abs. 1 heißt es dazu: „Der Arbeitgeber ist verpflichtet, die erforderlichen Maßnahmen des Arbeitsschutzes unter Berücksichtigung der Umstände zu treffen, die Sicherheit und Gesundheit der Beschäftigten bei der Arbeit beeinflussen […]".

Die allgemeinen Grundsätze zur Gestaltung sicherer Arbeitsbedingungen sind in § 4 ArbSchG niedergelegt. Diese Prinzipien konkretisieren die Pflichten zur Gefährdungsvermeidung und beinhalten unter anderem:

Gefährdungsvermeidung und -minimierung: Arbeitsprozesse sind so zu gestalten, dass eine Gefährdung für Leben und Gesundheit der Beschäftigten vermieden wird; unvermeidbare Risiken sind auf ein Minimum zu reduzieren.

Gefahrenbekämpfung an der Quelle: Risiken sind möglichst unmittelbar an ihrem Entstehungsort zu identifizieren und zu beseitigen (BMAS o. J.).

Berücksichtigung gesicherter Erkenntnisse: Bei der Planung und Umsetzung von Schutzmaßnahmen sind der Stand der Technik, arbeitsmedizinische Erkenntnisse sowie hygienische Anforderungen zu berücksichtigen.

Systemische Verknüpfung von Schutzaspekten: Die Maßnahmen des Arbeitsschutzes sind integrativ zu planen, wobei technische, organisatorische sowie soziale Einflussfaktoren systematisch miteinander in Beziehung zu setzen sind.

Nachrangigkeit individueller Schutzmaßnahmen: Persönliche Schutzausrüstung und andere individuelle Schutzvorkehrungen dürfen erst dann eingesetzt werden, wenn kollektive oder technische Maßnahmen nicht ausreichen.

Berücksichtigung schutzbedürftiger Gruppen: Besondere Gefährdungen für besonders verletzliche Beschäftigtengruppen – etwa Schwangere, Jugendliche oder ältere Menschen – sind spezifisch zu erfassen und präventiv abzusichern.

Informations- und Unterweisungspflicht: Die Beschäftigten sind über bestehende Gefährdungen und Schutzmaßnahmen zu informieren und entsprechend zu unterweisen, um eigenverantwortliches sicherheitsgerechtes Verhalten zu fördern.

Gleichstellungsaspekte im Arbeitsschutz: Geschlechtsspezifische Regelungen sind ausschließlich dann zulässig, wenn sie sich auf objektiv biologische Unterschiede beziehen.

Das Arbeitsschutzgesetz stellt einen zentralen Baustein zur menschengerechten Gestaltung von Arbeit dar. Es verpflichtet Arbeitgeber zur systematischen Gefährdungsbeurteilung und kontinuierlichen Optimierung der Arbeitsumgebung – unter Einbindung technischer, organisatorischer und personeller Maßnahmen im Sinne eines ganzheitlichen Präventionsansatzes.

4.2.2 Arbeitsstättenverordnung

Die Arbeitsstättenverordnung (ArbStättV) bildet eine zentrale rechtliche Grundlage zur Gewährleistung von Sicherheit und Gesundheitsschutz an Arbeitsplätzen. Sie konkretisiert die Anforderungen, die Arbeitgeber beim Einrichten und Betreiben von Arbeitsstätten zu erfüllen haben, um physische wie psychische Belastungen zu minimieren und die Arbeitsbedingungen menschengerecht zu gestalten. In § 1 der Verordnung heißt es: „Die Arbeitsstättenverordnung legt fest, was der Arbeitgeber beim Einrichten und Betreiben von Arbeitsstätten in Bezug auf die Sicherheit und den Schutz der Gesundheit der Beschäftigten zu beachten hat."

Ein zentrales Instrument zur praktischen Umsetzung dieser Anforderungen stellen die Technischen Regeln für Arbeitsstätten (ASR) dar. Diese dienen als verbindliche Orientierungshilfe zur Auslegung der Schutzziele der Verordnung. Von besonderer Relevanz im Kontext der Mensch-Technik-Interaktion ist Abschn. 6 der ArbStättV, der sich mit der Gestaltung von Bildschirmarbeitsplätzen befasst. Dieser Abschnitt ersetzte zum 31. Dezember 2016 die bis dahin gültige Bildschirmarbeitsverordnung und überführt ihre Inhalte in einen übergreifenden präventiven Gestaltungsrahmen.

Die Regelungen in Abschn. 6 der ArbStättV beinhalten unter anderem:

Ergonomische Gestaltung Die Grundsätze der Ergonomie sind bei der Planung, Einrichtung und Nutzung von Bildschirmarbeitsplätzen anzuwenden. Ziel ist die Anpassung der Arbeitsbedingungen an die physischen und kognitiven Voraussetzungen der Beschäftigten.

- **Aufgabenspezifische Softwaregestaltung**: Die eingesetzte Software muss auf die zu erledigenden Aufgaben abgestimmt sein und darf keine unnötige kognitive oder zeitliche Belastung erzeugen.
- **Transparente Dialogabläufe**: Die Benutzeroberflächen und Interaktionsprozesse sind so zu gestalten, dass die Nutzer jederzeit den Überblick über Systemzustände und Arbeitsprozesse behalten können. Dies dient sowohl der Fehlerminimierung als auch der Nutzerzufriedenheit.
- **Anpassbarkeit an Nutzerprofile**: Die Software soll sich flexibel an unterschiedliche Erfahrungsstände und Kompetenzniveaus der Beschäftigten anpassen lassen, um eine diskriminierungsfreie und effektive Nutzung zu gewährleisten.
- **Schutz vor verdeckter Leistungsüberwachung**: Vorrichtungen zur quantitativen oder qualitativen Kontrolle der Arbeitsleistung dürfen ohne das Wissen der betroffenen Personen nicht eingesetzt werden. Dies trägt zum Schutz der informationellen Selbstbestimmung und zur Vertrauensbildung bei.

4.2.3 Barrierefreie Informationstechnik-Verordnung (BITV)

Ergänzend zu den Anforderungen an klassische Arbeitsplätze regelt die Barrierefreie Informationstechnik-Verordnung (BITV) die barrierefreie Gestaltung digitaler Informations- und Kommunikationsangebote. Ziel ist es, allen Menschen – insbesondere solchen mit sensorischen, motorischen oder kognitiven Einschränkungen – eine gleichberechtigte Nutzung digitaler Technologien zu ermöglichen.

Wesentliche Merkmale der BITV sind:

- **Adressatenkreis**: Die Verordnung richtet sich vorrangig an öffentliche Stellen, deren Angebote einer besonders breiten Nutzergruppe zugänglich gemacht werden müssen – unabhängig von deren individuellen Fähigkeiten oder Einschränkungen.

- **Gestaltungsgrundsätze**: Die digitale Barrierefreiheit basiert auf den Prinzipien der Zugänglichkeit und Nutzbarkeit. Dabei werden technologische, ergonomische und soziale Anforderungen miteinander verknüpft.
- **Rechtsrahmen**: Die BITV dient der praktischen Umsetzung des Behindertengleichstellungsgesetzes (BGG) und verfolgt das Ziel der digitalen Inklusion. Sie folgt dabei dem Leitgedanken „Accessibility" im Sinne einer „Usability for all".

4.2.4 Gebrauchstauglichkeit nach DIN EN ISO 9241

Internationale Normen der ISO (International Organization for Standardization) fungieren als zentrale Orientierungshilfen zur Sicherstellung von Qualität, Konsistenz und Interoperabilität technischer Systeme weltweit. Im Kontext der Mensch-Technik-Interaktion leisten sie einen bedeutenden Beitrag zur Etablierung benutzerfreundlicher, sicherer und effizienter Systeme. Besonders in hochkomplexen Anwendungsumgebungen ermöglichen sie die Ableitung praxistauglicher Designprinzipien und schaffen Vertrauen in die Gebrauchstauglichkeit technischer Lösungen durch international abgestimmte und wissenschaftlich fundierte Anforderungen. Eine wichtige Grundlage für die Gestaltung gebrauchstauglicher Systeme bildet die ISO 13407, die nun durch die ISO 9241-110 ersetzt wurde. Diese Norm beschreibt den Prozess der benutzerzentrierten Gestaltung interaktiver Systeme (siehe Abb. 4.1).

Die DIN EN ISO 9241-110, ein Teil der ISO 9241-Reihe, bezieht sich spezifisch auf die Grundsätze der Dialoggestaltung und stellt wesentliche Richtlinien für die Gestaltung benutzerfreundlicher Mensch-Technik-Interaktionen zur Verfügung. Diese Norm fokussiert sich auf die Kriterien und Prinzipien, die Dialoge zwischen Benutzer und System effektiv und effizient machen.

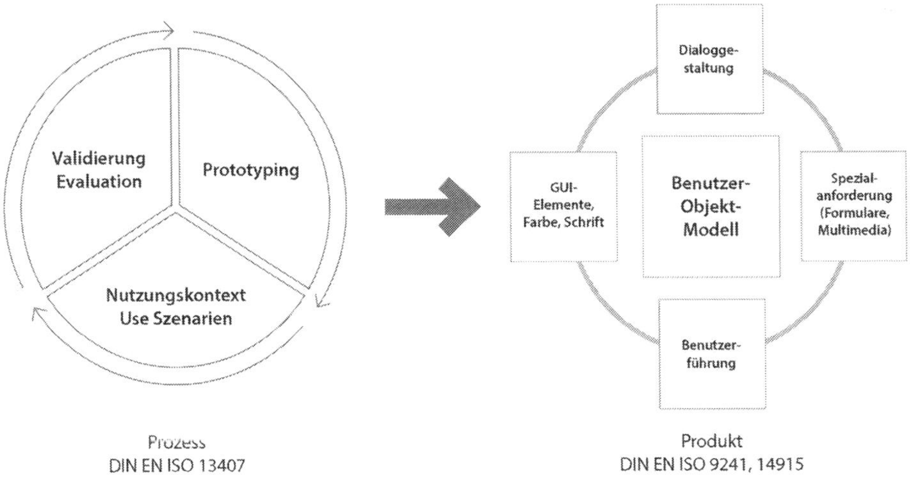

Abb. 4.1 Normen-Usability

Die ISO 13407 bzw. die aktuelle ISO 9241-110 legt einen Rahmen für benutzerzentrierte Designprozesse fest und betont die Wichtigkeit der Einbindung von Nutzern während des gesamten Entwicklungsprozesses. Sie definiert vier Hauptaktivitäten (DIN 2018):

1. Verstehen und Spezifizieren des Nutzungskontextes: Analyse der Benutzer, ihrer Aufgaben und der Umgebung, in der das System genutzt wird.
2. Spezifizieren der Benutzeranforderungen: Klärung der Bedürfnisse und Erwartungen der Benutzer.
3. Erzeugen von Gestaltungslösungen: Entwicklung von Prototypen und Designs basierend auf den gesammelten Anforderungen.
4. Bewerten der Gestaltung anhand von Anforderungen: Iteratives Testen und Anpassen der Lösungen durch Feedback der Benutzer.

Gemäß der Norm DIN EN ISO 9241-11 (2018), wie bereits zu Anfang des Kapitels beschrieben, wird Gebrauchstauglichkeit als das „Ausmaß, in dem ein System, ein Produkt oder eine Dienstleistung durch bestimmte Nutzer in einem bestimmten Nutzungskontext genutzt werden kann, um bestimmte Ziele effektiv, effizient und zufriedenstellend zu erreichen", definiert. Diese Definition hebt hervor, dass Gebrauchstauglichkeit keine abstrakte Qualität eines Produkts darstellt, sondern stets kontextgebunden ist und sich nur im Zusammenspiel mit realen Nutzern, deren Aufgaben und Umgebungsbedingungen beurteilen lässt. Die Norm unterscheidet dabei in drei Hauptkomponenten der Gebrauchstauglichkeit: Effektivität, Effizienz und Zufriedenheit, wie bereits eingeleitet. *Effektivität* meint die Präzision sowie Vollständigkeit, mit denen die Nutzer spezifische Ziele erreichen. Effizienz bezieht sich auf das Verhältnis zwischen den eingesetzten Ressourcen und den erzielten Ergebnissen, wobei Ressourcen hierbei als Zeit, menschlicher Aufwand, Kosten und Materialien gedeutet werden. Zuletzt misst die *Zufriedenheit,* inwieweit die physischen, kognitiven und emotionalen Reaktionen der Nutzer mit ihren Bedürfnissen und Erwartungen übereinstimmen. Dabei wird auch berücksichtigt, dass die Zufriedenheit durch die Übereinstimmung zwischen der tatsächlichen Nutzungserfahrungen und den Erwartungen beeinflusst wird. Um eine gute Gebrauchstauglichkeit zu gewährleisten, sollten diese drei Komponenten idealerweise zusammenwirken (DIN 2018).

Die Norm beschreibt außerdem, wie Usability durch Tests und Evaluationen bewertet werden kann und stellt Kriterien zur Messung der Effektivität, Effizienz und Zufriedenstellung auf. Diese werden im weiteren Verlauf des Kapitels näher betrachtet.

Teil 110 der DIN EN ISO 9241 (2020) legt Interaktionsprinzipien für die Gestaltung benutzerfreundlicher Systeme fest. Ein wesentliches Prinzip ist die Sichtbarkeit des Systemstatus, welche beschreibt, dass das interaktive System[1] den Nutzern jederzeit klar

[1] Interaktives System: „Kombination aus Hardware und/oder Software und/oder Dienstleistungen und/oder Menschen, mit denen Benutzer zur Erreichung bestimmter Ziele interagieren" (DIN 2020).

und transparent kommunizieren soll, was gerade passiert. Dies erfolgt durch Feedback über den aktuellen Zustand des Systems, beispielsweise durch visuelle, akustische oder haptische Signale.

Außerdem sollte das System benutzerzentrierte Kommunikation bieten, die sich durch Klarheit sowie Intuitivität auszeichnet. Begriffe, Symbole und Konzepte sind also so zu gestalten, dass die dem mentalen Modell des Nutzers entsprechen und dessen Kontext widerspiegeln. Eine konsistente Gestaltung des Systems, insbesondere hinsichtlich Design und Funktionalität, erleichtert die intuitive Nutzung und ermöglicht es den Nutzer, auf bestehende Erfahrungen zurückzugreifen.

Zusätzlich dazu, sollte der Nutzer jederzeit die Kontrolle über das System haben und dazu in der Lage sein, seine Handlungen zurückzunehmen oder zu ändern. BenutzerInnen sollten das System nach deren Bedürfnissen steuern können, ohne in eine unangemessene Situation gedrängt zu werden (DIN 2020).

Des Weiteren sollten Fehler bei der Gestaltung der Systeme vermieden werden, indem klare und verständliche Eingabeforderungen vorhanden sind und komplexe Eingabeprozesse unterlassen werden. Falls trotzdem Fehler auftreten, sollten diese durch klare und hilfreiche Fehlermeldungen nachvollziehbar und schnell korrigierbar sein (DIN 2020).

Letztendlich sollte das System benutzeradaptive Funktionalitäten bieten, die eine flexible Nutzung entsprechend individuellen Bedürfnissen und Fähigkeiten ermöglichen. Fortgeschrittene Nutzer können von Effizienzsteigerungen profitieren, beispielsweise durch Shortcuts oder erweiterte Funktionen. Gleichzeitig sollten grundlegende Anpassungen wie das Einstellen der Schriftgröße, Filter oder Barrierefreiheitsoptionen vorhanden sein, um die Nutzung für alle Anwender zu erleichtern. Dadurch wird sichergestellt, dass das System sowohl für unerfahrene als auch fortgeschrittene Nutzer anpassbar und flexibel bleibt.

Ein ästhetisches und minimalistisches Design trägt dazu bei, visuelle Unordnung zu vermeiden und die Konzentration auf wesentliche Inhalte zu fördern. Dies führt zu einer erhöhten Effizienz und minimiert die kognitive Belastung der Nutzer.

Darüber hinaus sollte eine leicht zugängliche und verständliche Hilfeoption bereitgestellt werden, um auch bei intuitivem Design eine effektive Unterstützung bei Problemen zu gewährleisten.

Ein weiteres wichtiges Thema in Bezug auf die Gebrauchstauglichkeit ist die Gestaltung von Informationsdarstellung, die in der DIN EN ISO 9241-112 (2017) behandelt wird.

Zunächst ist die *Selbstbeschreibungsfähigkeit* essenziel, um die Bedeutung und Funktion der Information für Nutzer klar erkennbar zu gestalten. Dies erleichtert die Nutzung des Systems und verringert Unsicherheiten. Häufig genutzte Steuerelemente sollten sichtbar sein, während weniger wichtige Steuerelemente ausgeblendet werden sollen. Informationen müssen so gestaltet werden, dass ihre Präsenz leicht wahrgenommen wird. Wichtige Informationen sollten beispielsweise durch zentrale Platzierung oder durch auditive, visuelle oder haptische Signale hervorgehoben werden. Elemente, die logisch zusammengehören, sollten nah beieinander platziert und bei großen Informationsmengen unterteilt werden, um die Trennung von zu erleichtern.

Ähnliche Informationselemente sollten ähnliche Darstellungsattribute verwenden, um deren Ähnlichkeit zu betonen und diese von anderen Elementen abzugrenzen. Hintergrundelemente wie Musik sollten minimiert oder deaktivierbar sein. Zudem sollten Nutzer erkennen, wenn mehr Informationen verfügbar sind und wie darauf zugegriffen werden kann.

Teil 171 der DIN EN ISO 9241 Norm befasst sich mit Leitlinien für die *Zugänglichkeit* von Software und hat folgende Normen für die Gebrauchstauglichkeit diesbezüglich festgelegt. Jedes Steuerelement muss klar benannt werden, um seine Identität und Funktion verständlich zu machen. Diese Namen sollten in natürlicher, verständlicher Sprache gehalten und innerhalb ihres Kontextes eindeutig bleiben, um Verwechslungen zu vermeiden. Fachbegriffe sind erlaubt, wenn sie den Nutzer geläufig sind. Beispielsweise sollte statt „Geschlechts-Kontrollkästchen" einfach „Geschlecht" verwendet werden. Diese Benennungen sollten standardmäßig oder auf Anforderung der Nutzer angezeigt werden. Beschriftungen sollten kurz und bündig sein, wie etwa „Drucken" statt „Diese Schaltfläche druckt das aktuelle Dokument aus". Dadurch werden Benutzeraktionen klarer und Missverständnisse vermieden. Darüber hinaus sollten Optionen zur Anzeige von Textbeschriftungen für Bildschirmsymbole angeboten werden, um eine flexible Nutzung zu gewährleisten.

Es ist wichtig, dass der Name innerhalb seines Kontextes eindeutig ist, damit Verwechslungen vermieden werden. Beispielsweise könnten in einem Formular die Schaltflächen zum Ändern von Informationen „Ändern privat" und „Ändern geschäftlich" heißen. Außerdem sollten alle Benennungseinträge für unterstützende Technologien dokumentiert und zugänglich gemacht werden. In Plattformen ohne automatisierte Zuordnung muss dokumentiert werden, wie unterstützende Techniken darauf zugreifen können.

Ebenfalls ist zu beachten, dass Beschriftungen angemessen, in einer konsistenten Weise relativ zu den zugehörigen Steuerelementen auf dem Bildschirm, angeordnet werden. Es sollte den Nutzern zudem die Möglichkeit gegeben werden, zwischen Symbolen, Symbolen mit Text oder nur Textbeschriftungen zu wählen.

Softwarelösungen sollten sicherstellen, dass Steuerungselemente für die Ein- und Ausschaltung sowie die Einstellungen von Zugänglichkeitsmerkmalen leicht auffindbar und nutzbar sind. Um unbeabsichtigte Änderungen zu vermeiden, sollten Mechanismen implementiert werden, die eine versehentliche Aktivierung oder Deaktivierung dieser Merkmale verhindern. Zudem dürfen Zugänglichkeitsfunktionen der Plattform durch die Software weder deaktiviert noch beeinträchtigt werden. Nutzer sollten jederzeit den aktuellen Status dieser Funktionen einsehen können. Falls eine Funktion unbeabsichtigt aktiviert wird, sollte die Software die Nutzer informieren und ihnen die Möglichkeit geben, die Aktion zu bestätigen oder abzubrechen. Steuerungs- und Informationsfenster sollten bei Bedarf dauerhaft angezeigt werden können, um den Arbeitsablauf zu unterstützen.

Nutzer müssen problemlos zwischen verschiedenen Eingabe- und Ausgabealternativen wechseln können, ohne das System neu starten oder Anwendungen umkonfigurieren zu müssen. Dabei sollte die Anzahl der Schritte für Arbeitsaufgaben so gering wie möglich gehalten werden. Funktionen wie „Rückgängig" und „Bestätigen" sollten bereitgestellt werden, um Benutzeraktionen flexibel zu gestalten. Bezüglich von Eingabeoptionen und Tastatursteuerung werden folgende Normen festgelegt:

Tastatureingaben wie beispielsweise die Maus sowie Spracherkennung, sollten von allen Standard-Eingabemechanismen unterstützt werden. Außerdem muss eine parallele Tastatursteuerung für Zeigerfunktionen bereitgestellt werden, um Nutzer mit eingeschränkter Hand-Arm-Bewegung zu unterstützen (Barrierefreiheit). Die Zeigersteuerung sollte zusätzlich durch Tastaturfunktionen oder durch kopfgetragene Zeigegeräte möglich sein. Spracherkennungsdienste sollten für sehbehinderte oder körperlich eingeschränkte Nutzer zur Verfügung stehen. Zudem muss eine systemweite Rechtschreibhilfe angeboten werden.

Zudem muss ein visuell klarer Tastaturfokus-Indikator vorhanden sein, der Nutzer bei der Navigation unterstützt. Der Fokus sollte für Nutzer mit normaler Sehkraft aus einer Entfernung von 2,5 m sichtbar sein. Darüber hinaus sollte bei der Wiederherstellung der Tastaturfokus der letzte Stand, wie Auswahl und Modus, wiederhergestellt werden.

Alle Funktionen sollten ausschließlich über die Tastatur ausführbar sein, sofern keine zeitabhängigen Eingaben erforderlich sind. Eingaben müssen durch Tastenkombinationen oder Sequenzdrücke möglich sein, etwa durch eine „Einrastfunktion" wie StickyKeys. Zudem sollte die Software eine Verzögerung beim Tastendruck ermöglichen, um unabsichtliche Anschläge zu vermeiden, zum Beispiel durch eine „Anschlagverzögerung" wie SlowKeys. Eine Funktion zum Ignorieren von doppelten Tastenanschlägen sollte ebenfalls verfügbar sein.

Letztlich befasst sich Teil 210 der DIN EN ISO Norm 9241 mit der menschenzentrierten Gestaltung interaktiver Systeme.

Das Ziel der menschenzentrierten Gestaltung interaktiver Systeme ist es, diese so zu entwickeln, dass sie den Bedürfnissen und Erwartungen der Nutzer entsprechen, wobei sowohl ihre physischen als auch kognitiven Fähigkeiten berücksichtigt werden. Der Designprozess soll den Nutzern einen klaren Nutzen bieten, ihre Aufgaben unterstützen und eine positive Benutzererfahrung fördern. Dabei ist die aktive Einbeziehung der Nutzer essenziell, angefangen bei der Analyse ihrer Bedürfnisse bis hin zur Bewertung des fertigen Systems. Der Prozess ist iterativ und umfasst die Phasen der Anforderungsanalyse, Lösungsentwicklung, Prototyping und Evaluation, Implementierung sowie laufende Verbesserung. Das System sollte effizient, fehlerarm, leicht erlernbar und zugänglich für eine breite Nutzergruppe sein, wobei es kontinuierlich getestet und optimiert wird, um die Zufriedenheit der Nutzer zu maximieren. Die Evaluation erfolgt durch qualitative und quantitative Tests zur Messung der Effektivität und Nutzerzufriedenheit (DIN EN ISO 9241-210 2019).

4.3 Requirements-Engineering

Das Requirements Engineering (RE) stellt einen zentralen Bestandteil des systematischen Entwicklungsprozesses technischer Systeme dar und umfasst die strukturierte Erhebung, Spezifikation, Validierung sowie fortlaufende Pflege von Anforderungen. Dabei handelt es sich um die explizite Erfassung der funktionalen und nicht-funktionalen Eigenschaften, die ein System aus Sicht der Nutzer, Stakeholder und der technischen Rahmenbedingungen erfüllen muss, um den angestrebten Zweck zu erreichen. In diesem Zusammenhang versteht man unter Anforderungen (engl. *requirements*) jene Merkmale, Funktionen oder Leistungen eines Systems, die notwendig sind, um ein definiertes Problem zu lösen oder bestimmte Nutzerziele zu erfüllen.

Sommerville (2011) betont, dass Anforderungen nicht lediglich als Wunschlisten der Anwender verstanden werden dürfen, sondern vielmehr als überprüfbare, konsistente und nachvollziehbare Vorgaben, die eine zentrale Grundlage für die Systemarchitektur, das Design und die Qualitätssicherung bilden. Requirements Engineering beschreibt in diesem Sinne nicht nur einen technischen, sondern auch einen kommunikativen und organisatorischen Prozess, der sowohl die Bedürfnisse der Nutzer berücksichtigt als auch die Rahmenbedingungen der Implementierung integriert.

Besonders im Kontext der benutzerzentrierten Gestaltung ist das Requirements Engineering entscheidend für die Erreichung hoher Gebrauchstauglichkeit. Die gezielte Erfassung und präzise Formulierung nutzerbezogener Anforderungen bildet die Voraussetzung dafür, dass ein System hinsichtlich Effektivität, Effizienz und Zufriedenheit den Bedürfnissen realer Nutzer entspricht. Damit fungiert das Requirements Engineering als Schnittstelle zwischen nutzerseitigen Erwartungen und technischer Realisierung – eine Rolle, die insbesondere in komplexen soziotechnischen Systemen von zentraler Bedeutung ist (Sommerville 2011)

4.3.1 Anforderungen und Anforderungsermittlung

Die präzise Ermittlung von Anforderungen stellt eine grundlegende Voraussetzung für ein erfolgreiches Requirements Engineering dar. Zentral ist hierbei die Formulierung einer klaren und belastbaren Zieldefinition zu Beginn des Entwicklungsprozesses. Diese Zieldefinition dient nicht nur der inhaltlichen Fokussierung, sondern ist erforderlich, um den zu lösenden Problemraum eindeutig zu bestimmen und den angestrebten Nutzen im spezifischen Anwendungskontext eines Unternehmens systematisch zu beschreiben (IEEE 1990). Nur auf dieser Basis lassen sich Anforderungen so strukturieren, dass sie sowohl nachvollziehbar als auch umsetzbar sind.

Weitere wichtige Aspekte sind:

- Intensive Einbeziehung der Anwender: Wissen darüber, welche Anforderung für welchen Anwender eine Rolle spielt und warum.
- Minimaler Umfang des Projekts: Nur Anforderungen berücksichtigen, die einen Mehrwert haben oder notwendig sind.
- Effektives Management von Änderungen: Systematischer Umgang mit unvorhergesehenen Änderungen.

Zugleich erfordert ein effektives Requirements Engineering die Etablierung eines professionellen Änderungsmanagements. Da sich Anforderungen im Projektverlauf durch sich verändernde Rahmenbedingungen, neue Erkenntnisse oder Rückmeldungen aus Testsituationen verändern können, ist ein systematischer, nachvollziehbarer Umgang mit Modifikationen erforderlich, um Konsistenz und Kohärenz der Spezifikationen sicherzustellen (Sommerville 2011). In der Praxis erfolgt die Anforderungserhebung häufig zu Beginn eines Projekts. Ein kontinuierlicher, über den gesamten Projektzyklus integrierter Requirements-Engineering-Prozess ist seltener, kann jedoch bei dynamischen Anwendungsfeldern erhebliche Vorteile hinsichtlich Flexibilität und Qualitätssicherung bieten.

Nach Pohl (2010) lassen sich im Rahmen der Anforderungserhebung verschiedene Arten von Anforderungen unterscheiden, die in ihrer jeweiligen Ausprägung und Spezifität unterschiedliche Ebenen des Entwicklungsprozesses adressieren. Den Ausgangspunkt bilden die sogenannten Benutzeranforderungen. Diese reflektieren die funktionalen und organisatorischen Erwartungen der späteren Endnutzer an das System. Sie beinhalten die zu unterstützenden Aufgaben, notwendige technische oder organisatorische Rahmenbedingungen sowie Restriktionen, die sich aus der Nutzungssituation ergeben. Dabei sind Benutzeranforderungen prinzipiell lösungsneutral zu formulieren, um einer verfrühten Festlegung auf bestimmte technische Ausprägungen vorzubeugen. Die Benutzeranforderungen werden im weiteren Verlauf zu Systemanforderungen überführt. Diese stellen eine technische Spezifikation dar, in der die funktionalen Anforderungen präzisiert und um Umsetzungsdetails angereichert werden. Es handelt sich um eine Konkretisierung, die erforderlich ist, um eine software- oder hardwareseitige Realisierung der Nutzerbedarfe zu ermöglichen. Dabei erfolgt eine Übersetzung in Systemverhalten, Schnittstellendefinitionen und technische Constraints.

Innerhalb der Systemanforderungen ist insbesondere die Kategorie der funktionalen Anforderungen hervorzuheben. Diese definieren, welche spezifischen Operationen, Reaktionen oder Ergebnisse das System liefern muss. Sie sind unmittelbar anwendungsbezogen und beschreiben das intendierte Verhalten des Systems in Abhängigkeit konkreter Nutzereingaben oder Umgebungsbedingungen. In datenzentrierten Anwendungen stehen häufig Datenverarbeitung, -speicherung und -manipulation im Vordergrund. In eingebetteten Systemen dominieren hingegen Anforderungen an Regelung, Steuerung oder adaptive Verhaltensanpassungen.

Neben den funktionalen Anforderungen ist die Berücksichtigung von Qualitätsanforderungen unerlässlich. Diese lassen sich gemäß ISO/IEC 25010 (2011) in zwei konzeptionelle Modellbereiche einteilen. Das „Quality in Use"-Modell beschreibt Anforderungen aus Sicht der Nutzer, darunter Gebrauchstauglichkeit, Risikofreiheit und Kontexttauglichkeit. Diese Dimension zielt auf die tatsächliche Nutzungserfahrung ab und bildet einen zentralen Bezugspunkt für Usability-orientierte Entwicklung. Dem gegenüber steht das „Product Quality"-Modell, das die inhärente Qualität eines Systems beschreibt. Dazu zählen Eigenschaften wie funktionale Eignung, Leistungseffizienz, Interoperabilität, Zuverlässigkeit, Wartbarkeit und Portabilität. Diese Merkmale wirken sich unmittelbar auf die technische Robustheit, Skalierbarkeit und Weiterentwicklungsfähigkeit eines Produkts aus.

Darüber hinaus sind Anforderungen zu berücksichtigen, die nicht unmittelbar das Produkt selbst, sondern dessen Entwicklungsumfeld betreffen. Hierzu zählen Produkt-, Projekt- und Prozessanforderungen. Produktanforderungen betreffen zusätzliche Eigenschaften wie Preis, Liefertermin oder regulatorische Vorgaben. Projektanforderungen beziehen sich auf Rahmenbedingungen des Entwicklungsprozesses, darunter die Verwendung spezifischer Technologien, Tools oder Methoden, etwa agile Vorgehensweisen oder modellgetriebene Entwicklung. Prozessanforderungen zielen auf die Organisationsebene ab. Sie formulieren Erwartungen an die Struktur, das Reifegradmodell oder die Zertifizierungsstrategie des beteiligten Unternehmens.

Hier nochmals in der Zusammenfassung:

- Benutzeranforderungen: Anforderungen an ein System aus Sicht der späteren Benutzer werden Benutzeranforderungen genannt. Dazu zählen:
  - fachliche Funktionalität aus Sicht der Problemstellung
  - technische Rahmenbedingungen, soweit zwingend erforderlich
  - organisatorische Rahmenbedingungen, die eingehalten werden

  Benutzeranforderungen dürfen nicht der technischen Lösung vorgreifen, sondern dienen lediglich der funktionellen Orientierung.
- Systemanforderungen: Systemanforderungen verfeinern und konkretisieren Benutzeranforderungen. Sie spezifizieren die fachliche Schnittstelle, die vom System erfüllt werden muss. Benutzeranforderungen, die fachlich motiviert sind, werden hier in Anforderungen an ein konkretes (technisches) System umgewandelt.
- Funktionale Anforderungen: Funktionale Anforderungen sind Anforderungen, deren Umsetzung direkt der Zweckbestimmung des Produkts dienen. Sie sind spezifisch für dieses Produkt. Außerdem sind es „offensichtliche Anforderungen“. Sie legen fest, was das System aus fachlicher Sicht leisten soll. Zudem bestimmen die funktionalen Anforderungen, wie und wofür der Anwender das System nutzen wird und welche Ergebnisse er vom System erwarten kann. In datenzentrierten Systemen betreffen sie häufig Funktionen zur Manipulation von Daten, Verarbeitung der Daten und der Workflow-Unterstützung. Währenddessen betreffen sie in eingebetteten Systemen Funktionen zur Verhaltensveränderung und zur Steuerung der Komponenten.
- Qualitätsanforderungen: Die Qualitätsanforderungen lassen sich nach ISO/IEC 25010 (2011) zwei Modellen zuordnen:
  - Auf der einen Seite das „Quality in Use“-Modell, welches die Qualität eines Systems aus Sicht des Anwenders beschreibt. Hierzu gehören Anforderungen wie Effektivität, Effizienz und Zufriedenheit aber auch Risikofreiheit und Kontextabdeckung. Generell geht man hier von den Bedürfnissen und Ziele der Benutzer aus.
  - Auf der anderen Seite das „Product Quality“-Modell, welches die Qualität eines Systems als inhärente Eigenschaft betrachtet. Hierbei ist vor allem die Funktionelle Eignung, die Performanz und Effizienz, die Kompatibilität, die Zuverlässigkeit, Sicherheit, Wartbarkeit und Portabilität des Produkts von Bedeutung. Beispiele können die Qualität des Codes oder die Komplexität der Modulstruktur sein.

- Produkt-, Projekt- und Prozessanforderungen: Diese Anforderungen betreffen nicht das Produkt bzw. des Systems selber sondern den ganzen Systemkontext. Im Einzelnen:
  - Produktanforderungen: Produktanforderungen sind Anforderungen an zusätzlichen Produkteigenschaften z. B. finaler Preis, Ausliefer- bzw. Fertigstellungsdatum, Sicherheit, Qualität, Funktionalität.
  - Projektanforderungen: Projektanforderungen sind Anforderungen an den Entwicklungsprozess, z. B. zu verwendende Werkzeuge, Bibliotheken, Programmierrichtlinie, Methoden, Zeitvorgaben, Ausgaben.
  - Prozessanforderungen: Prozessanforderungen sind Anforderungen an die entwickelnde Organisation und den Entwicklungsprozess selbst, z. B. Prozessreifegrad, verwendetes Vorgehensmodell, erforderliche Zertifizierungen, Zielerreichung, Kompatibilität von Schnittstellen
- Nicht funktionale Anforderungen: Nicht funktionale Anforderung ist ein Überbegriff für Qualität-, Produkt-, Projekt-, und Prozessanforderungen, der in der Praxis häufig verwendet wird. Sie sind dafür verantwortlich, dass die funktionalen Anforderungen dem Anwender in geeigneter Weise zu Verfügung gestellt werden. Außerdem beeinflussen sie die Architektur und die Infrastruktur des Systems. Problematisch ist, dass die nicht funktionalen Anforderungen häufig unterschätzt werden, während sie entscheidend den Projekterfolg beeinflussen können.

4.4 Evaluation der Gebrauchstauglichkeit

Die Evaluation der Gebrauchstauglichkeit ist ein zentrales Verfahren zur systematischen Überprüfung interaktiver Systeme im Hinblick auf deren Benutzerfreundlichkeit. Sie dient dazu, die drei wesentlichen Dimensionen der Usability – Effektivität, Effizienz und Nutzerzufriedenheit – methodisch fundiert zu analysieren und zu bewerten. Ziel dieser Evaluation ist es, die Übereinstimmung zwischen dem realen Nutzungserleben und den zugrunde gelegten Gestaltungskriterien zu ermitteln, um Optimierungspotenziale frühzeitig zu identifizieren und die Qualität des Endprodukts nachhaltig zu verbessern.

Im Rahmen der Usability-Evaluation kommen verschiedene methodische Ansätze zur Anwendung, die grundsätzlich in zwei Hauptkategorien unterteilt werden: expertenbasierte und benutzerbasierte Verfahren. Expertenorientierte Methoden stützen sich auf die Beurteilung durch geschulte Fachpersonen, die – gestützt auf anerkannte Heuristiken, Gestaltungsrichtlinien und ergonomische Prinzipien – die Benutzeroberfläche analysieren. Die Experten versetzen sich dabei hypothetisch in die Perspektive der zukünftigen Nutzer, um mögliche Schwachstellen in der Interaktion zu identifizieren. Typische Verfahren in diesem Kontext sind Heuristische Evaluationen oder Cognitive Walkthroughs.

Benutzerzentrierte Evaluationsverfahren hingegen basieren auf empirischen Beobachtungen realer Anwender, die mit einem (prototypischen oder fertigen) System interagieren. Diese Methoden liefern authentische Einblicke in tatsächliche Nutzungserfahrungen, da sie auf konkreten Interaktionen und subjektiven Rückmeldungen der Zielgruppe beruhen. Dabei werden sowohl qualitative als auch quantitative Daten erhoben, beispielsweise durch Usability-Tests, Befragungen oder Eyetracking-Analysen.

Beide methodischen Zugänge bieten jeweils spezifische Vorteile: Expertenverfahren zeichnen sich durch eine vergleichsweise geringe Ressourcennutzung sowie hohe Durchführungsgeschwindigkeit aus und ermöglichen eine erste Einschätzung auch in frühen Entwicklungsphasen. Sie sind besonders geeignet, um systematisch bekannte Usability-Prinzipien auf ihre Einhaltung zu überprüfen. Benutzerorientierte Verfahren hingegen liefern detaillierte Informationen über tatsächliches Nutzerverhalten, individuelle Schwierigkeiten sowie emotionale Reaktionen während der Interaktion. Damit tragen sie entscheidend zur Validierung der Gebrauchstauglichkeit unter realistischen Bedingungen bei.

In der Praxis hat sich gezeigt, dass eine integrative Kombination beider Evaluationsansätze besonders wirkungsvoll ist. Während Expertenanalysen eine erste, theoriegeleitete Diagnose erlauben, ermöglichen nutzerbasierte Tests die kontextuelle Validierung und Priorisierung identifizierter Probleme. Die komplementäre Anwendung beider Methoden erhöht somit signifikant die Aussagekraft und Qualität der Evaluation und stellt eine fundierte Grundlage für die iterative Verbesserung interaktiver Systeme dar.

Zu den expertenorientierten Methoden gehört zum einen die *Heuristische Evaluation* nach Jakob Nielsen (1994). Hierbei beurteilen Experten die Benutzeroberfläche eines Systems, beispielsweise einer Webseite oder Software, anhand von zehn Usability-Heuristiken (Nielsen 1993):

1. *Sichtbarkeit des Systemstatus:* Die Nutzer sollen jederzeit über den Systemzustand informiert sein.
2. *Übereinstimmung zwischen System und realer Welt:* Das Design sollte die Sprache und Symbole der realen Welt nutzen, die an die der Nutzer gewohnt ist.
3. *Benutzerkontrolle und Freiheit:* Nutzer sollten Aktionen rückgängig machen können.
4. *Konsistenz und Standards:* Einhaltung von Standards und Konsistenz innerhalb eines Systems.
5. *Fehlervermeidung:* Fehler sollen durch ein gut durchdachtes Design verhindert werden.
6. *Erkennung statt Erinnerung:* Minimierung der Gedächtnisbelastung durch sichtbare Optionen.
7. *Flexibilität und Effizienz:* Anpassbare Nutzungsmöglichkeiten und Effizienzsteigerung.
8. *Minimalistisches Design:* Überflüssige Elemente sollen vermieden werden.
9. *Fehlererkennung und -behebung:* Klare Fehlermeldungen und Lösungen bieten.
10. *Hilfe und Dokumentation:* Zugängliche und prägnante Hilfe bereitstellen.

Die heuristische Evaluation stellt eine etablierte Methode der gebrauchstauglichkeitsorientierten Systembewertung dar, die sich insbesondere durch ihre Effizienz und Wirtschaftlichkeit auszeichnet. Im Gegensatz zu empirischen Verfahren, die auf der aktiven Einbindung realer Nutzer basieren, erfolgt die heuristische Analyse durch Fachpersonen, die auf Basis definierter Usability-Prinzipien – den sogenannten Heuristiken – das System beurteilen. Dieser methodische Ansatz ermöglicht es, bereits in frühen Phasen des Entwicklungsprozesses potenzielle Interaktionsprobleme zu identifizieren, noch bevor aufwendige Benutzerstudien durchgeführt werden müssen.

Ein wesentlicher Vorteil der heuristischen Evaluation besteht in ihrer ökonomischen Durchführbarkeit. Da keine spezifische Nutzerrekrutierung, keine komplexe Testumgebung und keine aufwendige Datenerhebung erforderlich sind, lässt sich das Verfahren ressourcenschonend implementieren. Dies ermöglicht eine schnelle Rückmeldung zur Gebrauchstauglichkeit eines Systems, was insbesondere in iterativen Entwicklungsprozessen von erheblichem Nutzen ist. Darüber hinaus erlaubt das Fachwissen der Evaluierenden eine systematische Einordnung erkannter Probleme hinsichtlich ihrer Relevanz, Schwere und Korrekturmöglichkeit.

Die Durchführung kann sowohl durch Einzelpersonen als auch durch interdisziplinäre Teams erfolgen. Es hat sich jedoch gezeigt, dass die Beteiligung mehrerer Evaluatorinnen und Evaluatoren die diagnostische Qualität signifikant erhöht, da auf diese Weise unterschiedliche Perspektiven, Erfahrungsstände und Interpretationen in die Analyse einfließen. Eine kollektive Bewertung führt in der Regel zu einer höheren Abdeckung potenzieller Usability-Probleme und reduziert die Gefahr individueller Verzerrungen.

Gleichwohl sind der heuristischen Evaluation methodische Grenzen inhärent. Da keine realen Nutzerinteraktionen analysiert werden, besteht das Risiko, dass bestimmte Probleme übersehen werden – insbesondere solche, die sich erst aus dem konkreten Nutzungskontext oder durch tatsächliches Verhalten ergeben. Ferner ist das Verfahren in hohem Maße von der Expertise, Intuition und dem Erfahrungshintergrund der beteiligten Fachpersonen abhängig. Subjektive Urteile können dabei zu inkonsistenten oder fehlerhaften Einschätzungen führen, insbesondere wenn keine abgestimmte methodische Vorgehensweise oder standardisierte Bewertungsraster zugrunde liegen (Nielsen 1993).

Eine weitere expertenorientierte Methode ist der *Cognitive Walkthrough*, welcher untersucht, ob ein System die Nutzer dabei unterstützt, Aufgaben erfolgreich zu erlernen oder auszuführen. Dabei werden Probleme der Gebrauchstauglichkeit identifiziert, die auftreten können, wenn Nutzer nicht wissen, welche Schritte sie ausführen müssen oder welche Optionen verfügbar sind. Der Fokus liegt also auf dem Lernprozess, den Nutzer durchlaufen, wenn diese eine Aufgabe zum ersten Mal ausführen (Nielsen 1993).

Der Prozess des Cognitive Walkthroughs umfasst vier zentrale Schritte: Zunächst wird im ersten Schritt die Benutzeraufgabe definiert, indem spezifische Aufgaben identifiziert werden, die der Nutzer im System ausführen soll. Anschließend folgt der zweite Schritt, bei dem ein Nutzerprofil erstellt wird, das die Zielgruppe mit ihren Kenntnissen, Erfahrungen und Erwartungen beschreibt, insbesondere mit Fokus auf unerfahrene Nutzer. Daraufhin wird im dritten Schritt ein detaillierter Aufgabenablauf entwickelt, der die einzelnen Schritte beschreibt, die erforderlich sind, um das Ziel zu erreichen. Abschließend analysieren die Evaluatoren im vierten Schritt jeden Schritt des Ablaufs systematisch anhand zentraler Fragen:

Versteht der Nutzer, was er tun soll? Weiß er, wie die Aktion auszuführen ist? Und erhält er angemessenes Feedback, dass die Aktion erfolgreich war?

Diese Methode ist besonders geeignet, um die Gebrauchstauglichkeit für unerfahrene Nutzer zu testen, da der Fokus auf dem Lernprozess liegt. Außerdem kann die Methode bereits in der Konzept- oder Prototypenphase angewendet werden, da keine fertige Benutzeroberfläche benötigt wird. Die schrittweise Analyse der Cognitive Walkthroughs ermöglicht zudem eine detaillierte Untersuchung der Nutzerinteraktionen. Diese kann jedoch sehr zeitaufwendig sein und ist von den Expertenmeinungen abhängig, was zu einer Subjektivität führen kann. Letztlich untersucht die Methode nur die Aufgaben, die im Voraus definiert wurden und berücksichtigt nicht das gesamte Nutzungsszenario (Nielsen 1993).

Im Rahmen expertenorientierter Evaluationsverfahren zur Gebrauchstauglichkeit reiht sich die Methode der Formal Usability Inspections in eine Gruppe analytischer Verfahren ein, die – ähnlich wie die Heuristische Evaluation und der Cognitive Walkthrough – auf die systematische Identifikation von Usability-Problemen durch Fachpersonen abzielt. Während die heuristische Methode auf allgemeinen Gestaltungsprinzipien basiert und der Cognitive Walkthrough vor allem lernbezogene Interaktionsprozesse betrachtet, zeichnen sich die Formal Usability Inspections durch ein besonders strukturiertes und standardisiertes Vorgehen aus. Ziel dieser Inspektionsmethode ist es, potenzielle Schwächen in der Benutzeroberfläche frühzeitig, d. h. vor einer realen Nutzerbeteiligung, auf der Grundlage definierter Usability-Kriterien systematisch zu identifizieren (Nielsen 1993).

Der Ablauf dieses Verfahrens gliedert sich in mehrere klar definierte Phasen. Den Auftakt bildet eine sorgfältige Vorbereitungsphase, in der sowohl die Evaluationskriterien als auch der zu untersuchende Systembereich festgelegt werden. Als Bewertungsgrundlage dienen typischerweise etablierte Richtlinien wie die Heuristiken nach Nielsen, einschlägige ISO-Normen oder unternehmensspezifische Styleguides. Darüber hinaus wird ein interdisziplinäres Expertenteam zusammengestellt, das unterschiedliche Perspektiven und Fachkompetenzen in die Analyse einbringt. Ziel ist es, die Systeminspektion nicht nur aus gestalterischer oder technischer Sicht, sondern auch unter ergonomischen, psychologischen oder organisatorischen Gesichtspunkten zu beleuchten.

Im nächsten Schritt erfolgt eine individuelle Prüfung der Benutzeroberfläche durch die beteiligten Experten. Jeder Inspektor analysiert unabhängig voneinander zentrale Aspekte des Systems – etwa Navigation, Informationsdarstellung, Interaktionsverhalten oder Fehlermeldungsdesign – und dokumentiert erkannte Probleme. Diese individuelle Voranalyse stellt sicher, dass eine möglichst breite Vielfalt an Beobachtungen und Perspektiven in die anschließende Diskussion einfließt.

Die darauffolgende Teamdiskussion bildet das methodische Herzstück der Formal Usability Inspections. In einem moderierten Austausch werden die Einzelergebnisse zusammengeführt, überlappende Befunde identifiziert, widersprüchliche Einschätzungen geklärt und die Relevanz einzelner Usability-Probleme priorisiert. Zusätzlich erfolgt eine gemeinsame Entwicklung von Lösungsansätzen oder Empfehlungen zur Verbesserung. Durch diesen kollaborativen Prozess wird eine höhere Bewertungskonsistenz erreicht, was die Aussagekraft der Analyse wesentlich erhöht.

Abschließend werden die Ergebnisse in einem formalisierten Bericht dokumentiert. Dieser enthält nicht nur eine Auflistung der identifizierten Gebrauchstauglichkeitsprobleme, sondern auch deren Gewichtung hinsichtlich Schwere und Dringlichkeit sowie konkrete Vorschläge zur Behebung. Der Bericht dient als strukturierte Entscheidungsgrundlage für das Designteam, um gezielte Anpassungen in der Systemgestaltung vorzunehmen (Nielsen 1993).

Ein wesentlicher Vorteil der Formal Usability Inspections liegt in ihrer methodischen Systematik und der umfassenden Abdeckung der Benutzeroberfläche. Insbesondere in frühen Entwicklungsphasen, in denen noch keine Interaktion mit realen Nutzern möglich oder ökonomisch vertretbar ist, bietet das Verfahren eine fundierte Grundlage zur frühzeitigen Problemerkennung. Durch die Beteiligung mehrerer Experten entsteht ein breites Spektrum an Bewertungsperspektiven, wodurch die Wahrscheinlichkeit steigt, kritische Designmängel frühzeitig zu identifizieren.

Gleichzeitig sind auch dieser Methode gewisse Einschränkungen inhärent. So ist die Durchführung ressourcenintensiv, da sowohl die Einzelanalysen als auch die nachgelagerte Diskussion zeitaufwendig sind und ein hohes Maß an Koordination erfordern. Darüber hinaus hängt die Qualität der Analyse maßgeblich von der Erfahrung, methodischen Kompetenz und der domänenspezifischen Expertise der beteiligten Evaluatoren ab. Trotz der strukturierten Vorgehensweise bleibt die Einschätzung letztlich subjektiv, da reale Nutzungskontexte nicht empirisch erhoben, sondern lediglich hypothetisch antizipiert werden.

In der Gesamtschau ergänzen sich die Formal Usability Inspections ideal mit den zuvor dargestellten Verfahren der heuristischen Evaluation und des Cognitive Walkthroughs. Während erstere auf bewährten Designprinzipien basieren und letztere die Perspektive unerfahrener Nutzer aufgreift, ermöglichen die Inspektionen eine teamgestützte, umfassend dokumentierte Problemanalyse, die in den frühen Phasen der Systementwicklung strategischen Mehrwert bietet. Im Sinne eines triangulativen Ansatzes tragen sie wesentlich zur Erhöhung der Validität und Vollständigkeit der Usability-Evaluation bei.

Im Anschluss an die Betrachtung expertenbasierter Evaluationsansätze richtet sich der Fokus nun auf die nutzerzentrierten Methoden der Gebrauchstauglichkeitsbewertung. Diese zeichnen sich dadurch aus, dass reale Nutzer aktiv in den Evaluationsprozess einbezogen werden, um ein empirisch fundiertes Bild von Interaktionsverhalten, Verständnisschwierigkeiten und Nutzungserfahrungen zu erhalten.

Eine der am weitesten verbreiteten und methodisch etablierten Verfahren in diesem Bereich ist der Usability-Test. Hierbei handelt es sich um ein beobachtungsbasiertes Verfahren, bei dem repräsentative Benutzer typische Aufgaben mit dem zu testenden System ausführen – meist in einer kontrollierten Testumgebung. Währenddessen werden ihre Handlungen, Reaktionen und gegebenenfalls verbale Kommentare systematisch aufgezeichnet und analysiert. Ziel dieses Ansatzes ist es, reale Gebrauchstauglichkeitsprobleme zu identifizieren, die bei der tatsächlichen Interaktion mit der Benutzeroberfläche auftreten können (Nielsen 1993).

Die besondere Stärke des Usability-Tests liegt in seiner empirischen Fundierung: Anders als expertenorientierte Methoden, die auf Annahmen über das Nutzerverhalten basieren, ermöglicht diese Methode eine direkte Beobachtung tatsächlicher Nutzung. Dadurch können differenzierte Einblicke in das Verhalten, die Erwartungen und potenziellen Missverständnisse der Zielgruppe gewonnen werden. Konkrete Probleme wie ineffiziente Navigationswege, unklare Feedbackmechanismen oder unzureichend gestaltete Informationsdarstellungen lassen sich unter realitätsnahen Bedingungen aufdecken.

Allerdings ist die Durchführung von Usability-Tests mit einem vergleichsweise hohen organisatorischen Aufwand verbunden. Um valide und generalisierbare Ergebnisse zu erzielen, bedarf es einer sorgfältigen Planung, die unter anderem die Auswahl geeigneter Testpersonen, die Definition realistischer Aufgaben sowie die Vorbereitung technischer Infrastruktur umfasst. Zudem sind qualitative wie quantitative Auswertungen der erhobenen Daten erforderlich, um aussagekräftige Schlussfolgerungen zu ziehen. Neben dem Zeitaufwand können auch Kostenfaktoren – insbesondere bei Tests mit umfangreicher technischer Erhebung (z. B. Eye-Tracking) – eine Rolle spielen.

Ein weiterer methodischer Aspekt betrifft die Testumgebung selbst. Da der Usability-Test in einer kontrollierten Umgebung stattfindet, besteht die Gefahr, dass die Ergebnisse durch künstliche Bedingungen verfälscht werden. Teilnehmer verhalten sich möglicherweise anders als im Alltag, insbesondere wenn sie sich beobachtet fühlen oder unter Leistungsdruck stehen. Solche Effekte müssen bei der Interpretation der Ergebnisse berücksichtigt werden.

Trotz dieser Herausforderungen gilt der Usability-Test als eine der zentralen Methoden der nutzerzentrierten Evaluation. Er bietet ein hohes Maß an Validität hinsichtlich tatsächlicher Nutzungsszenarien und erlaubt eine evidenzbasierte Optimierung der Benutzerfreundlichkeit. Besonders in späteren Phasen des Entwicklungsprozesses – wenn funktionale Prototypen oder Vorseriensysteme vorliegen – liefert er unverzichtbare Rückmeldungen zur Passung zwischen Systemgestaltung und Nutzungserwartung. In Kombination mit expertenbasierten Verfahren kann er dazu beitragen, sowohl antizipierte als auch real erlebte Usability-Probleme umfassend zu identifizieren und zu beheben.

Eine weitere zentrale nutzerzentrierte Evaluationsmethode stellt das sogenannte Thinking Aloud (deutsch: „Lautes Denken") dar. Ursprünglich aus der kognitionspsychologischen Forschung hervorgegangen, wurde diese Methode erfolgreich in den Bereich der Mensch-Technik-Interaktion übertragen, um Einblicke in die mentalen Prozesse der Nutzer während der Interaktion mit einem System zu gewinnen (Bekavac et al. 2011). Im Unterschied zum klassischen Usability-Test, bei dem primär das beobachtbare Verhalten im Vordergrund steht, erlaubt Thinking Aloud eine direkte Erfassung kognitiver Vorgänge – etwa Zielsetzungen, Entscheidungsprozesse, Irritationen oder Hypothesenbildung – die während der Nutzung entstehen.

Im Rahmen der Durchführung bearbeiten die Probandinnen und Probanden eine Reihe definierter Aufgaben mit dem zu testenden Produkt oder System. Dabei werden sie explizit dazu aufgefordert, ihre Gedanken kontinuierlich laut zu äußern – etwa darüber, was sie gerade wahrnehmen, was sie als Nächstes tun möchten oder warum eine bestimmte Option gewählt wird. Der Testleiter beobachtet das Verhalten, greift aber nur minimal unterstützend ein, um die Authentizität der Interaktion nicht zu verfälschen. Die verbalen Äußerungen werden in der Regel mittels Audio- oder Videoaufzeichnung dokumentiert und im Anschluss systematisch ausgewertet (Bekavac et al. 2011).

Der wesentliche Vorteil dieser Methode liegt in der Sichtbarmachung innerer Entscheidungsprozesse, die bei rein beobachtungsbasierten Verfahren verborgen bleiben. Auf diese Weise lassen sich nicht nur offensichtliche Bedienprobleme, sondern auch subtile Unstimmigkeiten im mentalen Modell der Benutzer mit dem Systemdesign erkennen. Dies macht Thinking Aloud besonders wertvoll für die Identifikation von Missverständnissen, ineffizienten Navigationsstrategien oder kognitiven Barrieren, die einer effektiven Nutzung im Wege stehen könnten.

Darüber hinaus ist die Methode vergleichsweise ressourcenschonend. Sie kann mit geringem technischen Aufwand durchgeführt werden, eignet sich bereits in frühen Designphasen – etwa bei der Interaktion mit Papierprototypen – und erfordert keine große Teilnehmerzahl, um aussagekräftige qualitative Erkenntnisse zu gewinnen.

Allerdings sind auch bestimmte Einschränkungen zu beachten. Einige Testpersonen empfinden es als ungewohnt oder unangenehm, ihre Gedanken während der Aufgabe laut zu artikulieren, was zu einem veränderten Interaktionsverhalten führen kann. Zudem kann die gleichzeitige Bearbeitung der Aufgabe und das verbale Reflektieren eine kognitive Doppelbelastung darstellen, insbesondere für unerfahrene Nutzer oder bei komplexeren Aufgaben. Diese potenziellen Verzerrungseffekte müssen bei der Interpretation der Ergebnisse sorgfältig berücksichtigt werden (Nielsen 1993).

Im Kontext nutzerorientierter Evaluationsstrategien stellt Thinking Aloud eine wertvolle Ergänzung zum Usability-Test dar. Während dieser vorrangig auf das Was der Nutzung – also das beobachtbare Verhalten – fokussiert, ermöglicht das laute Denken eine vertiefte Analyse des „Warum". In Kombination liefern beide Methoden ein differenziertes Verständnis der Nutzungserfahrung, wodurch fundierte Erkenntnisse für die Weiterentwicklung benutzerfreundlicher Systeme gewonnen werden können.

Ein weiterer etablierter Ansatz zur nutzerorientierten Evaluation stellt der Einsatz standardisierter Fragebögen dar, mit deren Hilfe die subjektive Einschätzung der Gebrauchstauglichkeit eines Systems durch die Nutzer systematisch erhoben wird. Diese Methode ergänzt die zuvor behandelten verhaltensorientierten Verfahren wie Usability-Testing oder Thinking Aloud, indem sie die Nutzerperspektive in strukturierter und quantifizierbarer Form abbildet. Während sich andere Verfahren primär auf beobachtbares Verhalten oder kognitive Prozesse konzentrieren, fokussiert das Fragebogenverfahren auf die retrospektive Bewertung von Nutzungserfahrungen, etwa in Bezug auf Zufriedenheit, Verständlichkeit oder wahrgenommene Effizienz.

Besonders weit verbreitet ist in diesem Zusammenhang die System Usability Scale (SUS), ein von Brooke (1996) entwickeltes Instrument, das aus zehn standardisierten Aussagen besteht, welche von den Nutzerinnen und Nutzern auf einer fünfstufigen Likert-Skala bewertet werden. Der daraus berechnete SUS-Wert liegt auf einer Skala von 0 bis 100 und liefert eine kompakte, aber vergleichsweise robuste Einschätzung der wahrgenommenen Benutzerfreundlichkeit eines Systems. Aufgrund seines geringen Erhebungsaufwands und der hohen Vergleichbarkeit ist der SUS besonders in summativen Evaluationen oder Benchmark-Analysen verbreitet.

Ein weiteres verbreitetes Verfahren ist der sogenannte ISONORM-Fragebogen, der auf den Anforderungen der ISO 9241-Reihe basiert und eine differenzierte Beurteilung von Usability entlang zentraler Dimensionen wie Effektivität, Effizienz und Zufriedenheit erlaubt (Bekavac et al. 2011)Anders als der eher global ausgerichtete SUS ermöglicht der ISONORM-Fragebogen eine detaillierte Analyse einzelner Gestaltungsaspekte und eignet sich daher besonders für formative Evaluationen in iterativen Entwicklungsphasen.

Ein wesentlicher Vorteil von Fragebogenverfahren liegt in ihrer ökonomischen Durchführbarkeit, insbesondere bei großen Stichproben. Sie erlauben eine standardisierte und objektivierbare Auswertung sowie den Vergleich zwischen unterschiedlichen Versionen eines Systems oder verschiedenen Nutzergruppen. Die einfache Skalierbarkeit macht sie zu einem unverzichtbaren Instrument, etwa im Rahmen breit angelegter Nutzerstudien oder zur Erfolgskontrolle nach einer Systemeinführung. Gleichzeitig sind jedoch auch die Limitationen dieser Methodik zu berücksichtigen. Die Ergebnisse beruhen auf subjektiven Einschätzungen, die stark von individuellen Erfahrungen, Erwartungen und situativen Rahmenbedingungen beeinflusst sein können. Darüber hinaus liefern standardisierte Fragebögen lediglich Hinweise auf die Wahrnehmung von Problemen, nicht jedoch auf deren konkrete Ursachen oder die zugrunde liegenden Nutzungsprozesse. Die Interpretation der Befunde sollte daher stets in Kombination mit beobachtungs- oder interviewbasierten Verfahren erfolgen, um ein umfassendes Verständnis der Gebrauchstauglichkeit zu gewährleisten (Nielsen 1993).

Während klassische nutzerzentrierte Evaluationsverfahren – wie Usability-Tests, Thinking Aloud oder standardisierte Fragebögen – wertvolle Einsichten in wahrnehmbares Verhalten und subjektive Bewertungen liefern, stoßen sie an ihre Grenzen, wenn es darum geht, unbewusste kognitive Prozesse zu erfassen. Viele Handlungen von Nutzerinnen und Nutzern basieren auf impliziten Entscheidungen, die sich weder unmittelbar beobachten noch durch Befragung adäquat rekonstruieren lassen. Um diesen kognitiven „blinden Flecken“ in der Usability-Evaluation zu begegnen, hat sich das Eye-Tracking als eine hoch spezialisierte und objektive Methode etabliert, die die visuelle Aufmerksamkeit während der Interaktion mit einem System quantifizierbar macht (Duchowski 2003).

Beim Eye-Tracking handelt es sich um ein instrumentelles Verfahren, das mittels spezieller technischer Geräte – sogenannter Eye-Tracker (siehe Abb. 4.2) – die Blickbewegungen, Fixationen und Sakkaden einer Person erfasst. Diese Aufzeichnung erfolgt in Relation zur Kopfposition und ermöglicht eine präzise Analyse der visuellen Wahrnehmung in Echtzeit.

Die grundlegende Annahme dieses Verfahrens beruht auf der sogenannten Eye-Mind-Hypothese, die von Just und Carpenter (1980) formuliert wurde. Dieser Theorie zufolge besteht eine unmittelbare Verbindung zwischen den aktuellen Blickpunkten eines Nutzers und der kognitiven Verarbeitung der entsprechenden Information. Mit anderen Worten: Was visuell fixiert wird, ist auch Gegenstand aktiver geistiger Auseinandersetzung – und zwar über die gesamte Dauer der Fixation hinweg.

Abb. 4.2 Mobile Eye-Tracking Brille

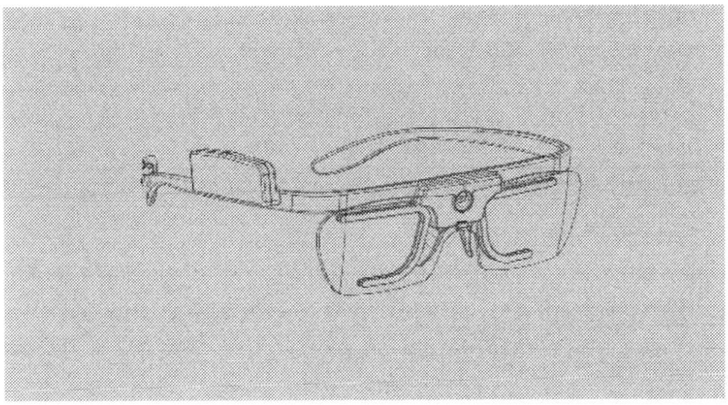

Diese Hypothese bildet die theoretische Grundlage für die Interpretation von Eye-Tracking-Daten im Kontext der Mensch-Technik-Interaktion. Blickbewegungen werden dabei nicht als rein physiologische Vorgänge verstanden, sondern als Ausdruck kognitiver Prozesse, die durch die Eigenschaften des betrachteten Stimulus, seinen Informationsgehalt sowie die Position im Gesichtsfeld beeinflusst werden. Visuelle Aufmerksamkeit manifestiert sich somit als ein Zusammenspiel zwischen sensorischer Wahrnehmung und geistiger Informationsverarbeitung, wobei das Gehirn aktiv selektiert, welche Elemente in den Fokus rücken.

Ein zentraler Nutzen der Eye-Tracking-Analyse liegt in der Bestimmung sogenannter Areas of Interest (AOI), also spezifischer Zonen auf der Benutzeroberfläche, die besondere Aufmerksamkeit der Nutzer auf sich ziehen. Durch die Auswertung von Fixationshäufigkeit, -dauer und Blickpfaden lassen sich Schlüsse darüber ziehen, welche Informationen als besonders relevant, irritierend oder unklar wahrgenommen werden. Diese objektive Erfassung bietet damit eine wichtige Ergänzung zu subjektiven Methoden, indem sie Nutzungsverhalten auf einer unbewussten Ebene sichtbar macht.

Darüber hinaus kann Eye-Tracking auch zur Validierung von Interface-Designs genutzt werden – etwa um zu überprüfen, ob visuelle Hierarchien korrekt umgesetzt wurden oder ob zentrale Informationen intuitiv auffindbar sind. Besonders in Kombination mit qualitativen Verfahren wie Lautem Denken (Thinking Aloud) oder Interviews können die durch Eye-Tracking gewonnenen Daten zu einem tiefer gehenden Verständnis der Interaktion zwischen Mensch und System beitragen.

Nicht zuletzt ist die Methode auch in frühen Designphasen einsetzbar, etwa bei der Bewertung von Prototypen oder Mockups, da sie keine vollständig funktionalen Systeme voraussetzt. Damit stellt das Eye-Tracking ein mächtiges Instrument der nutzerzentrierten Evaluation dar, das insbesondere dann wertvolle Erkenntnisse liefert, wenn implizite Wahrnehmungsprozesse oder Aufmerksamkeitsverteilungen im Mittelpunkt der Analyse stehen (Duchowski 2003; Just und Carpenter 1980).

Die Evaluation von Gebrauchstauglichkeit unterliegt einem kontinuierlichen Wandel, der durch technologische Innovationen, sich verändernde Nutzungskontexte sowie neue mediale Umgebungen vorangetrieben wird. In diesem Zuge gewinnen empirisch fundierte Methoden zunehmend an Bedeutung, da sie nicht nur die Qualitätssicherung bestehender Systeme ermöglichen, sondern auch als Grundlage für die Entwicklung belastbarer Benchmarks und praxistauglicher Designprinzipien dienen. Insbesondere die Verfügbarkeit standardisierter Instrumente – wie etwa der System Usability Scale (SUS) – erlaubt es, Usability-Messungen systematisch in iterative Gestaltungs- und Optimierungsprozesse zu integrieren.

Mit dem Aufkommen neuer Anwendungsbereiche wie sozialen Netzwerken, semantischen Webtechnologien (Linked Data) und mobilen Plattformen ergeben sich jedoch veränderte Anforderungen an Evaluationsmethoden. Klassische Evaluationsdesigns müssen daher weiterentwickelt und an heterogene Nutzungssituationen angepasst werden. Parallel dazu zeigt sich ein zunehmender Trend zur Hybridisierung von Evaluationsansätzen. Dies zeigt sich insbesondere in der Verbindung analoger und digitaler Methoden – etwa bei der Verschmelzung traditioneller Bibliotheken mit digitalen Informationssystemen – sowie in der Kombination von qualitativen und quantitativen Verfahren.

Ein weiteres zentrales Entwicklungsfeld betrifft die Integration automatisierter Analysetechnologien. Fortschritte in der Erhebung und Verarbeitung von Interaktionsdaten ermöglichen eine kontinuierliche, ressourcenschonende Evaluation, die insbesondere in agilen Entwicklungsprozessen an Bedeutung gewinnt. Diese technologische Unterstützung erleichtert nicht nur die Implementierung nutzerzentrierter Verfahren, sondern erweitert auch das Spektrum an Messgrößen und Kontextinformationen.

Über die klassischen Usability-Kriterien hinaus rückt zunehmend die ganzheitliche User Experience (UX) in den Fokus. Dabei werden nicht nur funktionale Aspekte wie Effektivität, Effizienz und Zufriedenheit betrachtet, sondern auch emotionale und ästhetische Faktoren. Instrumente wie der AttrakDiff-Fragebogen zielen darauf ab, subjektive Erlebniskomponenten wie „Joy-of-Use" oder visuelle Attraktivität systematisch zu erfassen und in die Evaluation einfließen zu lassen (Bekavac et al. 2011). Diese Erweiterung der Perspektive ist Ausdruck eines Paradigmenwechsels, der die Gestaltung digitaler Systeme nicht nur als funktionale, sondern zunehmend als erlebnisorientierte Aufgabe versteht. Die kontinuierliche Integration empirischer Daten, die flexible Anpassung an neuartige Anwendungskontexte sowie die Berücksichtigung affektiver Nutzerbedürfnisse markieren einen Wandel hin zu einer umfassenderen, multidimensionalen Betrachtung von Interaktion und Nutzungserlebnis. Die Gebrauchstauglichkeits-Evaluation ist somit nicht mehr nur Mittel zur Fehlererkennung, sondern ein integraler Bestandteil strategischer Produktentwicklung und digitaler Innovationsprozesse.

4.5 Interaktionsdesign

Das Interaktionsdesign stellt ein zentrales Gestaltungsfeld innerhalb der Mensch-Technik-Interaktion dar und fokussiert auf die Konzeption, Strukturierung und Optimierung von Schnittstellen zwischen Nutzerinnen und Nutzern sowie digitalen Systemen. Ziel ist es, Interaktionen so zu gestalten, dass sie nicht nur funktional wirksam, sondern zugleich intuitiv, effizient und ansprechend sind. Im Zentrum steht die Gestaltung von Abläufen, durch die Anwender bei der Erreichung ihrer Ziele systematisch unterstützt werden. Angesichts der wachsenden Komplexität moderner technischer Systeme nimmt die Bedeutung eines durchdachten Interaktionsdesigns stetig zu – insbesondere unter dem Gesichtspunkt der Gebrauchstauglichkeit und Barrierefreiheit (Herczeg 2009). Nur durch die gezielte Ausrichtung auf die Bedürfnisse, Fähigkeiten und Erwartungen der Nutzenden kann sichergestellt werden, dass technische Systeme nicht nur zweckdienlich funktionieren, sondern auch eine positive Nutzererfahrung vermitteln.

Ein bedeutsamer Aspekt innerhalb des Interaktionsdesigns ist der Einbezug emotionaler Faktoren. Emotionen beeinflussen nachweislich die Wahrnehmung und das Verhalten der Nutzer und sind daher ein integraler Bestandteil benutzerzentrierter Gestaltung. Ein gelungenes Interaktionsdesign berücksichtigt daher nicht nur funktionale Anforderungen, sondern auch affektive Dimensionen wie Ästhetik, Erwartungskonformität und Bedienerlebnis. Systeme, die in der Lage sind, positive Emotionen wie Vertrauen, Freude oder Begeisterung (Joy of Use) hervorzurufen, erhöhen die Akzeptanz, stärken die Nutzerbindung und verbessern langfristig auch die Effizienz und Effektivität der Interaktion. Dabei spielt die kongruente Gestaltung von Interface-Elementen, Rückmeldemechanismen und visuellen wie auditiven Reizen eine wesentliche Rolle für die affektive Qualität der Nutzungserfahrung.

Ein weiterer zentraler Gestaltungsaspekt im Rahmen des Interaktionsdesigns ist die gezielte Integration multimedialer Komponenten, die wesentlich zur Qualität und Tiefe der Mensch-System-Interaktion beitragen. Die Multimedialität erweitert nicht nur die technischen Gestaltungsspielräume interaktiver Systeme, sondern fungiert auch als Mittel zur differenzierten, situations- und nutzerspezifischen Informationsvermittlung. Dabei kommen unterschiedliche Medienformate wie Text, Bild, Ton, Animationen oder Video sequenziell oder parallel zum Einsatz, um Inhalte möglichst effektiv, verständlich und motivierend zu übermitteln.

Diese multimodale Gestaltung verfolgt das Ziel, die verschiedenen Sinneskanäle der Nutzer gezielt anzusprechen und dadurch die Aufnahme und Verarbeitung von Informationen zu erleichtern. Insbesondere die synergetische Kombination visueller, auditiver und – zunehmend auch – haptischer Rückmeldungen erhöht nicht nur die Wahrnehmbarkeit und Eindeutigkeit von Systemzuständen, sondern trägt auch zur besseren Navigation innerhalb digitaler Interaktionen bei. Die dadurch ermöglichte Reduktion kognitiver Belastung fördert eine flüssige, weniger fehleranfällige und insgesamt zufriedenstellendere Nutzungserfahrung.

Multimediale Interaktionsformen gewinnen insbesondere in komplexen oder informationsreichen Systemen an Relevanz, da sie die Orientierung unterstützen, Wiedererkennung erleichtern und gezielte Fokussierung ermöglichen. Darüber hinaus wird durch die sensorische Vielfalt das Eintauchen in eine Anwendungssituation – im Sinne einer erhöhten Immersion – unterstützt. Nutzer erleben die Systemumgebung als kohärenter, intuitiver und unmittelbarer, was die emotionale Bindung an das Produkt verstärken kann. In der Gestaltung digitaler Anwendungen bedeutet dies nicht nur eine Erweiterung der Ausdrucksmöglichkeiten, sondern auch eine Vertiefung der Interaktionsqualität durch erhöhte Präsenz, Teilhabe und Identifikation.

Vor dem Hintergrund der zuvor erörterten benutzerzentrierten Gestaltungsprinzipien, der emotionalen Dimensionen digitaler Systeme sowie der Bedeutung adaptiver Interaktionsformen erweist sich die Multimedialität nicht lediglich als ergänzendes Element, sondern als konstitutiver Bestandteil eines umfassenden Interaktionsdesigns. Sie fungiert als verbindendes Element zwischen technischer Funktionalität und ästhetisch-emotionaler Nutzeransprache und bildet damit eine wesentliche Voraussetzung für die Konzeption gebrauchstauglicher, immersiver und erlebnisorientierter Systeme.

In diesem Zusammenhang wird deutlich, dass Interaktionsdesign keineswegs als rein technische oder gestalterische Disziplin zu verstehen ist. Vielmehr stellt es ein interdisziplinäres Handlungsfeld dar, das psychologische Erkenntnisse, gestalterische Prinzipien, technische Realisierbarkeit sowie ergonomische Anforderungen gleichermaßen berücksichtigt. Es strebt nicht nur danach, Interaktionen funktional und effizient zu gestalten, sondern zielt auch darauf ab, eine positive und bedeutsame Nutzererfahrung zu ermöglichen. Durch die Verschränkung dieser Perspektiven wird Interaktionsdesign zu einem integralen Bestandteil menschenzentrierter Systementwicklung.

Ein zentrales Prinzip innerhalb dieser Gestaltung ist die Konsistenz der Benutzungsschnittstelle. Konsistenz bedeutet in diesem Kontext die konsequente und wiedererkennbare Anwendung von Gestaltungs- und Interaktionsmustern innerhalb eines Systems. Gleiche Funktionen sollten visuell und funktional gleichartig dargestellt und ausgeführt werden, sodass Nutzer in die Lage versetzt werden, ein stabiles mentales Modell der Anwendung zu entwickeln. Diese Vorhersehbarkeit trägt entscheidend zur Reduktion kognitiver Belastung bei und erhöht die Sicherheit in der Interaktion. Die Nutzenden wissen, was sie erwarten können, und können aus früheren Interaktionen auf neue Situationen schließen – ein Umstand, der die intuitive Bedienbarkeit maßgeblich unterstützt.

Untrennbar damit verbunden ist das Prinzip des Feedbacks, welches in der Interaktionsgestaltung eine zentrale Rolle spielt. Feedback bezeichnet jegliche Art von Rückmeldung des Systems auf Eingaben oder Aktionen der Nutzenden. Es stellt sicher, dass Benutzer in Echtzeit nachvollziehen können, ob ihre Handlungen Wirkung zeigen, korrekt ausgeführt wurden oder gegebenenfalls korrigiert werden müssen. Effektives Feedback unterstützt somit die Transparenz der Systemreaktionen und trägt entscheidend zum Aufbau von Vertrauen und Kontrolle bei (Dorau 2011). Visuelle Rückmeldungen – beispielsweise durch Animationen, Farbänderungen oder Icons – sowie auditive oder haptische Signale können dabei helfen, die kognitive Verarbeitung zu erleichtern und Lernprozesse zu fördern. Wichtig ist hierbei, dass Feedback nicht nur informativ, sondern auch angemessen dosiert, verständlich und in seiner Darbietung konsistent ist.

Die Umsetzung dieser Gestaltungsprinzipien erfordert eine enge interdisziplinäre Kooperation. Expertinnen und Experten aus Bereichen wie Softwareentwicklung, Psychologie, Industriedesign, Usability Engineering und Kommunikationsgestaltung müssen in einem iterativen Gestaltungsprozess zusammenwirken, um Lösungen zu entwickeln, die sowohl technisch robust als auch nutzerfreundlich und ästhetisch ansprechend sind. Nur durch eine solche integrative Vorgehensweise lassen sich Systeme realisieren, die nicht nur funktional überzeugen, sondern auch emotionale Bindung und langfristige Akzeptanz bei den Nutzerinnen und Nutzern erzeugen. Die Berücksichtigung ästhetischer sowie emotionaler Qualitäten ist hierbei kein optionales Extra, sondern zunehmend als entscheidender Erfolgsfaktor für die User Experience zu bewerten, die über reine Gebrauchstauglichkeit hinausgeht und nachhaltige Nutzungserlebnisse schafft (Dorau 2011).

Während die zuvor beschriebenen Prinzipien die theoretische Fundierung des Interaktionsdesigns darstellen, erfolgt deren Umsetzung in der Praxis primär durch nutzerzentrierte Designansätze, die den Menschen als zentralen Akteur in den Mittelpunkt der Gestaltung rücken. Drei solcher Ansätze – die im weiteren Verlauf vertieft behandelt werden – bilden das methodische Rückgrat für eine konsequent benutzerorientierte Entwicklung interaktiver Systeme.

Ein paradigmatisches Modell in diesem Kontext ist das User-Centered Design (UCD) – häufig auch als Human-Centered Design bezeichnet –, wie es unter anderem durch Norman (2016) geprägt wurde. Dieser Ansatz zielt darauf ab, technologische Systeme so zu gestalten, dass sie den kognitiven, physischen und emotionalen Voraussetzungen ihrer Nutzerinnen und Nutzer möglichst weitgehend entsprechen. Der Designprozess orientiert sich dabei nicht primär an technischen Möglichkeiten, sondern an den tatsächlichen Anforderungen und Erwartungen der Anwender im Nutzungskontext. Ziel ist es, eine möglichst intuitive, transparente und selbstbeschreibende Interaktion zu ermöglichen.

Zentral für das User-Centered Design ist die Gestaltung von Schnittstellen, die durch sichtbare Handlungsoptionen, verständliche Systemzustände und angemessenes Feedback gekennzeichnet sind. Benutzer sollen jederzeit nachvollziehen können, welche Aktionen möglich sind, was der aktuelle Systemzustand ist und welche Folgen bestimmte Handlungen nach sich ziehen. Dies erhöht nicht nur die Interaktionssicherheit, sondern trägt auch wesentlich zur Nutzerzufriedenheit bei – insbesondere in Situationen, in denen Probleme oder Irritationen auftreten. Ein gutes Interaktionsdesign bietet in solchen Fällen nicht nur Unterstützung zur Problemlösung, sondern fördert auch ein Gefühl der Selbstwirksamkeit, das als besonders positiv erlebt wird.

Darüber hinaus zeichnet sich das User-Centered Design durch seine iterative Vorgehensweise aus. Der gesamte Entwicklungsprozess wird begleitet durch wiederholte Zyklen von Beobachtung, Prototyping, Nutzertests und Evaluation, die dazu dienen, auch schwer artikulierbare oder latente Nutzerbedürfnisse zu identifizieren und in die Gestaltung einfließen zu lassen. Durch diesen kontinuierlichen Abgleich zwischen Systementwurf und realem Nutzungskontext kann das Design sukzessive optimiert und an die tatsächlichen Bedürfnisse der Zielgruppe angepasst werden (Norman und Eschenfelder 2016).

Auf diese Weise wird das Interaktionsdesign nicht nur funktional verbessert, sondern erhält auch eine hohe Relevanz für die emotionale und motivationale Bindung der Nutzer an das Produkt. Der Fokus auf tatsächliche Nutzungserfahrungen und menschliche Handlungslogik macht User-Centered Design zu einem zentralen Instrument für die Entwicklung gebrauchstauglicher und zugleich sinnstiftender interaktiver Systeme.

Design Thinking ist ein kreativer Problemlösungsansatz, der durch eine gründliche Analyse der Situation sicherstellt, dass das richtige Problem identifiziert wird, bevor es zur Problemlösung kommt. Der Prozess des Design Thinkings umfasst die Phasen vier Beobachten, Ideenbildung, Prototypenentwicklung und Testen, wobei dieser Prozess iterativ ist. Das bedeutet, dass die Phasen stets wiederholt werden, wobei man bei jeder Wiederholung tiefere Einsichten gewinnt. Hierbei arbeiten auch multidisziplinäre Teams zusammen, um verschiedene Perspektiven einzubringen und kreative nutzerzentrierte Lösungen zu entwickeln, indem menschliche Bedürfnisse sowie technische Anforderungen berücksichtigt werden. Methoden wie Brainstorming fördern hierbei die Generierung innovativer Ideen, indem sie einen kreativen und offenen Prozess ohne Kritik ermöglichen. Abschließend verbindet Design Thinking Kreativität mit Struktur, um komplexe Probleme effizient und nachhaltig zu lösen (Norman und Eschenfelder 2016).

Im Anschluss an die Methoden werden nun relevante Design-Tools betrachtet, die eine präzise Umsetzung und Visualisierung der Konzepte ermöglichen:

Ein zentrales methodisches Instrument innerhalb nutzerzentrierter Gestaltungsprozesse stellt das Konzept der Personas dar, das insbesondere im frühen Stadium eines UCD-Design-Projekts Anwendung findet. Ziel dieses Ansatzes ist es, ein tiefgreifendes Verständnis für die Bedürfnisse, Erwartungen und Nutzungskontexte der späteren Anwendergruppen zu entwickeln und diese Erkenntnisse über den gesamten Designprozess hinweg präsent zu halten.

Das Verfahren der Personas geht auf Alan Cooper zurück, der 2004 basierend auf empirischer Nutzerforschung hypothetische Archetypen entwickelte. Diese fiktiven, jedoch realitätsnahen Nutzerrepräsentationen dienen dazu, unterschiedliche Verhaltensweisen, Ziele und Herausforderungen exemplarisch darzustellen, wie sie typischerweise innerhalb einer Zielgruppe auftreten. Personas fungieren somit als vermittelnde Instanz zwischen den Erkenntnissen qualitativer Nutzerforschung und konkreten Designentscheidungen (Lange und Clasen 2025).

Im praktischen Einsatz fördern Personas insbesondere die Empathie innerhalb interdisziplinärer Teams, da sie es ermöglichen, sich bei Gestaltungsfragen konsequent in die Perspektive der späteren Nutzer hineinzuversetzen. Darüber hinaus leisten sie einen wichtigen Beitrag zur Kommunikation innerhalb des Projektteams, indem sie eine gemeinsame, nutzerorientierte Sprache schaffen und subjektive Einschätzungen oder spekulative Annahmen über Nutzerverhalten reduzieren helfen. Dadurch fungieren sie als Korrektiv gegen implizite Vorannahmen, die nicht empirisch abgesichert sind.

Kritisch zu betrachten ist allerdings die weitverbreitete Fehlinterpretation von Personas als universelle Lösung für alle Designfragen. Wird ihre Aussagekraft überschätzt oder ihr empirischer Unterbau vernachlässigt, können Personas kontraproduktiv wirken. Insbesondere sogenannte Proto-Personas, die lediglich auf internen Annahmen oder heuristischen Einschätzungen basieren, bergen die Gefahr einer verzerrten Darstellung der tatsächlichen Nutzerrealität. Eine unzureichend empirisch fundierte Persona kann somit irreführende Designentscheidungen begünstigen und den nutzerzentrierten Anspruch unterminieren.

Wirksam sind Personas daher nur, wenn sie auf einer valide durchgeführten Nutzerforschung beruhen und regelmäßig im Projektverlauf überprüft und aktualisiert werden. In dieser Form stellen sie ein wirkungsvolles Instrument zur Nutzerrepräsentation dar, das die Entwicklung effektiver, gebrauchstauglicher und kontextsensitiver Interaktionslösungen maßgeblich unterstützt. Ihre Integration in den Designprozess stärkt die Kohärenz zwischen Nutzerbedürfnissen und gestalterischer Umsetzung – ein Aspekt, der für die Qualität und Akzeptanz interaktiver Systeme von entscheidender Bedeutung ist (Lange und Clasen 2025).

Systems Mapping stellt ein methodisches Instrument dar, das der Analyse und Visualisierung komplexer Wirkzusammenhänge innerhalb sozio-technischer Systeme dient. Es handelt sich um eine strukturierte Form der Systemmodellierung, bei der die unterschiedlichen Komponenten eines Produkts, einer Dienstleistung oder einer Organisation – einschließlich ihrer Wechselwirkungen mit der jeweiligen Umwelt – grafisch abgebildet werden. Ziel dieser Methode ist es, systemische Abhängigkeiten, Rückkopplungen und Kausalbeziehungen transparent zu machen, um ein tiefgreifendes Verständnis für die Dynamiken innerhalb des Gesamtsystems zu gewinnen.

Die Darstellungsform von Systems Maps basiert auf einer semantischen Codierung von Wirkbeziehungen. Dabei wird mittels „+"- und „–"-Symbolen kenntlich gemacht, ob eine Veränderung eines Elements eine Verstärkung oder Abschwächung eines anderen Elements nach sich zieht. Positive Beziehungen zeigen dabei verstärkende Effekte, während negative Beziehungen hemmende oder kompensierende Einflüsse beschreiben. Diese Form der Visualisierung unterstützt die Identifikation nicht-linearer Effekte sowie die Analyse von möglichen Systeminstabilitäten oder Zielkonflikten.

Ein praxisnahes Beispiel lässt sich anhand eines videobasierten sozialen Netzwerks erläutern: Eine gesteigerte Nutzerzufriedenheit führt typischerweise zu einer erhöhten Nutzung – beispielsweise durch das Ansehen einer größeren Zahl von Videos (positive Korrelation). Gleichzeitig bewirkt der dadurch steigende Medienkonsum potenziell eine Reduktion der verfügbaren Zeit für andere Aktivitäten wie Studium, Erholung oder persönliche Interaktionen, was als negative Korrelation in der Systems Map dargestellt wird. Durch diese Modellierung lassen sich unerwünschte Nebenwirkungen oder Zielkonflikte frühzeitig identifizieren und in die Gestaltungsüberlegungen einbeziehen.

Im Designprozess findet Systems Mapping insbesondere in der frühen Phase der Kontextanalyse Anwendung. Die Methode dient hier als Referenzrahmen für die Identifikation relevanter Einflussgrößen und Interessenskonflikte. Sie wird häufig auf Basis kollaborativer Verfahren entwickelt, beispielsweise durch partizipative Workshops mit Stakeholdern. Ein häufig genutzter Einstieg ist die Erstellung einer Mindmap, die zentrale Themenfelder wie Nutzerbedürfnisse, algorithmische Mechanismen, Motivationsstrukturen sowie mögliche negative Effekte systematisch erfasst. Diese Vorstrukturierung dient im Anschluss als Grundlage für die Konstruktion der Systems Map, welche die vernetzten Zusammenhänge explizit visualisiert (Lange und Clasen 2025). Das Design-Tool User Journey Mapping ist eine Methode im Bereich User Experience Designs, die die gesamte Erfahrung eines Nutzers mit einem Produkt oder Service visuell darstellt. Ziel ist es, die Bedürfnisse, Schmerzpunkte und Emotionen des Nutzers zu verstehen und so die User Experience zu optimieren. Hierbei wird jedoch kritisiert, dass das User Journey

Mapping sich ausschließlich auf den Nutzer fokussiert. Umweltauswirkungen oder soziale Implikationen werden nicht berücksichtigt. Daher wurde das Konzept des Sustainable User Journey Mappings entwickelt. Hierbei wird das klassische User Journey Mapping um folgende Ebenen erweitert:

- Andere Akteure: Wer wird durch die Nutzerinteraktion noch beeinflusst?
- Negative Umweltauswirkungen: Welche negativen Auswirkungen hat die Nutzerinteraktion auf die Umwelt?
- Negative soziale Auswirkungen: Welche negativen Auswirkungen hat die Nutzerinteraktion auf die Gesellschaft oder andere Menschen?
- Negative Auswirkungen auf die Gesundheit: Optional kann auch die Gesundheit des Nutzers betrachtet werden.

Lösungsansätze: Für jeden negativen Einfluss werden mögliche Lösungen vorgeschlagen.

Durch diese Erweiterung wird eine ganzheitliche Betrachtungsweise ermöglicht. Es werden nicht nur die Bedürfnisse des Nutzers, sondern auch die Auswirkungen auf Umwelt und Gesellschaft berücksichtigt. Somit sollen Produkte und Services nachhaltiger gestaltet werden (Lange und Clasen 2025)

Aufbauend auf einem ganzheitlichen Verständnis komplexer Nutzungskontexte durch Methoden wie das Systems Mapping, richtet sich der Fokus im nächsten Schritt auf konkrete Gestaltungsrichtlinien zur Optimierung der Benutzeroberfläche. Usability-Heuristiken und Kompatibilitätsprinzipien bieten hierbei ein bewährtes Set an allgemeinen Prinzipien, die als praxisnahe Orientierung für die Evaluation und Gestaltung gebrauchstauglicher interaktiver Systeme dienen.

4.6 Kompatibiltiätsprinzipien und Gebrauchstauglichkeit – Heuristiken

Jakob Nielsen, eine der zentralen Persönlichkeiten im Bereich der Mensch-Technik-Interaktion, prägte mit seiner Forderung „Three Tips: Simplify, Simplify, Simplify." (Nielsen 2006) einen Leitsatz, der die Grundhaltung moderner Gestaltung gebrauchstauglicher Systeme auf den Punkt brngt. Als Mitbegründer der Nielsen Norman Group und promovierter Wissenschaftler der Technischen Universität Dänemarks (DTU) im Bereich Benutzeroberflächendesign und Informatik hat Nielsen mit seinen Arbeiten maßgebliche Impulse für die systematische Verbesserung interaktiver Systeme geliefert. Seine wissenschaftliche wie praxisorientierte Ausrichtung hat entscheidend dazu beigetragen, dass Gebrauchstauglichkeit heute als zentrales Qualitätsmerkmal digitaler Anwendungen anerkannt ist.

Besonders hervorzuheben ist Nielsens Entwicklung der heuristischen Evaluation, einem Verfahren zur systematischen Beurteilung der Gebrauchstauglichkeit interaktiver Systeme auf Basis allgemeingültiger Prinzipien. Diese Methode ermöglicht es, bereits in frühen Entwicklungsphasen potenzielle Probleme in der Gestaltung der Mensch-System-

Schnittstelle zu identifizieren. In diesem Zusammenhang formulierte Nielsen zehn heuristische Prinzipien, die als handlungsleitende Regeln für die Entwicklung gebrauchstauglicher Systeme gelten und bis heute breite Anwendung in der Praxis finden.

Die Relevanz von Nielsens Arbeit zeigt sich vor allem in der zunehmenden Verbreitung interaktiver Systeme, die es Nutzenden erlauben, technische Produkte und digitale Anwendungen ohne lange Einarbeitungszeit intuitiv zu bedienen. Dieses Maß an Gebrauchstauglichkeit ist jedoch keineswegs ein zufälliges Nebenprodukt technischer Innovation, sondern Ergebnis gezielter, benutzerzentrierter Gestaltungsprozesse, die auf fundierten wissenschaftlichen Erkenntnissen beruhen.

Im Kontext der zuvor dargestellten Methoden der Gebrauchstauglichkeits-Evaluation – von heuristischen Verfahren über benutzerzentrierte Tests bis hin zu Eye-Tracking – markiert Nielsens Ansatz eine Brücke zwischen theoretischem Verständnis und praktischer Anwendbarkeit. Die von ihm entwickelten Heuristiken bieten nicht nur Orientierung für die Gestaltung, sondern dienen auch als strukturierte Grundlage für die Bewertung der Interaktionsqualität zwischen Mensch und System. Auf diese Weise tragen sie wesentlich dazu bei, gebrauchstaugliche, effiziente und positiv erlebbare Systeme zu entwickeln, die sich nahtlos in die Lebens- und Arbeitswelt ihrer Nutzerinnen und Nutzer integrieren lassen.

4.6.1 Überblick über Gebrauchstauglichkeits-Heuristiken

Gebrauchstauglichkeits-Heuristiken sind Prinzipien die allgemein zur Gestaltung von benutzerfreundlichen Produkten genutzt werden. Die am weitverbreitetsten Gebrauchstauglichkeits- Heuristiken sind Jakob Nielsens „Ten Usability Heuristics" (Nielsen Norman Group 2024) und Ben Shneidermans „Eight Golden Rules of Interface Design". (University of Maryland Computer Science 2024)

Hier ein Überblick über die einzelnen Punkte von Nielsens Heuristiken:

Sichtbarkeit des Systemstatus: Das System sollte den Nutzer stets über aktuelle Prozesse informieren, beispielsweise durch angemessenes Feedback innerhalb kurzer Zeit.

Übereinstimmung zwischen System und realer Welt: Die Sprache und Symbole des Systems sollten dem Nutzer vertraut sein und realen Konventionen folgen, um Informationen in einer natürlichen und logischen Reihenfolge darzustellen.

Benutzerkontrolle und Freiheit: Nutzer sollten die Möglichkeit haben, Aktionen rückgängig zu machen oder unerwünschte Zustände zu verlassen, beispielsweise durch „Rückgängig"- und „Wiederholen"-Funktionen.

Konsistenz und Standards: Einheitliche Begriffe und Aktionen innerhalb des Systems helfen dem Nutzer, ohne Verwirrung zu agieren.

Fehlervermeidung: Besser als gute Fehlermeldungen ist ein Design, das Fehler von vornherein verhindert, indem es fehleranfällige Bedingungen eliminiert oder den Nutzer vor potenziellen Fehlern warnt.

Wiedererkennung statt Erinnerung: Wichtige Optionen und Informationen sollten sichtbar sein, sodass der Nutzer sich nicht an Details aus vorherigen Interaktionen erinnern muss.

Flexibilität und Effizienz der Nutzung: Das System sollte sowohl für unerfahrene als auch für erfahrene Nutzer geeignet sein, beispielsweise durch Tastenkombinationen, die die Interaktion für Experten beschleunigen.

Ästhetisches und minimalistisches Design: Oberflächen sollten keine irrelevanten oder selten benötigten Informationen enthalten, um die Übersichtlichkeit zu bewahren.

Hilfe bei der Fehlererkennung, Diagnose und -behebung: Fehlermeldungen sollten in klarer Sprache das Problem beschreiben und konstruktive Lösungen anbieten.

Hilfe und Dokumentation: Obwohl ein gut gestaltetes System idealerweise ohne Dokumentation auskommt, sollte bei Bedarf leicht auffindbare und aufgabenorientierte Hilfe verfügbar sein (Nielsen Norman Group 2024).

Nun auch ein Überblick über Ben Shneidermans Heuristiken:

Streben nach Konsistenz: Einheitliche Abläufe und Terminologie in ähnlichen Situationen erleichtern dem Nutzer die Interaktion und reduzieren Verwirrung.

Ermöglichen von Shortcuts für häufige Nutzer: Erfahrene Anwender sollten durch Tastenkombinationen oder andere Abkürzungen effizienter arbeiten können.

Anbieten von informativem Feedback: Jede Benutzeraktion sollte eine angemessene Rückmeldung erhalten, um den Nutzer über den Status seiner Interaktion zu informieren.

Gestaltung von Dialogen mit Abschluss: Interaktionssequenzen sollten klar strukturiert sein und dem Nutzer ein Gefühl des Abschlusses vermitteln, beispielsweise durch Bestätigungsseiten nach Transaktionen.

Fehlervermeidung: Das System sollte so gestaltet sein, dass schwerwiegende Fehler vermieden werden. Falls dennoch Fehler auftreten, sollten klare und konstruktive Anweisungen zur Behebung bereitgestellt werden.

Ermöglichen einfacher Rücknahme von Aktionen: Nutzer sollten die Möglichkeit haben, Aktionen leicht rückgängig zu machen, um Ängste zu reduzieren und die Bereitschaft zur Exploration zu fördern.

Unterstützung der Nutzerkontrolle: Erfahrene Nutzer möchten die Kontrolle über das System haben. Das Design sollte sie als Initiatoren von Aktionen positionieren, nicht als Reagierende.

Reduzierung der Belastung des Arbeitsgedächtnisses: Da das menschliche Arbeitsgedächtnis begrenzt ist, sollten Displays einfach gehalten und Informationen konsolidiert präsentiert werden, um die kognitive Belastung zu minimieren (University of Maryland Computer Science 2024).

4.6.2 Kompatibilitätsprinzipien

Im Kontext der Mensch-Technik-Interaktion bezeichnet der Begriff Kompatibilität die Fähigkeit eines interaktiven Systems, unterschiedliche Komponenten – insbesondere Hardware, Software und Benutzerschnittstellen – so aufeinander abzustimmen, dass eine reibungslose, intuitive und effiziente Zusammenarbeit ermöglicht wird. Ziel ist es, ein konsistentes Nutzungserlebnis zu schaffen, das den mentalen Modellen der Nutzerinnen und Nutzer entspricht und somit eine einfache, erwartungskonforme Interaktion erlaubt. In der Informationstechnik wird Kompatibilität klassisch als die Fähigkeit definiert, verschiedene Hardware- oder Softwarekomponenten miteinander zu verknüpfen und gemeinsam zu betreiben (Wirtschaftslexikon 2024). Übertragen auf die Mensch-Technik-Interaktion erweitert sich diese Perspektive jedoch um eine nutzerzentrierte Dimension: Es geht nicht nur um technische Anschlussfähigkeit, sondern auch um die Passung zwischen technischen Systemen und menschlichen Handlungsmustern, Erwartungen und Fähigkeiten. Besondere Bedeutung erhält Kompatibilität, wenn Systeme mit unterschiedlichen Plattformen, Eingabemethoden oder Interaktionsformen harmonisiert werden müssen. Dies umfasst etwa konsistente Benutzeroberflächen über verschiedene Geräte hinweg, die Standardisierung von Bedienlogiken und Interaktionsmustern sowie die flexible Anpassungsfähigkeit der Systeme an individuelle Nutzungsgewohnheiten. Nur wenn diese Aspekte berücksichtigt werden, kann die Gebrauchstauglichkeit nachhaltig gesichert werden.

Ein anschauliches Beispiel bietet der Einsatz von Augmented-Reality-Systemen: Hier muss die Schnittstelle zwischen Mensch und Technik so gestaltet sein, dass sie mit etablierten Technologien wie Touchscreens oder Spracheingabe kompatibel bleibt. Dies erfordert ein tiefes Verständnis sowohl technischer Standards als auch kognitiver Anforderungen der Nutzenden. Die technische Integration ist dabei ebenso relevant wie die Gestaltung der Interaktion, etwa durch konsistente visuelle Feedbacks, klare Navigationselemente oder kontextsensitives Verhalten der Anwendung.

Kompatibilität in der Mensch-Technik-Interaktion ist somit nicht bloß ein technischer Parameter, sondern eine integrale Eigenschaft gebrauchstauglicher Systeme. Sie stellt sicher, dass neue Technologien sich nahtlos in bestehende Nutzungskontexte einfügen lassen und fördert damit sowohl die Akzeptanz als auch die Effizienz der Interaktion. Als Gestaltungsprinzip trägt sie entscheidend zur Entwicklung zukunftsfähiger, adaptiver Systeme bei, die den Anforderungen unterschiedlicher Nutzergruppen gerecht werden. Es gibt viele verschiedene Kompatibilitäten, die in wissenschaftlichen und technischen Bereichen wichtig sind und einen großen Einfluss haben. Ebenfalls können Kompatibilitäten in verschiedenen Dimensionen betrachtet werden.

Hier einige Arten von Kompatibilität:

- **Räumliche Kompatibilität:** Die räumliche Kompatibilität ist für die Arbeitsgestaltung entscheidend, um die Interaktion zwischen Mensch und Arbeitssystem zu verbessern. Eine kompatible Anordnung von Bedienelementen kann die Informationsverarbeitung erleichtern und somit die Nutzung verbessern (Springer Link 2024).
- **Funktionale Kompatibilität:** Die funktionale Kompatibilität bezieht sich auf die Übereistimmung der Funktionen verschiedener Systeme und/oder Komponenten, damit sie besser zusammenarbeiten (Dokumenty o. J., S. 15).
- **Sprachliche Kompatibilität:** Sprachliche Kompatibilität geht auf die Fähigkeit von Individuen, in verschiedenen Sprachkontexten effektiv zu kommunizieren ein (Deutsche Nationalbibliothek o. J., S. 34).

- **Kognitive Kompatibilität:** Die kognitive Kompatibilität konzentriert sich auf die Einigkeit zwischen den Anforderungen eines Systems und kognitiven Fähigkeiten des Nutzers. Je höher die kognitive Kompatibilität, desto leichter fällt es dem Nutzer Informationen zu verarbeiten und Entscheidungen zu treffen (Springer Link 2024).
- **Konzeptionelle Kompatibilität:** Die Konzeptionelle Kompatibilität beschreibt, wie gut zum Beispiel Symbole mit den Erwartungen der Nutzer übereinstimmen. Konzeptionelle Kompatibilität ist für das Design sehr wichtig, um das Ziel zu erreichen das Produkte den Erwartungen der Nutzer entsprechen (Springer Link 2024).
- **Physiologische Kompatibilität:** Die Physiologische Kompatibilität bezieht sich auf die Einigkeit zwischen den physischen Anforderungen eines Systems und den physiologischen Eigenschaften des Nutzers. Ein ergonomisches Design, die auch die physiologische Kompatibilität berücksichtigt, trägt dazu bei, Strapazierungen und Verletzungen zu vermeiden. In der Arbeitswelt wird die physiologische Kompatibilität zur Gestaltung von Arbeitsplätzen genutzt (Springer Link 2024).

Die Kompatibilitätsprinzipien nehmen eine große Rolle ein, bei der Erstellung von benutzerfreundlichen Systemen. Durch die möglichst frühe Berücksichtigung der Kompatibilitätsprinzipien kann man die Usability optimal für den nutzen vorbereiten und perfekt an die Nutzer anpassen. Einige der Hauptpunkte, wo die Kompatibilität die Usability beeinflusst, sind zum Beispiel:

Reduzierung der kognitiven Belastung Wenn Systeme mit den mentalen Modellen der Nutzer kompatibel sind, verstehen die Nutzer die Funktionen des Systems intuitiver. Das bringt den Vorteil mit sich, dass keine komplexen Anweisungen oder Tutorials mehr notwendig sind und auch unerfahrenen Nutzern somit die Bedienung erleichtert wird.

- **Verbesserung der Effizienz:** darunter fallen unteranderem die Räumliche Kompatibilität und die Bewegungskompatibilität.
- Minimierung von Fehlern: Hierbei ist es wichtig, dass das System die Reaktionen liefert, die der Nutzer erwartet, damit der Nutzer weniger Bedienfehler begeht. Dies verbessert nicht nur die Effektivität, sondern auch die Sicherheit, jedoch nur in kritischen Kontexten wie zum Beispiel in der Luftfahrt oder im Gesundheitswesen.
- **Steigerung der Benutzerzufriedenheit:** Wie in Punkt drei schon erwähnt wurde, sollten die Erwartungen der Nutzer getroffen werden, das bringt auch unteranderem den Vorteil, dass sich die Nutzer verstanden fühlen und somit die Nutzererfahrung (auch UX genannt) steigt.
- **Fördern der Barrierefreiheit:** Systeme sollten kompatible Designs verwenden, um dazu die vielfältigen Bedürfnisse und Fähigkeiten der Nutzer, einschließlich auch Menschen mit Behinderungen zu berücksichtigen.

Der Artikel „Interface Design and Display-Control Compatibility" von S. Tsang, John Kl Ho und A. Chan, veröffentlicht in Measurement and Control im April 2015, untersucht wie die Kompatibilität der Anzeige und Steuerungsdesigns die Leistung des Menschen verbessern und dessen Fehler reduzieren kann, die durch die falschen Erwartungen des Nutzers an das System entstehen. In dem Artikel werden drei Kompatibilitäten hervorgehoben, die für ein guten Mensch- Maschine Interface Design wichtig sind, die Räumliche Kompatibilität, Bewegungskompatibilität und die Konzeptuelle Kompatibilität. Mit Hilfe der Kompatibilitäten kann man die Effektivität und Sicherheit von Systemen verbessern (Semantic Scholar 2024).

Die Prinzipien der Kompatibilität und die Heuristiken zur Sicherstellung der Gebrauchstauglichkeit weisen in ihrer Zielsetzung eine signifikante inhaltliche Überschneidung auf: Beide Konzepte zielen darauf ab, interaktive Systeme so zu gestalten, dass sie eine effektive, effiziente und zufriedenstellende Nutzung ermöglichen. Im Mittelpunkt steht dabei stets die Berücksichtigung der Nutzerbedürfnisse und -erwartungen, um Barrieren in der Mensch-Technik-Interaktion zu minimieren und die kognitive Belastung zu reduzieren.

Sowohl Kompatibilitätsprinzipien als auch Gebrauchstauglichkeits-Heuristiken stellen praxisorientierte Leitlinien dar, die insbesondere in frühen Phasen der System- und Interfacegestaltung herangezogen werden, um fundierte Designentscheidungen zu treffen oder bestehende Benutzeroberflächen zu evaluieren. Gemeinsam ist beiden Konzepten, dass sie auf einer nutzerzentrierten Perspektive beruhen und sich mit der Frage beschäftigen, wie Menschen mit Systemen interagieren und an welchen Stellen Schwierigkeiten auftreten können.

Trotz dieser inhaltlichen Nähe bestehen konzeptionelle Unterschiede in der Ausrichtung und im Anwendungsfokus der beiden Ansätze. Kompatibilitätsprinzipien konzentrieren sich primär auf die Übereinstimmung zwischen einem interaktiven System und den mentalen Modellen, Vorerfahrungen oder kontextuellen Erwartungen der Nutzenden. Sie legen besonderen Wert auf die Wiedererkennbarkeit und Anschlussfähigkeit an bestehende Nutzungserfahrungen, was insbesondere bei der Gestaltung plattformübergreifender oder technologieübergreifender Systeme von Bedeutung ist.

Gebrauchstauglichkeits-Heuristiken hingegen, wie sie etwa von Jakob Nielsen (1993) formuliert wurden, basieren auf etablierten gestalterischen Erkenntnissen der Mensch-Technik-Interaktion und dienen als allgemeine, erfahrungsbasierte Richtlinien zur Identifikation typischer Usability-Probleme. Sie sind thematisch breiter gefasst und adressieren unterschiedliche Dimensionen der Interaktion – darunter System-Feedback, Konsistenz, Fehlervermeidung oder Unterstützung der Nutzerkontrolle. Ihre Anwendung ist unabhängig von konkreten Technologien oder Plattformen möglich, was sie zu einem vielseitig einsetzbaren Instrument im gesamten Designprozess macht.

Auch in der Methodik ihrer Entwicklung unterscheiden sich beide Konzepte: Während Kompatibilitätsprinzipien oft aus der Analyse bestehender Systeme, der Beobachtung von Nutzungskontexten oder der Ableitung aus industriellen Standards hervorgehen, beruhen

Gebrauchstauglichkeits-Heuristiken zumeist auf empirischen Studien sowie theoretischen Modellen der kognitiven Ergonomie und Interaktionsforschung. Die Anwendung von Kompatibilitätsprinzipien und Gebrauchstauglichkeits-Heuristiken in der Praxis, ist für die Gestaltung von benutzerfreundlichen Produkten wichtig. Jedoch gibt es auch hierbei gewisse Grenzen und Herausforderungen, auf die geachtet werden muss.

Die Nutzung von diesen Prinzipien kann je nach Nutzungskontext variieren. Ein Design, dass in einem spezifischen Kontext funktioniert, wird möglicherweise in einem anderen Kontext nicht funktionieren. Dabei man muss sich auf viele Faktoren konzentrieren, unteranderem die möglichen Zielgruppen und ihre Bedürfnisse.

Im Kontext interaktiver Systeme ist zu berücksichtigen, dass Gebrauchstauglichkeits-Heuristiken keine universell einsetzbaren Regeln darstellen, die unabhängig vom Nutzungskontext uneingeschränkt angewendet werden können. Ihre Gültigkeit und Wirksamkeit sind maßgeblich von kulturellen, sozialen und kontextuellen Rahmenbedingungen abhängig. Dies wird besonders deutlich am Beispiel des zweiten heuristischen Prinzips von Nielsen – der Übereinstimmung zwischen System und realer Welt. Diese Heuristik fordert, dass Systeme in einer Sprache und Symbolik kommunizieren, die den mentalen Modellen der Nutzer entspricht. In multikulturellen Zusammenhängen können jedoch gerade Symbole, Begriffe oder Farbkonventionen, die in einem kulturellen Kontext intuitiv verständlich sind, in einem anderen zu Missverständnissen oder Fehlinterpretationen führen. Die Interaktion wird damit potenziell beeinträchtigt und die beabsichtigte Nutzerführung konterkariert.

Darüber hinaus ist zu beachten, dass sich Heuristiken in komplexen Entwicklungsprozessen nicht selten widersprechen oder in konkurrierenden Zielen stehen können. Ein klassisches Spannungsfeld ergibt sich beispielsweise zwischen dem Prinzip des minimalistischen Designs – das auf Informationsreduktion zur Reduktion kognitiver Last abzielt – und der Anforderung nach umfassender Hilfestellung und Transparenz in der Benutzerführung. Diese konkurrierenden Anforderungen machen deutlich, dass Gebrauchstauglichkeits-Heuristiken keine starren Regeln, sondern flexible Orientierungsgrößen darstellen, die im jeweiligen Kontext gegeneinander abgewogen werden müssen. Hierbei obliegt es dem verantwortlichen Designteam, unter Berücksichtigung der Zielgruppe, des Nutzungskontextes und der spezifischen Aufgabenstellung, eine sachgerechte Priorisierung vorzunehmen.

Hinzu kommt die Dynamik digitaler Technologien und Märkte: Technologische Innovationen, veränderte Nutzungskontexte sowie sich wandelnde soziale Praktiken führen dazu, dass sich auch die Maßstäbe und Erwartungen an die Gebrauchstauglichkeit stetig verändern. Was heute als state of the art gilt, kann bereits morgen überholt oder gar nutzungshemmend sein. Designprozesse müssen daher iterativ und anpassungsfähig angelegt werden. Dies bedeutet nicht nur eine kontinuierliche Reflexion bestehender Gestaltungsprinzipien, sondern auch die Bereitschaft, auf sich verändernde Anforderungen agil zu reagieren. Die Fähigkeit, Nutzungsanforderungen frühzeitig zu antizipieren und bereits in frühen Entwicklungsphasen zu berücksichtigen, stellt eine zentrale Voraussetzung für die erfolgreiche Realisierung gebrauchstauglicher Produkte dar.

Vor dem Hintergrund, dass die Gebrauchstauglichkeit zunehmend als kritischer Erfolgsfaktor im Marktgeschehen erkannt wird, ergibt sich für Entwicklerinnen und Entwickler ein strategischer Anreiz zur kontinuierlichen Optimierung ihrer Systeme. Die Herausforderung besteht dabei insbesondere in der frühzeitigen und präzisen Erfassung der Nutzerbedürfnisse – idealerweise bereits vor oder während der Konzeption. Nur wenn die Perspektiven der Nutzer konsequent einbezogen und reflektiert werden, lassen sich digitale Systeme entwickeln, die nicht nur funktional überzeugen, sondern auch nachhaltig akzeptiert und genutzt werden.

4.7 Methoden der Gebrauchstauglichkeits-Forschung

Im Anschluss an die zuvor behandelten Prinzipien des Interaktionsdesigns sowie die heuristischen und kompatibilitätsbasierten Ansätze zur Bewertung digitaler Systeme, rückt nun die empirische Untersuchung von Gebrauchstauglichkeit in den Mittelpunkt. Während Heuristiken und Designprinzipien wertvolle theoretische und konzeptionelle Orientierung bieten, sind es vor allem systematische Methoden der Gebrauchstauglichkeitsforschung, die belastbare Erkenntnisse über tatsächliches Nutzungserleben und Interaktionsverhalten liefern.

Diese Methoden ermöglichen es, benutzerzentrierte Anforderungen nicht nur zu antizipieren, sondern durch qualitative und quantitative Daten fundiert zu validieren. Sie bilden somit eine zentrale Grundlage für die iterative Weiterentwicklung interaktiver Systeme und die evidenzbasierte Optimierung ihrer Gebrauchstauglichkeit im realen Nutzungskontext.

4.7.1 Design Thinking

In einer zunehmend komplexen und von hoher Dynamik geprägten Welt sind Unternehmen und Organisationen gefordert, flexibel auf sich wandelnde Anforderungen zu reagieren. Klassische Problemlösungsansätze stoßen dabei zunehmend an ihre Grenzen, insbesondere wenn es um die Entwicklung benutzerzentrierter Innovationen geht. Um in diesem Umfeld wettbewerbsfähig zu bleiben, bedarf es Methoden, die nicht nur strukturiert, sondern auch kreativ und empathisch auf neue Herausforderungen reagieren – insbesondere in Bezug auf sich wandelnde Nutzerbedürfnisse und technologische Rahmenbedingungen, wie sie im Kontext der Mensch-Technik-Interaktion von zentraler Bedeutung sind.

Eine dieser Methoden ist Design Thinking, ein agiler, interdisziplinärer Problemlösungsansatz, der branchenübergreifend Anwendung findet – etwa in der Produktentwicklung, der Verbesserung von Dienstleistungen oder der Erschließung neuer Geschäftsmodelle. Im Mittelpunkt steht dabei konsequent der Mensch mit seinen Bedürfnissen, Erfahrungen und Erwartungen. Design Thinking kombiniert kreative Denkprozesse mit strukturierter Innovationsarbeit und zielt darauf ab, tragfähige, nutzerorientierte Lösungen iterativ zu entwickeln. Wesentliche Prinzipien sind dabei Empathie, interdisziplinäre Zusammenarbeit und iterative Entwicklungsschleifen (Pötters 2022).

Trotz des Namens steht Design Thinking nicht primär für gestalterische Arbeit im engeren Sinne. Vielmehr handelt es sich um eine Denkhaltung und methodische Herangehensweise, die auf das ganzheitliche Verstehen komplexer Problemstellungen und die Entwicklung innovativer Lösungen abzielt. Anders als traditionelle wissenschaftliche Verfahren, die häufig problemzentriert und analytisch vorgehen, verbindet Design Thinking problem- und lösungsorientiertes Denken in einem dynamischen, prozesshaften Rahmen (Sirois o. J.).

In seiner praktischen Umsetzung orientiert sich Design Thinking an den agilen Prinzipien moderner Produktentwicklungsmethoden, zu denen auch Scrum, Lean Startup oder der Design Sprint zählen. Charakteristisch ist dabei der Verzicht auf ein von Beginn an definiertes Endprodukt zugunsten eines offenen Entwicklungsprozesses, der durch wiederholtes Testen, Reflektieren und Anpassen geprägt ist. Ziel ist es, durch ein vertieftes Verständnis der Nutzerperspektive Lösungen zu generieren, die sowohl funktional als auch emotional anschlussfähig sind.

Design Thinking stellt somit eine praxisorientierte Brücke zwischen Nutzerbedürfnissen, technischen Möglichkeiten und unternehmerischen Zielsetzungen dar – ein Ansatz, der die zuvor behandelten Konzepte der Gebrauchstauglichkeit, der nutzerzentrierten Gestaltung und der heuristischen Evaluation auf der methodischen Ebene fortführt und vertieft.

Design Thinking besteht aus mehreren iterativen Phasen. Die im europäischen Raum verbreitetste Version zeigt in Abb. 4.3 die 6 Phasen auf (Gehm 2022).

Diese Phasen werden im weiteren Verlauf näher erläutert.

Der Ansatz des Design Thinking entwickelte sich bereits in den 1960er-Jahren, als H. A. Simon als erster „Design" als Weg Denkens erwähnte und Nigel Cross erkannte die Wichtigkeit der Intuition und des analytischen Denkens des Designers (Sirois o. J.).

Bekannteste Väter des Design Thinking sind der Informatiker Terry Winograd und David Kelly. Um Design Thinking zielbringend und effektiv anzuwenden, ist ein gewisses Mindset wichtig.

Die Teilnehmer sollten ein gewisses Maß an Empathie mitbringen. Zudem sollten Sie Offen und experimentierfreudig sein. Dabei ist es auch erlaubt, teilweise sogar gewünschte, Fehler zu machen.

Ablaufphasen

Wie zuvor genannt, ist der in Europa am verbreiteste Design-Thinking-Ansatz der von der Design Thinking School des Hasso-Plattner-Instituts, der sechs Phasen umfasst, die in Abb. 4.3 dargestellt sind (Gehm 2022, S. 66).

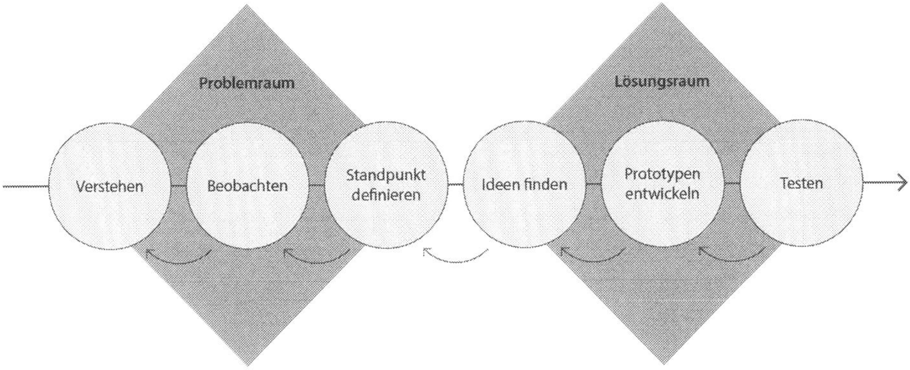

Abb. 4.3 Die sechs Phasen des Design Thinking. (In Anlehnung an HPI School of Design)

Es beginnt mit dem ersten Schritt, dem „Verstehen" und wird dann fortgesetzt, wobei die einzelnen Schritte oder Phasen immer wieder in Feedbackschleifen durchlaufen bis sich Ansätze und schließlich eine finale Lösung herauskristallisiert. Es ist also ein iterativer Prozess.

Dabei liegen die Phasen eins bis drei (Verstehen, Beobachten, Standpunkt definieren) im sogenannten Problemraum. Das bedeutet hier wird erst einmal Erkenntnisse gewonnen und ein gemeinsames Verständnis für das vorliegende Problem entwickelt.

Die Phasen vier bis sechs (Ideen definieren, Prototypen entwickeln, Testen) liegen im Lösungsraum, in dem die die gesammelten Informationen und Erkenntnisse zu Lösungen weiterentwickelt werden.

Bevor die erste Phase startet, ist es sinnvoll ein Kick-Off-Meeting mit allen Beteiligten durchzuführen mit dem Ziel die Design Challenge bzw. die Problem- oder Aufgabenstellung zu grob zu formulieren und zu betrachten (Simscheck und Kaiser 2019, S. 26).

Phase 1: Verstehen

Die erste Phase im Design-Thinking-Prozess – das Verstehen – bildet die Grundlage für den gesamten Prozess und ist daher die bedeutsamste.

In dieser Phase wird der Ist-Zustand, auch als Status Quo bezeichnet, analysiert und erfasst (Simscheck und Kaiser 2019, S. 26–29). Dazu ist es relevant, die Umwelt des zuvor grob definierten Problems zu erfassen und es im Kontext zu verstehen. Ein wesentlicher Aspekt ist dabei die Bedürfnisse von potenziellen Nutzern zu erfassen. Ziel ist es die Problemstellung zu definieren und schlüssig in einem Satz zu formulieren.

Die Aufgabenstellung kann definiert werden, um ein gemeinsames Verständnis zu gewährleisten (Lewrick et al. 2020, S. 43).

Desweitern ist eine grobe Projektplanung sinnvoll, ebenso die Bildung des Projekt-Teams (Gehm 2022, S. 67).

Im Folgenden werden einige nützliche Werkzeuge erläutert, die in der „Verstehen"-Phase zum Einsatz kommen können.

Brainstorming

Das Brainstorming ist eine vorteilhafte Methode erste Annahmen im Team zu sammeln und so alle Mitglieder auf einen Wissenstand zu bringen. Von großem Nutzen sind dabei grundlegende W-Fragen, zum Beispiel folgende:

- Wer ist der Nutzer unseres Produktes/Services?
- Wie gliedert sich unser Produkt/Service in sein Leben/Alltag ein?
- Welche Problemlösung bietet unser Produkt/Service?
- Wie und wann wird es genutzt?
- Welche Merkmale/Eigenschaften sind dabei wichtig?

Dabei können die Fragen und Ergebnisse zum Beispiel jeweils auf Post-Ist gesammelt oder untereinander auf Din A4-Bögen notiert werden. Auch in Form einer Mind-Map können die Fragen und Antworten dargestellt werden.

Bei der Sweet-und-Sour-Methode werden drei Kreise gezeichnet (z. B. auf einem Plakat der einem Whiteboard), die sich wie in Abb. 4.4 dargestellt, überschneiden. Ein Kreis repräsentiert das aktuelle Produkt/Angebot. Ein weiterer Kreis beschreibt die Wünsche des Nutzers und der letzte Kreis zeigt das Produkt von konkurrierenden Marktteilnehmern.

Nun beschriften die Projektteilnehmer Post-Ist mit Charakteristika, die das bestehende, eigene Produkt/Angebot aufweist, welche besonders von Kunden gewünscht sind und welche Eigenschaften das Konkurrenzangebot aufweist. Die Eigenschaften welche zum eigenen Angebot wie auch zu den Kundenwünschen passt (jedoch nicht zum Konkurrenzangebot), liegen im sogenannten Sweet Spot. Diese Eigenschaften bieten einen Wettbewerbsvorteil oder auch ein Alleinstellungsmerkmal (Simscheck und Kaiser 2019, S. 32; IFAAI o. J.).

Wenn ein schon bestehendes Produkt oder eine Serviceleistung weiterentwickelt oder verbessert werden soll, ist diese Methode besonders vorteilhaft.

Abb. 4.4 Sweet-und-Sour-Methode

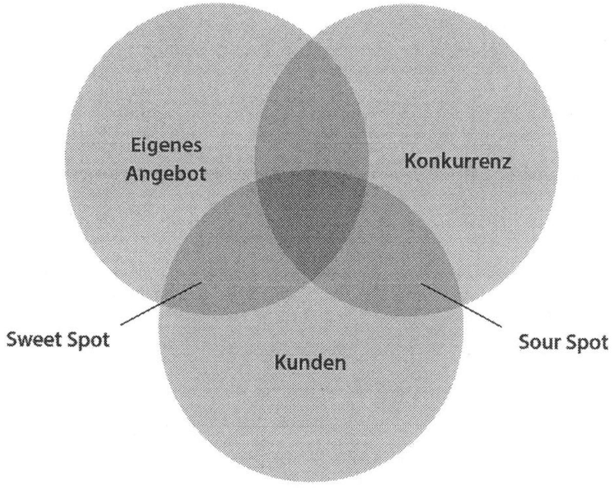

Phase 2: Beobachten

In der zweiten Phase des Design Thinking Prozesses gilt es mehr über verschiedene Nutzer, deren Erlebnisse mit dem Produkt/Service zu erfahren. Dabei werden tiefere Einblicke gewonnen und ein höheres Level an Empathie erreicht (Gehm 2022, S. 69). Hier kann man von einer Kombination aus einer quantitativen und einer qualitativen Methode sprechen. In sogenannten Feldstudien und mit diversen Techniken können Daten über das Nutzerverhalten generiert und letztendlich analysiert werden.

Das stille Beobachten oder auch „Fly on the Wall"-Verhalten ist, wenn möglich, eine hilfreiche Methode, bei der die Nutzer nicht angesprochen oder aktiv einbezogen werden, sondern ihre Verhaltensweise still beobachtet wird. Eine anschließende Befragung ist empfehlenswert.

Dabei gibt es verschiedene Interview-Arten und Vorgehensweisen, die unter Anderem in Design Thinking etablieren von Jürgen Gehm (2022, Kap. 5.5.2.2) näh er erläutert werden.

Phase 3: Standpunkt definieren

Nachdem alle relevanten Informationen zu Nutzern, existierenden Lösungen und Expertenwissen gesammelt wurden, werden diese unter den zuvor eingeteilten Recherche-Teams geteilt beziehungsweise gesammelt und zusammengeführt. Ziel ist es dabei ein typisches Nutzerprofil zu erstellen und aus diesem konkrete Bedürfnisse zu definieren. Dieses Nutzerprofil lässt sind in einer User Empathy Map darstellen (Gehm 2022, S. 73; Ess 2022, S. 27).

Das Nutzerprofil beinhaltet die gesammelten Informationen aus Befragungen und Beobachtungen von typischen Nutzern, sowie eine personelle und emotionale Beschreibung. Bereich eins umfasst dabei die personellen Informationen, Bereich zwei die Eindrücke und Verhalten sowie Denkschema des Nutzers. Bereich drei stellt die emotionale Sichtweise des Nutzers dar. Um weitere Sichtweisen auf mögliche Nutzer zu erhalten, kann auch ein zweites Nutzerprofil für eine alternative Darstellung erstellt werden. Die gesammelten Informationen schließen die Informationsbeschaffung zunächst ab, können aber durch den iterativen Prozess durch Erlangen von neuen Informationen unter Umständen überarbeitet werden (Ess 2022).

Phase 4: Ideen finden

Die Phase vier dient zur Generierung einer Vielzahl von möglichen Lösungen für die in den vorherigen Phasen definierte Design Challenge beziehungsweise Problem- oder Aufgabenstellung unter Berücksichtigung aller zuvor gesammelten Informationen.

Zur schnellen und quantitativen Lösungsfindung bietet es sich an auf Techniken zurückzugreifen, die möglichst kreative und uneingeschränkte Lösungsansätze fördert. Als Beispiel eignet sich in die Brainstorming-Technik, bei der zunächst ungefiltert eine große Zahl an Ideen gesammelt wird und in einem Ideenpool gesammelt wird. Eine grafische Darstellung einer Lösungsidee als Skizze lässt sich ebenfalls in den Ideenpool aufnehmen.

Um zu gewährleisten, dass der Prozess der Ideenfindung uneingeschränkt und ohne Wertung durchgeführt werden kann, sind grundsätzliche Regeln zu beachten. Zum ist es erforderlich, dass jeder Lösungsvorschlag ohne Unterbrechung, kurz, prägnant und leicht verständlich vorgestellt werden kann. Die dabei entstehenden Lösungsvorschläge sind an dieser Stelle nicht zu kritisieren oder als unrealistisch abzulehnen. Im Laufe es Brainstormings sollen vorherige Ideen dabei als Inspiration für weitere Vorschläge dienen (Gehm 2022; Ess 2022).

Um die Vielzahl an möglichen Ideen zu filtern beziehungsweise priorisieren zu können, müssen diese bewertet werden. Als Bewertungsmethode eignet sich neben dem Dot Voting auch eine 2 × 2 Matrix. Die Methode des Dot Votings sieht vor, dass jedes Teammitglied drei bis fünf Punktaufkleber beziehungsweise Dots erhält. Diese können nach zuvor definierten Kriterien auf dem erstellten Ideenpool verteilt werden und somit die Ideen bewertet werden. Die Ideen mit den meisten Dots werden priorisiert. Die Methode der 2 × 2 Matrix sieht dagegen eine Platzierung der Ideen nach den Kriterien der Wertigkeit und Mühe vor. Ideen die dabei viel Mühe sowie einen niedrigen Wert aufweisen, sind zu verwerfen. Weisen die Ideen dagegen einen hohen Wert und eine geringe Mühe auf, so sind diese weiterzuverfolgen (Lewrick et al. 2020).

Der letzte Schritt dieser Phase besteht darin, die priorisierten Ideen einheitlich zu beschreiben, um diese miteinander vergleichen zu können. Ein Ideensteckbrief ist eine geeignete Methode zur übersichtlichen Darstellung in vereinheitlichter Form. (Tab. 4.1)

Durch den einheitlichen Vergleich werden die besten Ideen bestimmt und als Grundlage für die Entwicklung von Prototypen in Phase fünf verwendet.

Phase 5: Prototyp entwickeln

In dieser Phase werden aus den zuvor gesammelten Informationen zweckdienliche Prototypen in kurzer Zeit entwickelt. Zur Visualisierung der Ideen aus den vorherigen Kapiteln stehen dazu vielseitige Instrumente zur Verfügung. Diese sollen dem Nutzer in der nachfolgenden Phase eine Interaktion mit dem Prototyp ermöglichen (Ess 2022; Gehm 2022).

Tab. 4.1 Beispiel Ideensteckbrief. (Ess 2022)

Titel der Idee:	
Bedürfnis Welche Nutzer fordern die Idee? Welche unbefriedigten Bedürfnisse erfüllt die Idee?	Lösung Welchen Einfluss hat die Idee auf Fähigkeiten und Ressourcen des Unternehmens? Wie erzeugt die Idee einen Nutzen? Wie wird das Unternehmen einen Wettbewerbsvorteil mit der Idee erzeugen?
…	…
Nutzen Welchen Nutzen wird der User erhalten? Welchen Nutzen wird das Unternehmen erhalten? Welche anderen Beteiligten werden einen Nutzen erhalten?	Wettbewerb Welche Unternehmen befriedigen derzeit das Bedürfnis? Wie werden diese Unternehmen auf die Idee reagieren?
…	…

Mögliche Instrumente sind dabei zum Beispiel Skizzen, eine Story, ein Film, ein Modell oder Kombinationen der genannten Optionen.

Die Prototypen sollen mit einfachsten Mitteln und in kurzer Zeit erstellt werden und erst in einem iterativen Prozess verbessert werden. Eine Skizze ist universell zur Darstellung von zum Beispiel Dienstleitungen, Produkten oder Prozessen geeignet. Eine Story kann dem Nutzer in Form eines Rollenspiels die Anwendung der Idee nähergebracht werden und dabei das Nutzererlebnis in dem vorgesehenen Anwendungsfall wiedergeben. Analog lässt sich dies auch durch Erstellung eines Films realisieren, bei dem der typische Nutzer dargestellt wird. Die Option der Umsetzung des Protortypen als materielles Modell bietet sich besonders an, um diesen für den Nutzer greifbar darzustellen. Die Auswahl des Materials kann dabei aus einfachsten Mitteln wie zum Beispiel Karton, Styropor, Knete, Lego oder sogar durch einen 3D-Druck gewählt werden. Eine Kombination der zuvor genannten Instrumente zur Darstellung der Prototypen verbessern das Nutzererlebnis und ermöglichen somit eine realistische Interaktion. Ein Beispiel einer möglichst realistischen Interaktion wäre die Kombination aus Rollenspiel und 3D-Modell, bei dem der Nutzer den Prototypen im vorgesehenen Anwendungsfall testen kann (Ess 2022; Gehm 2022).

Der Design-Thinking-Prozess zielt darauf ab, durch diese Vorgehensweise ein möglichst schnelles Feedback der Nutzer und die damit mögliche Weiterentwicklungen der Prototypen zu erhalten. Bei der Umsetzung ist daher darauf zu achten, dass allein die zu überprüfenden Funktionen berücksichtigt werden und somit Ressourcen für nicht relevante Funktionen eingespart werden können. Ein solches Vorgehen wird auch als Minimum Viable Product bezeichnet. Die darzustellende Idee soll für den Nutzer somit greif,- erleb und sichtbar werden (Gehm 2022; Lewrick et al. 2020).

Phase 6: Testen

Diese Phase setzt die in der vorherigen Phase erstellten Protortypen mit dem potenziellen Nutzer in Verbindung. Das Testen durch den Nutzer soll eine Analyse und Bewertung der Ideen ermöglichen. Die daraus gewonnen Erkenntnisse werden anschließend dazu genutzt die Prototypen in einem iterativen Prozess zu einer Lösung weiterzuentwickeln. Zu Beginn dieses Prozesses bietet es sich an Prototypen mit einem niedrigem Detailgrad zu verwenden, um schneller ein Feedback durch das Nutzerverhalten und somit eine Richtungsvorgabe für die nächsten Entwicklungsstufen zu erhalten (Gehm 2022; Ess 2022).

Durch die Auswertung der Test sollen Informationen generiert werden, die getroffene Annahmen und Umsetzbarkeiten zu bestätigen oder zu widerlegen. Eine Testgruppe von fünf potenziellen Nutzern reicht in der Regel aus, um qualitative Ergebnisse zu erhalten. Die Nutzer sollen dabei durch die in der vorherigen Phase genannten Darstellungsmöglichkeiten in eine Situation gebracht werden, die einer typischen Anwendung für den Einsatz des zu testenden Prototyps entspricht. Die Schritte zur Durchführung der Tests erfordert daher zunächst die Auswahl der potenziellen Nutzer und einer geeigneten Situation. Hierzu sollte auf die in Phase zwei ermittelten Informationen zurückgegriffen werden. Der Ablauf der Tests sieht vor, dass ein oder mehrere Prototypen den Nutzern vorgestellt werden, die Nutzer anschließend bei der Verwendung beobachtet werden und

Tab. 4.2 Beispiel für ein Bewertungsprotokoll. (Schallmo 2018, S. 111)

Datum/Uhrzeit:	Ort:	Interviewer:
Positive Eigenschaften	Veränderungen	Offene Fragen
Was begeistert den User?	Was würde der User verändern?	Welche offenen Fragen hat der User?
…	…	…

dabei relevante Fragen gestellt bekommen. Es bietet sich an, die gewonnenen Erkenntnisse in einem Bewertungsprotokoll zu dokumentieren und anschließend für die nächste Iteration der Prototypen zu analysieren. Ein vereinfachtes Beispiel für ein Bewertungsprotokoll wird in Tab. 4.2 dargestellt (Ess 2022; Simscheck und Kaiser 2019).

Durch den iterativen Prozess des Design Thinkings ist es meist erforderlich mit den aus den Tests neu gewonnen Erkenntnissen eine oder mehrere Phasen zurückzugehen und die darauffolgenden Phasen erneut zu bearbeiten (siehe Abb. 4.3). Der Prozess ist abgeschlossen, wenn die Iterationen zu einer zufriedenstellenden Lösung konvergieren und sich final der detaillierte sowie ausgearbeitete Prototyp nahe dem Niveau der Marktreife befindet.

4.8 Use Case

Um dieses Kapitel mit einem typischen Beispiel aus der Welt der Gebrauchstauglichkeit abzuschließen, sowie die zuvor dargestellten Evaluationsmethoden der Gebrauchstauglichkeitsforschung zu veranschaulichen wird nun exemplarisch ein praxisnaher Use Case vorgestellt, der zeigt, wie diese Konzepte in einem realen Anwendungskontext zusammenwirken können.

Im Zentrum steht dabei ein klassischer Nutzungstest, der methodisch auf einer seriellen Kombination der „Thinking Aloud"-Methode mit einer anschließenden Eye-Tracking-Analyse basiert. Dieses methodische Vorgehen vereint qualitative und quantitative Evaluationsansätze zu einem umfassenden Bild der Mensch-Technik-Interaktion.

Zunächst wird durch das laute Denken („Thinking Aloud") ein Einblick in die kognitiven Prozesse der Testpersonen während der Nutzung des Systems gewonnen. Dabei äußern die Probanden ihre Gedanken, Erwartungen, Unsicherheiten und Bewertungen in Echtzeit während der Interaktion mit der Benutzeroberfläche. Dies erlaubt es, mentale Modelle und erste Barrieren in der Bedienbarkeit offen zu legen.

Ergänzend hierzu folgt eine Eye-Tracking-Analyse, die es ermöglicht, das visuelle Such- und Navigationsverhalten objektiv zu erfassen. Mithilfe dieser Technologie werden Fixationen, Blickverläufe und Aufmerksamkeitsverteilungen präzise dokumentiert. Auf diese Weise können unter anderem unzureichend gestaltete Interface-Bereiche, ineffiziente Informationsarchitekturen oder visuelle Ablenkungen identifiziert werden.

Die Kombination beider Methoden bietet ein besonders aussagekräftiges Bild der Interaktion: Während Thinking Aloud die subjektiven Einschätzungen und bewussten Entscheidungen der Nutzenden aufdeckt, macht das Eye-Tracking unbewusste visuelle und kognitive Prozesse sichtbar, die oft durch klassische Befragungen nicht erfasst werden können. Der folgende Use Case veranschaulicht exemplarisch, wie diese kombinierte Vorgehensweise in einem praxisnahen Evaluationskontext zur Anwendung kommt und welchen Erkenntnisgewinn sie für die nutzerzentrierte Gestaltung interaktiver Systeme ermöglicht. Untersuchungsgegenstand ist eine Webseite, die sich neben der Förderung von sozialen Projekten mit Aktionen und Kampagnen für Inklusionen von Menschen mit und ohne Behinderung einsetzt. Hierfür werden unter anderem die Einnahmen aus Lotterieaktionen verwendet. Vier Millionen Menschen nehmen regelmäßig an dieser Lotterie teil. Dabei steht nicht nur der Gedanke an einen persönlichen Gewinn, sondern soziales Engagement im Vordergrund. Die Lotterie richtet sich an Privatkunden wie auch an Geschäftskunden. Zur Auswahl stehen drei verschiedene Losarten. Die Förderprojekte befassen sich beispielsweise mit Barrierefreiheit oder der Unterstützung von Familien mit Menschen mit Behinderung.

Die oder den Anwender gibt es nicht. Anwender haben unterschiedliche Ziele und Bedürfnisse. Gute Produkte sind auf die Bedürfnisse möglichst einer Anwendergruppe optimiert. Am Anfang jeder Produktentwicklung stehen die Fragen: „Wer benutzt mein Produkt?" und „Welche Ziele verfolgen die Benutzer meines Produkts?" Zur Identifikation relevanter Benutzergruppen wurden zwei Benutzergruppenmerkmale (Alter und Erfahrung) festgelegt (siehe dazu Abb. 4.5). Insgesamt wurden drei Probanden rekrutiert.

Vorgelagert zum Thinking Aloud und der Eyetracking-Messung wird ein Pre-Interview mit den Probanden durchgeführt, um diese an das Thema des Testgegenstands heranzuführen. Des Weiteren werden erste Erkenntnisse über die Einstellungen des Probanden zum Testgegenstand deutlich. Das Pre-Interview hat vor allem zum Ziel, den Probanden sowie den Interviewer in ihren Rollen zu bekräftigen

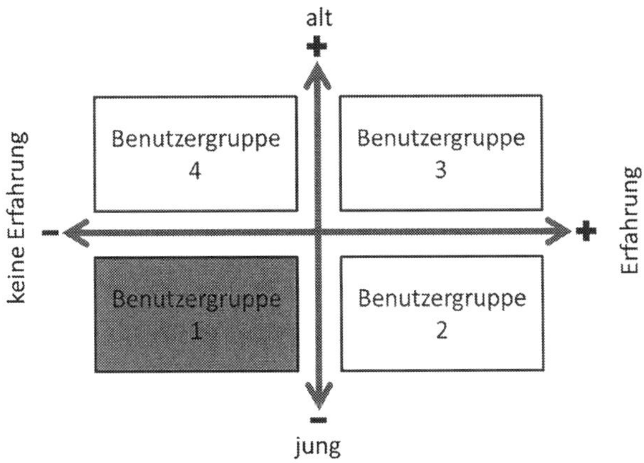

Abb. 4.5 Benutzergruppenmerkmale

Um sich eine Vorstellung darüber zu verschaffen, wie eine Ergebnisanalyse solcher Tests aussieht, werden im Folgenden alle Resultate nach den Messmethoden aufgezeigt:

Thinking Aloud
Diese Aufgaben sollten bearbeitet werden:

Aufgabe 1
Sie sind auf der Suche nach einem passenden Weihnachtsgeschenk für Ihre Bekannte. Durch einen Freund sind Sie auf die Idee gekommen ein Los der Aktion Mensch zu erwerben. Bitte informieren Sie sich auf der Webseite über die Möglichkeiten ein Los mit einem individuellen Design zu verschicken und suchen Sie sich ein passendes Motiv aus.

Aufgabe 2
Sie möchten ein Spendenprojekt fördern. Suchen Sie auf der Website der Aktion Mensch nach für Sie interessanten Spenden und Fördermöglichkeiten.

Aufgabe 3
Sie haben Ihr Weihnachtsgeld bekommen und möchten einen Teil davon in ein Los investieren. Ihr Limit liegt bei 30€. Suchen Sie ein Los aus, das Sie mit diesem Guthaben erwerben können und tätigen Sie den Kauf ohne eine Registrierung. Bitte brechen Sie den Vorgang vor dem Bestätigen ab. Daten für die Eingabe siehe unten.

Aufgabe 4
Sie haben bereits ein Los erworben und möchten nun prüfen, ob ihr Los mit der Nummer: 999178721 gewonnen hat.

Aufgabe 5
Ihre Bekannte hat keinen Internetzugang und möchte dennoch eigenständig ein Los der Aktion Mensch erwerben. Prüfen Sie, ob und wenn ja, wo dies möglich ist.

Daten für die Kaufabwicklung: Herr Max Mustermann, Musterweg 13/1, 78456 Musterstadt, Muster@aol.de, Geburtsdatum: 17.06.1963

In Tab. 4.3 ist das vollständige Ergebnis des Thinking Alouds ersichtlich. Dabei markiert „ROT“ kritische Nutzungssituationen, die die Dialogkriterien der DIN ISO 9241 verletzen. „GRÜNE“ Hinterlegungen zeigen, dass Kleinigkeiten angepasst werden können, um die Verständlichkeit zu erhöhen. „GELB“ zeigt einen Handlungsbedarf. Alles ist in der jeweiligen Begründung und in der Designempfehlung beschrieben.

Eyetracking
Das Eye-Tracking dient im Nutzungstest dazu, festzustellen, welcher Bereich der Benutzungsoberfläche von den Anwendern fixiert wird. Daraus kann zum Beispiel geschlossen werden, ob Graphical User Interfaces (GUI-Elemente) am richtigen Platz oder nahe genug beieinander liegen. Wichtig ist, dass Anwender nicht abgelenkt werden. Im Folgenden werden einzelne Ausschnitte des Testgegenstandes abgebildet und analysiert.

Tab. 4.3 Ergebnis Thinking Alouds

ID	Kritische Nutzungssituation	Verstoß nach ISO 9241-110	Begründung	Designempfehlung
1. GELB	Der Benutzer ist verwirrt, er weiß nicht, ob er unter Privatkunde oder Geschäftskunde suchen soll.	Selbstbeschreibungsfähigkeit	Die Bezeichnung „Privatkunde“ und „Geschäftskunde“ ist irreführend, da die Begriffe nicht erklärt werden.	Implementierung einer Mouse-over-Funktion.
2. GELB	Der Benutzer ist verwirrt. Er weiß nicht, welches Los individuell gestaltet werden kann.	Aufgabenangemessenheit	Auf die Möglichkeit des individuellen Gestaltens wird nicht offensichtlich genug hingewiesen.	In der Beschreibung der verschiedenen Lose explizit erwähnen, dass es individuell gestaltbar ist.
3. GELB	Der Benutzer ist verwirrt. Er versteht nicht, warum Schritt 1 übersprungen wird.	Selbstbeschreibungsfähigkeit	Das Gesetz der Nähe wurde verletzt. Die Aufzählung ist unstimmig und Schritt 1 wird übersehen.	Anordnung des Bildes und Schritt 1 ändern.
4. GELB	Der Benutzer ist verwirrt. Er versteht nicht, warum die Option „Los gestalten“ sehr weit unten in der Ecke liegt.	Aufgabenangemessenheit	Die Option „Los gestalten“ liegt außerhalb des Sichtfeldes und unterhalb des Warenkorbs. Es wird übersehen.	Vorauswahl „Los kaufen für mich“ oder „Los verschenken“ mit der Option „Los gestalten“ auf der vorangehenden Seite.
5. GELB	Der Benutzer ist verwirrt. Die Seite ist zu lang.	Selbstbeschreibungsfähigkeit	Im ersten Teil der Seite werden nicht alle wichtigen Informationen gegeben. Der Benutzer muss um die eigentliche Aktion auszuführen auf der Seite hin und her scrollen.	Unwichtige Informationen klein halten oder in den unteren Teil der Seite. Die Kopfzeilen verkleinern. Das eigentliche Aktionsfeld breiter und von oben nach unten gestalten.
6. ROT	Der Benutzer wundert sich. Er muss viel suchen.	Erwartungskonformität	Die Begriffe, die für die Aktionen benötigt werden, sind nicht eindeutig,	Begrifflichkeiten eingrenzen und eindeutiger benennen.

(Fortsetzung)

Tab. 4.3 (Fortsetzung)

ID	Kritische Nutzungssituation	Verstoß nach ISO 9241-110	Begründung	Designempfehlung
7. ROT	Der Benutzer ist verwirrt. Er erhält wenige Informationsmöglichkeiten.	Lernförderlichkeit	Bei der Vorauswahl der Lose fehlt eine Hilfefunktion, um vorab ohne eine Auswahl zu treffen und Informationen gewinnen zu können.	Förderung der Lernförderlichkeit mittels eines Live-Chatfensters.
8. GELB	Der Benutzer ist verwirrt. Er versteht nicht, warum das Eurozeichen wie ein Fragezeichen aussieht.	Selbstbeschreibungsfähigkeit	Die Zusatzinformation mit Mouse-over-Funktion ist verwirrend an dieser Stelle.	Die Hilfefunktion kann in diesem Fall entfernt werden, da das Eurozeichen allgemein bekannt ist.
9. GELB	Der Benutzer ist verwirrt. Er wundert sich über die langsame Performance der Seite.	Selbstbeschreibungsfähigkeit	Die Zeit, die der Benutzer benötigt, um eine Aufgabe zu erfüllen, ist zu lang.	Siehe Designempfehlung ID 5
10. GELB	Der Benutzer ist verwirrt. Er klickt auf das erste Los in der Reihe, weil er davon ausgeht, dass dies am meisten gekauft wird.	Erwartungskonformität	Die Darstellung der verschiedenen Lose gibt keinen Aufschluss darüber, welches Los für den Benutzer in Frage kommt.	Abschnitt „Finde in wenigen Schritten das passende Los“ vor die Auswahl des Loses stellen. Idee: Loskonfigurator.
11. ROT	Der Benutzer ist verwundert. Er vermutet über das Logo Aktion Mensch auf die Startseite zu gelangen aber landet auf einer anderen Seite.	Erwartungskonformität	Das mentale Modell Logo klicken – auf die Startseite gelangen, ist verletzt.	Bei Klick auf Logo Verlinkung zur Ursprungs-Startseite.
12. GELB	Der Benutzer ist verwirrt. Er hat einen Hintergrund für sein Motiv festgelegt. Das Design hat sich aber nicht verändert.	Fehlertoleranz	Der Hinweis „Hintergrund ist nur sichtbar wenn ein Motiv nicht vollständig angezeigt wird“ sagt nicht aus, dass etwas falsch ist.	Hinweis in Fehlermeldung umwandeln.

ID	Kritische Nutzungssituation	Verstoß nach ISO 9241-110	Begründung	Designempfehlung
13. GELB	Der Benutzer ist verwirrt. Er sieht die Fehlermeldung zu ID 12 nicht sofort.	Fehlertoleranz	Hinweis ist nicht auffällig genug.	Fehlermeldung farblich anpassen (rot) und Symbol Ausrufezeichen statt Glühbirne.
14. GELB	Der Benutzer ist verwirrt. Der weiße Rahmen, der nach Auswahl der Motive der Geschenkkarten sichtbar wird, irritiert.	Erwartungskonformität	Der weiße Rahmen erscheint erst nach der Auswahl der Motive im Gestaltungsfenster.	Weißen Rahmen entfernen.
15. ROT	Der Benutzer ist verwirrt. Er kommt nicht auf die Ausgangsstartseite zurück.	Steuerbarkeit	Die vorhandenen Buttons führen alle nicht zur Startseite.	Möglichkeit der Rückkehrfunktion durch die Pfeiltasten in beide Richtungen gleich gestalten.
16. GELB	Der Benutzer ist verwirrt. Die Kategorien der verschiedenen Menüleisten sind unterschiedlich.	Erwartungskonformität	Die Unterpunkte der Menüleiste entsprechen nicht den Oberpunkten der Menüleiste.	Die Bezeichnungen der beiden Menüleisten einheitlich benennen.
17. GELB	Der Benutzer ist verwirrt. Er sucht nach einem Sinn für das ständig neu aufpoppende Pop Up Fenster.	Aufgabenangemessenheit	Pop-Up-Fenster poppt bei jeder Aktion auf der Seite erneut auf und stört den Ablauf.	Mehrmaliges Aufpoppen vermeiden und automatisches Schließen nach ein paar Sekunden.
18. ROT	Der Benutzer ist verwirrt. Er weiß nicht, ob er unter dem Punkt „Förderung“ fördern kann oder gefördert wird.	Selbstbeschreibungsfähigkeit	Der Begriff ist nicht eindeutig und es fehlen direkte Informationen dazu.	Unter den Begriff „Förderung“ einen Untertitel mit der Erklärung hinterlegen.
19. GELB	Der Benutzer ist verwirrt. Beim Suchen der Startseite erhält er eine zusätzliche Menüleiste mit redundanten Informationen.	Aufgabenangemessenheit	Redundante Informationen führen zu Irritationen der Benutzer.	Leiste entfernen.
20. GELB	Der Benutzer ist verwirrt. Er weiß nicht, ob er ein Los kaufen muss, um zu spenden.	Selbstbeschreibungsfähigkeit	Es fehlen genauere Informationen zu den Verwendungen des Geldes und den Möglichkeiten zu spenden.	Direkt auf der Startseite kurzer Text mit allen Optionen zu Spendemöglichkeiten hinterlegen.

(Fortsetzung)

Tab. 4.3 (Fortsetzung)

ID	Kritische Nutzungssituation	Verstoß nach ISO 9241-110	Begründung	Designempfehlung
21. GELB	Der Benutzer ist verwirrt. Die Bezeichnung der Lose erscheint ihm nicht logisch.	Selbstbeschreibungsfähigkeit	Der Name der Lose sagt nichts über die Laufdauer, Gewinnchance etc. aus.	Oberkategorien festlegen und vor die Auswahl der Lose legen.
22. GELB	Der Benutzer ist verwirrt. Ihm ist nicht klar, welche Laufzeit das Los hat.	Selbstbeschreibungsfähigkeit	Siehe Begründung ID 21.	Siehe Designvorschlag ID 21.
23. GRÜN	Der Benutzer empfindet die Registrierung als flüssig und die Eingabefelder gut gestaltet.	Aufgabenangemessenheit		
24. GRÜN	Der Benutzer empfindet das Entfernen von Waren aus dem Warenkorb recht einfach.	Steuerbarkeit		
25. GRÜN	Dem Benutzer ist sofort klar, wie die Losnummer überprüft wird und empfindet den Vorgang des Prüfens der Losnummer als sehr schnell.	Aufgabenangemessenheit		
26. GELB	Der Benutzer ist verwirrt. Er erwartet, dass unter „allgemeine Information" beschrieben wird, wie man an ein Los kommt.	Erwartungskonformität	Der Loskauf gehört zu den Hauptaktionen der Seite. Der Benutzer erwartet eine Beschreibung dessen unter „allgemeine Informationen".	FAQ vor A-Z einpflegen.
27. GELB	Der Benutzer ist verwirrt. Die oberste Menüleiste der Seite erscheint wie eine Browserleiste.	Erwartungskonformität	Die Farbgebung und die Position der Menüleiste ähneln gängiger Browserleisten. Es ist nicht eindeutig welche Leiste zur Navigation verwendet werden soll.	Leiste entfernen.
28. GRÜN	Der Benutzer bewertet den Engagement-o-mat als gut.	Lernförderlichkeit		

Als erstes folgt die Fokus Map. Sie stellt die Bereiche, die aufmerksam betrachtet wurden transparenter als jene dar, die nicht oder nicht besonders aufmerksam betrachtet wurden. Dabei lassen sich die undurchsichtige Farbe, die Deckkraft sowie die Größe des Kerns einstellen. Nachteil der Fokus Map ist, dass umliegende Bereiche der Fokuspunkte nicht sichtbar sind.

Die Aufgabe der Probanden für das Eyetracking lautete wie folgt:

Informieren Sie sich über die Möglichkeiten sich sozial zu engagieren und entscheiden sie sich für ein Förderprojekt.

Die Ergebnisse der Fokus-Map auf der Starseite (Abb. 4.6) zeigen, dass der Fokus der Probanden vor allem auf den Punkten Fördern und Engagement sowie auf dem Gesicht der Personen des Hauptbildes liegen. Der komplette untere Teil der Seite wird so gut wie nicht beachtet. Daran lässt sich erkennen, dass die Probanden nicht bis zum Ende der Seite scrollen und nur einen Teil der Informationen, die auf der Startseite abgebildet sind, wahrnehmen.

Abb. 4.7 zeigt, dass vor allem die Überschriften der verschiedenen Rubriken beachtet werden. Bilder liegen wider Erwarten nicht im Fokus der Probanden.

Abb. 4.6 Fokus Map Startseite

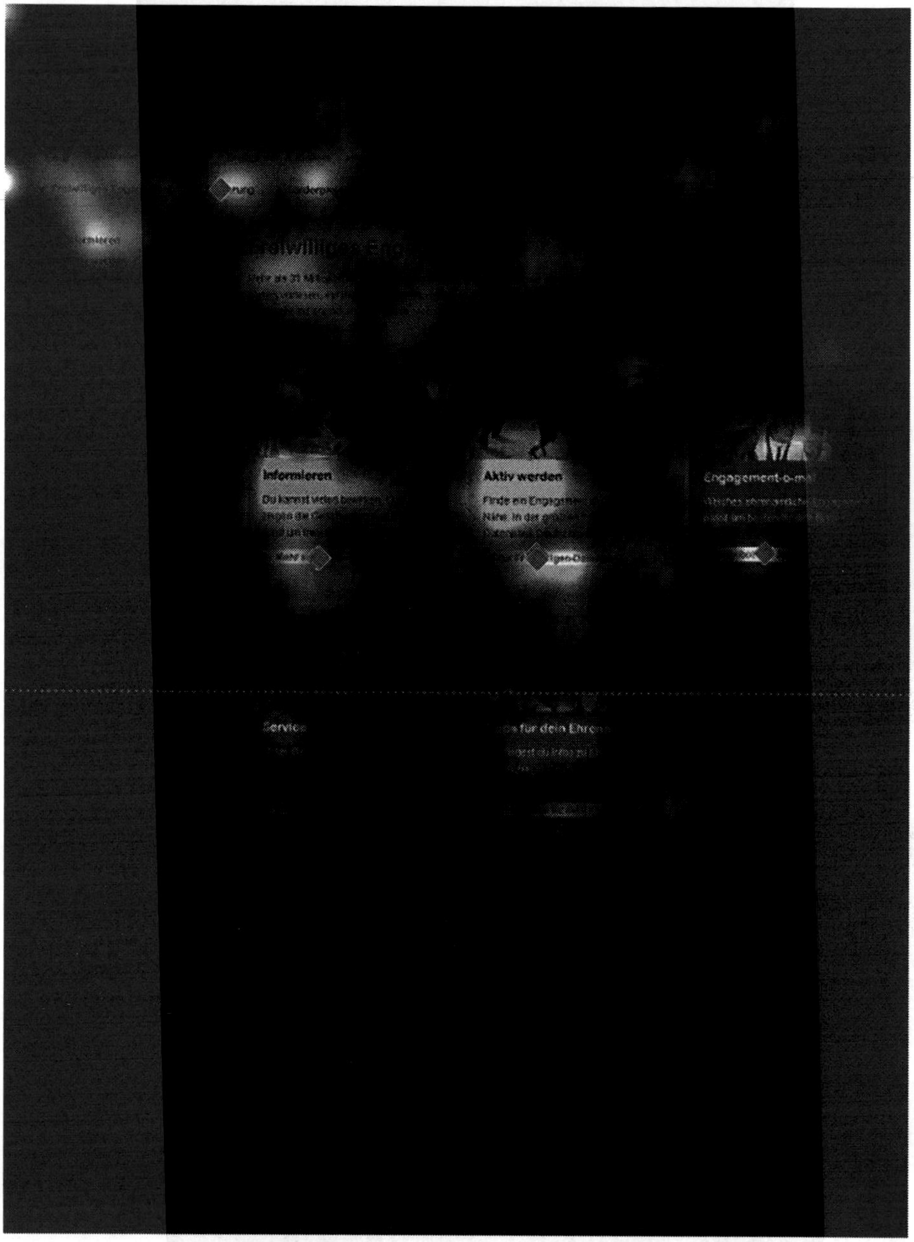

Abb. 4.7 Fokus Map Freiwilliges Engagement

Abb. 4.8 verdeutlicht erneut, dass der Fokus nicht auf den Abbildungen dieser Seite sondern auf dem Link zur Unterrubrik und den Überschriften liegt. Außerdem liegt der Fokus auf den Unterpunkten der Rubrik „Informieren“ (links).

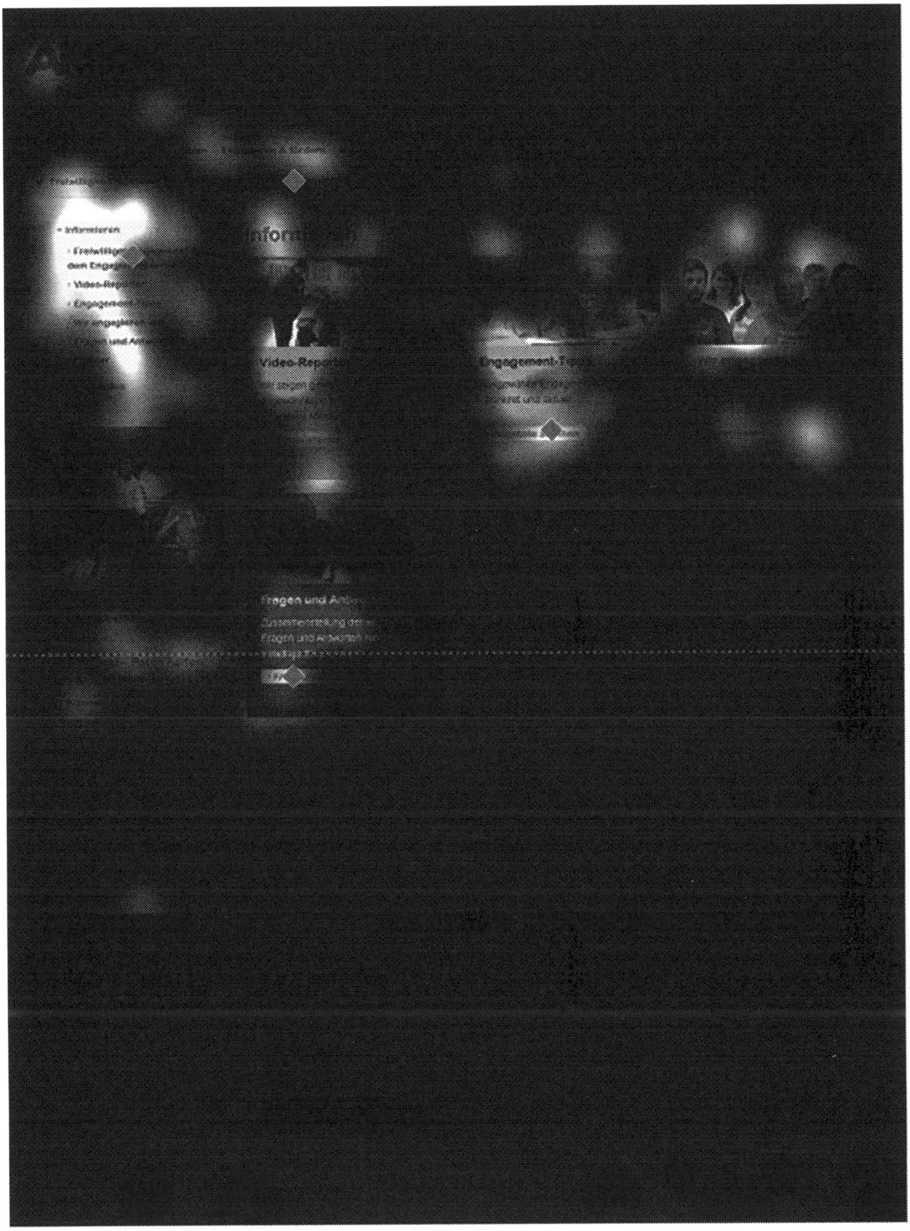

Abb. 4.8 Fokus Map Information

Sehr auffällig in Abb. 4.9 ist die gleichmäßige Verteilung der Fokussierung auf die Überschriften. Keine Beachtung finden hingegen die Filter oberhalb der Rubriken. Im Gegensatz zu den vorangegangenen Seiten werden hier sowohl der obere als auch der untere Teil der Seite angesehen.

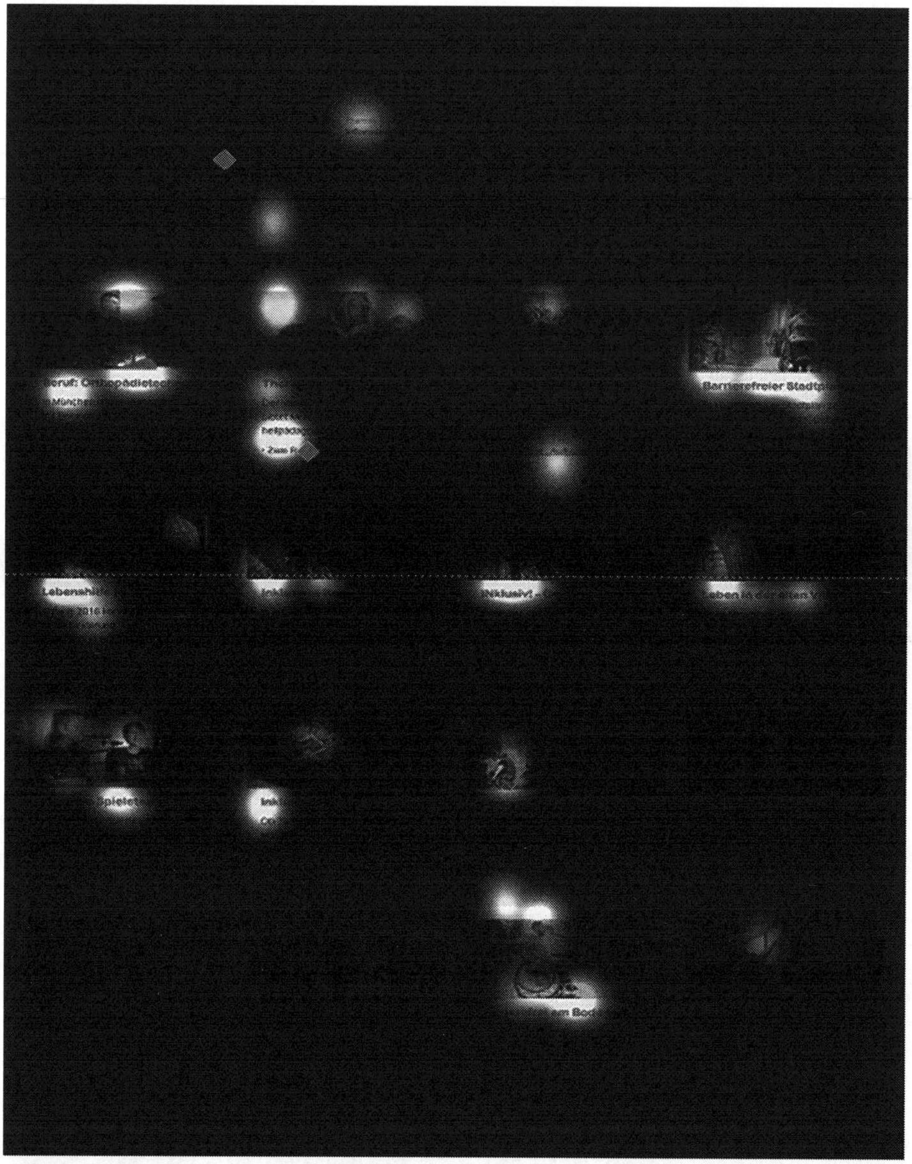

Abb. 4.9 Fokus Map Förderprojekte

Für den Testgegenstand wird durch eine Kombination der Vorteile der verschiedenen Darstellungen eine ganzheitliche Betrachtung erreicht.

In Abb. 4.10 werden vor allem die umliegenden Bereiche sichtbar, die in der Abb. 4.7 verdeckt waren. Wenig Beachtung finden längere Texte als auch der untere Teil der Seite.

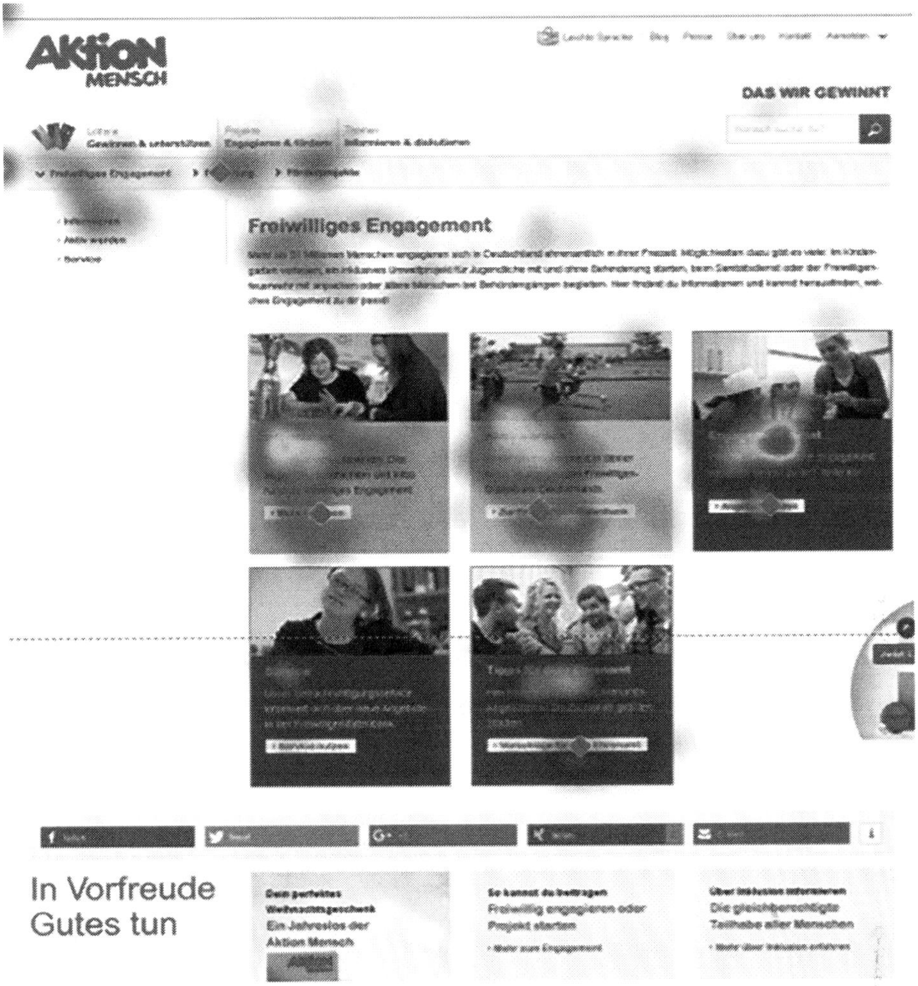

Abb. 4.10 Heat Map Freiwilliges Engagement

Abb. 4.11 zeigt, dass bei der Seite „Information“ Rubriken mit auffälligen Farben mehr Aufmerksamkeit auf sich ziehen. Die grau hinterlegte Rubrik rechts sowie der grau hinterlegte Block links weisen eine kürzere Verweildauer auf.

Abb. 4.12 zeigt ergänzend zur Fokus Map in Abb. 4.9, dass die höchste Verweildauer nicht den einzelnen Rubriken, sondern dem ständig aufklappenden Pop-Up-Fenster zugeschrieben wird.

Abb. 4.13 ergänzt Abb. 4.6 um Aussagen über die umliegenden Bereiche. Neben „Gewinnen und unterstützen“ und „Engagieren und Fördern“ wird das Suchfeld und die untenstehende Rubrik „Informationen für …“ betrachtet. Das Pop-Up-Fenster reißt hier keine Aufmerksamkeit an sich.

Abb. 4.11 Heat Map Information

Anhand dieser Ergebnisse lassen sich nun Gestaltungsvorschläge für ein Redesign der Webseite herleiten. Um diese dann erneut zu validieren, müsste ein weiterer Nutzertest mit der optimierten Seite durchgeführt werden. Kritisch zu betrachten ist, dass beim Thinking Aloud ein falscher Eindruck entstehen kann, da der Nutzer nicht ausschließlich das beschreibt, was er sieht, sondern auch eigene Theorien in den Test einbindet. Auch wenn die Methode zu einer der wichtigsten Methoden im Usability Testing gehört, fällt es den Nutzern oft schwer, sich über die gesamte Testdauer laut zu äußern. Insgesamt ist festzuhalten, dass nicht jeder einzelne Gedanke eines Probanden erhoben werden kann. Probanden filtern bewusst oder unbewusst ihre Aussagen vor. Dagegen steht, dass auch nicht jeder Gedanke des Probanden für den Test relevant ist (Rubin und Chisnell 2008).

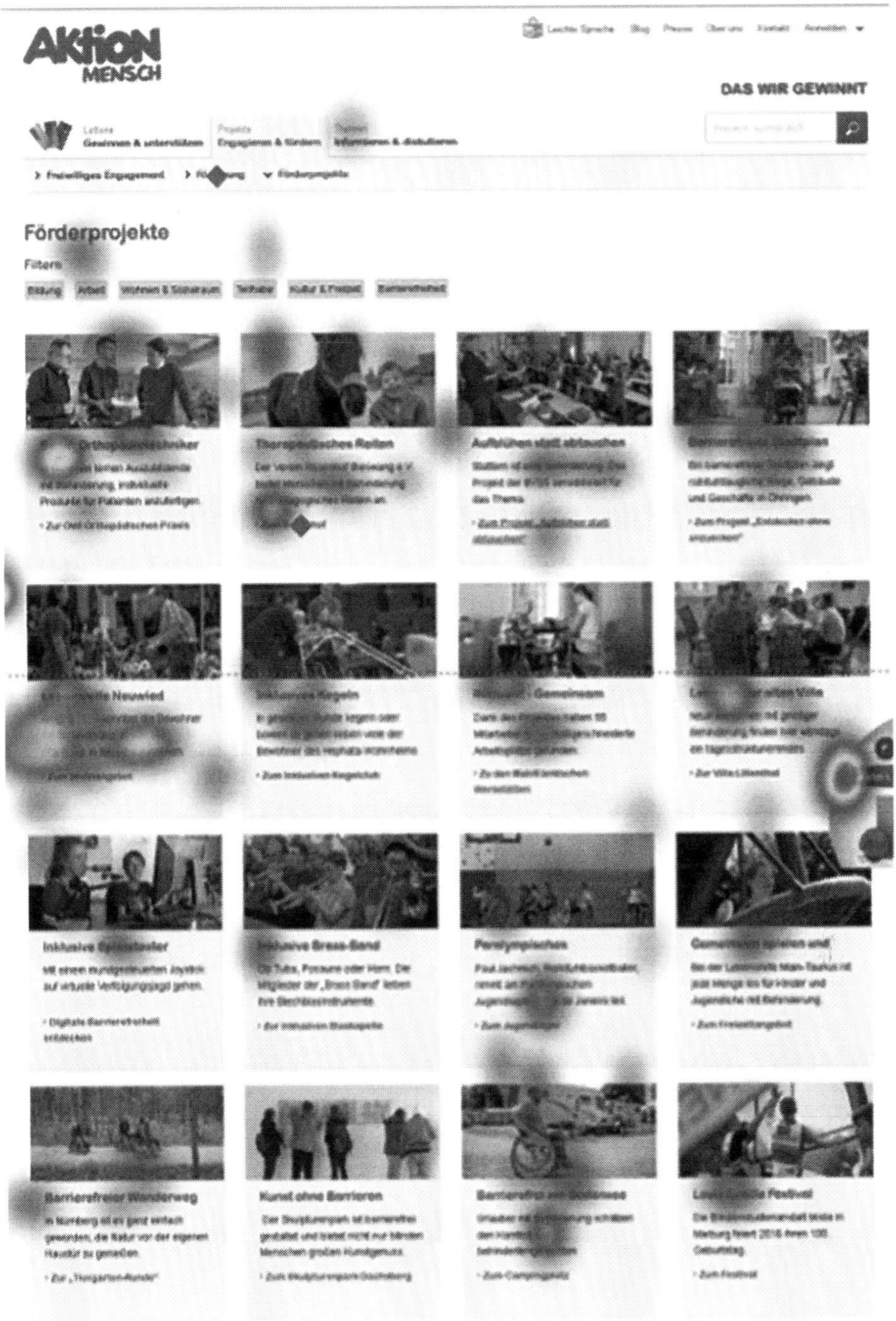

Abb. 4.12 Heat Map Förderprojekte

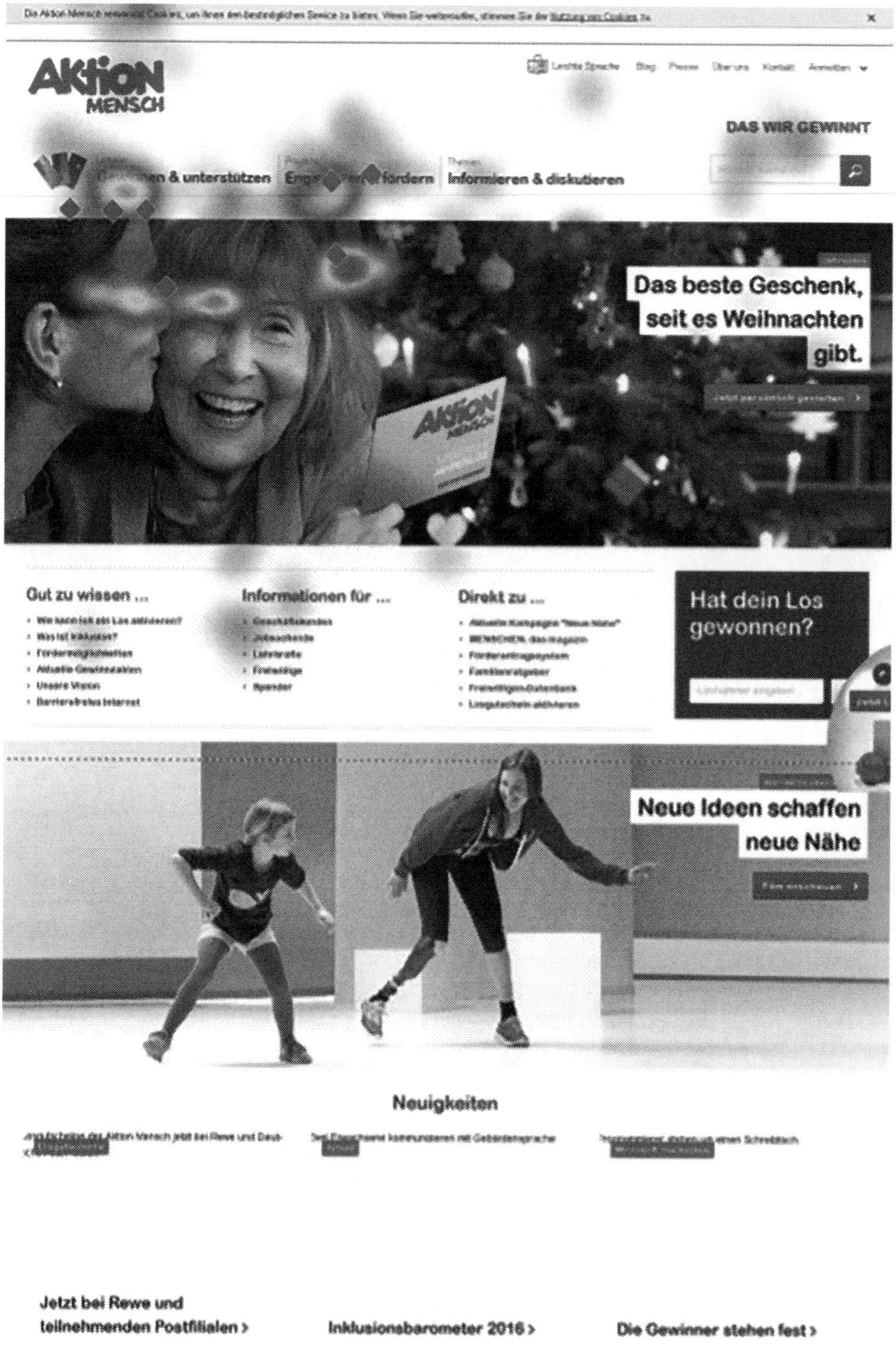

Abb. 4.13 Heat Map Startseite

Beim Eye-Tracking kann es zu Erfassungsproblemen kommen, zum Beispiel wenn der Anwender sich zurücklehnt. Außerdem bedeutet eine Fixierung nicht immer, dass der Bereich wahrgenommen beziehungsweise Inhalte verstanden werden. Lange Fixationszeiten können auch bedeuten, dass Inhalte schwer verständlich sind.

Das vorliegende Kapitel hat zentrale Konzepte, Prinzipien und Methoden der Gebrauchstauglichkeitsforschung im Kontext der Mensch-Technik-Interaktion systematisch aufgearbeitet. Ausgangspunkt bildete die theoretische Fundierung durch Interaktionsdesign, benutzerzentrierte Gestaltung und Kompatibilitätsprinzipien, die verdeutlichen, dass gebrauchstaugliche Systeme nicht nur funktional, sondern auch ästhetisch, emotional und kognitiv ansprechend gestaltet sein müssen. Darauf aufbauend wurden bewährte Evaluationsverfahren vorgestellt – von heuristischen und expertenbasierten Methoden bis hin zu nutzerzentrierten Verfahren wie Thinking Aloud, Eye-Tracking und Fragebogenanalysen.

Die dargestellten Methoden und Ansätze machen deutlich, dass die Entwicklung gebrauchstauglicher Systeme ein interdisziplinäres Zusammenspiel aus Technik, Psychologie, Design und Empirie erfordert. Dabei wurde auch auf Grenzen und Herausforderungen eingegangen, etwa die kulturelle Kontextabhängigkeit von Heuristiken oder die dynamischen Anforderungen moderner Nutzungskontexte.

Abschließend lässt sich festhalten: Eine hohe Gebrauchstauglichkeit kann nur durch kontinuierliche, nutzerzentrierte Evaluation sichergestellt werden. Sie bildet die Grundlage für Akzeptanz, Effizienz und positive Nutzererfahrungen – und ist damit ein Schlüsselfaktor für den Erfolg interaktiver Systeme im digitalen Zeitalter.

Literatur

Bekavac, B., Schneider, R., & Schweibenz, W. (2011). Benutzerorientierte Bibliotheken im Web: Usability-Methoden, Umsetzung und Trends. De Gruyter Saur, Berlin.

BMAS – Bundesministerium für Arbeit und Soziales (o. J.). Arbeitsstättenverordnung (ArbStättV). Verfügbar unter: https://www.bmas.de/DE/Service/Gesetze/arbeitsstaettenverordnung.htm (Zugegriffen am 30.03.2025).

Brooke, J. (1996). SUS – A quick and dirty usability scale. In: Jordan, P., Thomas, B., Weerdmeester, B., & McClelland, A. (Hrsg.), Usability Evaluation in Industry (S. 189–194). Taylor and Francis, London.

Deutsche Nationalbibliothek (o. J.). https://d-nb.info/1119925835/34 (Zugegriffen am 20.12.2024).

DIN EN ISO 9241-11. (2018). Ergonomie der Mensch-System-Interaktion – Teil 11: Gebrauchstauglichkeit: Begriffe und Konzepte. Beuth Verlag, Berlin.

DIN EN ISO 9241-110. (2020). Ergonomie der Mensch-System-Interaktion – Teil 110: Interaktionsprinzipien. Beuth Verlag, Berlin.

DIN EN ISO 9241-112. (2017). Ergonomie der Mensch-System-Interaktion – Teil 112: Grundsätze der Informationsdarstellung. Beuth Verlag, Berlin.

DIN EN ISO 9241-210. (2019). Ergonomie der Mensch-System-Interaktion – Teil 210: Menschenzentrierte Gestaltung interaktiver Systeme. Beuth Verlag, Berlin.
Dokumenty (o. J.). https://dokumenty.osu.cz/ff/epublikace/form-und-funktion23/FuF_ling_fulltext.pdf (Zugegriffen am 20.12.2024).
Dorau, R. (2011). Emotionales Interaktionsdesign: Gesten und Mimik interaktiver Systeme. Springer Verlag, Heidelberg.
Duchowski, T (2003) Eye Tracking Methodology – Theory and Practice. Springer-Verlag, London.
Ess, C. (2022). Digital Media Ethics (3. Aufl.). Polity Press, Cambridge.
Gehm, J. (2022). Design Thinking etablieren. In: Springer eBooks. https://doi.org/10.1007/978-3-658-37243-9
Herczeg, M. (2009). Interaktionsdesign: Gestaltung interaktiver und multimedialer Systeme. Oldenbourg Wissenschaftsverlag, Berlin.
IFA AI Playbook (o. J.). AI & Innovation Playbook for Business Transformation. Verfügbar unter: https://www.true-agile.org/wp-content/uploads/2020/07/ifaai_playbook-design-thinking.pdf (Zugriff am 31.03.2025).
IEEE – Institute of Electrical and Electronics Engineers. (1990). IEEE Standard Glossary of Software Engineering Terminology (IEEE Std 610.12-1990). IEEE, New York.
ISO/IEC. (2011). ISO/IEC 25010:2011 – Systems and software engineering – Systems and software Quality Requirements and Evaluation (SQuaRE) – System and software quality models. International Organization for Standardization, Geneva.
Just, M. A., & Carpenter, P. A. (1980). A theory of reading: From eye fixations to comprehension. Psychological Review, 87.
Lange, O., & Clasen, K. (2025). User Experience Design und Sustainability: Status Quo verstehen – Zukunft gestalten (1. Aufl.). Springer Fachmedien, Wiesbaden.
Lewrick, M., Link, P., & Leifer, L. (2020). Das Design Thinking Playbook: Mit traditionellen, aktuellen und zukünftigen Erfolgsfaktoren. 2., aktualisierte und erweiterte Auflage. München: Vahlen.
Nielsen, J. (1993). Usability Engineering. Morgan Kaufmann, San Francisco.
Nielsen, J. (1994). Heuristic Evaluation. In: Nielsen, J. & Mack, R.L. (Hrsg.), Usability Inspection Methods (S. 25–62). New York: John Wiley & Sons.
Nielsen, J. (2006). Prioritizing Web Usability. (Zugegriffen am 14.01.2025).
Nielsen Norman Group. (2024). 10 Usability Heuristics for User Interface Design. Verfügbar unter: https://www.nngroup.com/articles/ten-usability-heuristics/ (Zugriff am 13.12.2024).
Norman, D. A. (2016). The design of everyday things: Revised and expanded edition. New York: Basic Books.
Pohl K (2010) Requirements Engineering: Fundamentals, Principles and Techniques. Springer, Berlin.
Pötters, P. (2022). Problemlösungsmethoden. In: Leyendecker, B. und Pötters, P. Werkzeuge für das Projekt- und Prozessmanagement. Springer Gabler, Wiesbaden.
Rubin, J., & Chisnell, D. (2008). Handbook of usability testing: How to plan, design, and conduct effective tests (2nd ed.). Indianapolis: Wiley Publishing.
Schallmo, D. R. A. (2018). Jetzt Design Thinking anwenden. In: Essentials. https://doi.org/10.1007/978-3-658-22077-8
Semantic Scholar. (2024). Verfügbar unter: https://journals.sagepub.com/doi/full/10.1177/0020294015569264 (Zugriff am 28.12.2024).
Simschek, S., & Kaiser, J. (2019). Design Thinking: Das Handbuch. UVK Verlag.
Sirois, F. (o. J.). Design Thinking verstehen. Verfügbar unter: https://triode.ca/en/what-is-design-thinking-and-who-thought-of-it/ (Zugriff am 31.03.2025).

Sommerville I (2011) Software Engineering (9th ed.). Addison-Wesley, Harlow.
Tsang, S., Ho, J. K. L., & Chan, A. (2015). Interface Design and Display-Control Compatibility. Measurement and Control, April 2015. (Zugriff am 28.12.2024).
University of Maryland Computer Science. (2024). Golden Rules of User Interface Design. Verfügbar unter: https://www.cs.umd.edu/~ben/goldenrules.html (Zugriff am 13.12.2024).
Wirtschaftslexikon. (2024). Kompatibilität. Verfügbar unter: https://wirtschaftslexikon.gabler.de/definition/kompatibilitaet-39149 (Zugriff am 17.12.2024).

Mensch-KI-Interaktion 5

Künstliche Intelligenz (KI) durchdringt zunehmend unseren Alltag und findet sowohl auf industrieller als auch auf privater Ebene breite Anwendung. Dieses Kapitel vermittelt grundlegende Konzepte der KI – von der sogenannten „schwachen" bis zur hypothetischen „starken" KI – und erläutert zentrale Entscheidungsmechanismen. Der Fokus liegt auf der Anwendbarkeit. Neben einer Einführung in zentrale KI-Modelle und aktuelle Methoden werden etablierte Anwendungsbeispiele dargestellt. Ziel ist es, ein umfassendes Bild der gegenwärtigen KI-Landschaft aufzuzeigen und zu veranschaulichen, wie der Mensch durch KI-Systeme unterstützt werden kann.

5.1 Einführung in die Künstliche Intelligenz

Künstliche Intelligenz (KI) ist ein Teilgebiet der Informatik, das sich mit der Konzeption und Entwicklung von Systemen befasst, welche die kognitiven Fähigkeiten des Menschen nachbilden. Im Zentrum steht die Entwicklung von Maschinen, die Aufgaben übernehmen können, die bislang menschlichem Denken vorbehalten waren – darunter Mustererkennung, Entscheidungsfindung und Lernen aus Erfahrung. Derartige Systeme nutzen komplexe Algorithmen und große Datenmengen, um eigenständig Lösungen zu generieren und sich an neue Situationen anzupassen (Christen et al. 2020).

In den vergangenen Jahrzehnten hat die KI erhebliche Fortschritte erzielt. Während anfängliche Systeme lediglich regelbasierte Instruktionen ausführten, haben sich durch die Entwicklung des maschinellen Lernens und neuronaler Netze Systeme etabliert, die aus umfangreichen Datenmengen lernen und ihre Leistung kontinuierlich verbessern. Heute bewältigen KI-Anwendungen komplexe Aufgaben in Bereichen wie dem Gesundheitswesen, der Finanzwelt, der Automobilindustrie oder der Logistik.

P. Pötters, S. Sen, *Mensch-Technik-Interaktion*,
https://doi.org/10.1007/978-3-658-49501-5_5

Die Anfänge der KI reichen zurück in die 1950er-Jahre, als Wissenschaftler begannen, theoretische Grundlagen intelligenter Maschinen zu formulieren. Einen Meilenstein bildete Alan Turings Veröffentlichung „Computing Machinery and Intelligence“ (1950), in der er die berühmte Frage stellte: „Can machines think?“ Im Zuge dessen schlug Turing den nach ihm benannten Test vor, der prüfen soll, ob eine Maschine als intelligent gelten kann. Dabei interagiert ein Mensch über eine schriftliche Schnittstelle mit einem Gegenüber, ohne zu wissen, ob es sich um eine Maschine oder einen Menschen handelt. Kann der Fragesteller den Unterschied nicht erkennen, gilt der Test als bestanden.

Zur Illustration stellte Turing exemplarische Dialoge vor, etwa:

- **Frage:** Schreiben Sie ein Gedicht über die Forth Bridge.
- **Antwort:** Da bin ich nicht dabei. Ich konnte noch nie Gedichte schreiben.
- **Frage:** Addieren Sie 34.957 und 70.764.
- **Antwort:** (Nach etwa 30 s) 10.5621.
- **Frage:** Spielen Sie Schach?
- **Antwort:** Ja.
- **Frage:** Mein König steht auf e8; sonst habe ich keine Figuren mehr. Sie haben nur noch Ihren König auf e6 und einen Turm auf h1. Sie sind am Zug. Wie ziehen Sie?
- **Antwort:** (Nach 15 s) Th1–h8, matt.

Diese und ähnliche Fragestellungen dienen im sogenannten „Imitation Game“ dazu, das menschliche und maschinelle Verhalten zu vergleichen (siehe dazu Abb. 5.1).

Der Test ist bestanden, wenn der Fragesteller nicht erkennen kann, ob er mit einer Maschine oder einem Menschen kommuniziert. Turing prognostizierte, dass es bis zum Ende des 20. Jahrhunderts möglich sein werde, von „denkenden Maschinen“ zu sprechen – ein Statement, das bis heute intensiv diskutiert wird (Turing 1950).

2014 gelang es dem Chatbot *Eugene Goostman*, den Turing-Test zu bestehen – allerdings durch bewusste Täuschung: Das System imitierte einen nicht-muttersprachlichen Teenager und wich bestimmten Fragen aus, wodurch es von einer Mehrheit der Testpersonen als menschlich eingestuft wurde. Dieses Beispiel zeigt, dass das Bestehen des Turing-Tests nicht zwingend auf tatsächliche Intelligenz hinweist, sondern auch durch geschicktes Kommunikationsverhalten erreicht werden kann (Röser 2021).

Ein weiterer zentraler Moment in der Geschichte der KI war die Dartmouth-Konferenz 1956, auf der John McCarthy den Begriff „Künstliche Intelligenz“ prägte. Ziel der Konferenz war es, herauszufinden, wie Maschinen Sprache verwenden, Abstraktionen bilden und komplexe Probleme lösen können – Fähigkeiten, die zuvor als ausschließlich menschlich galten (Lenzen 2023). Zu den Pionieren gehörten Marvin Minsky, Herbert Simon sowie Allen Newell, deren Programme wie der „Logic Theorist“ bereits einfache mathematische Beweise führen konnten.

Der Enthusiasmus jener Jahre wich jedoch bald einer Ernüchterung: In den 1970er- und 1980er-Jahren führten unerfüllte Erwartungen zum sogenannten „KI-Winter“. Viele Vorhaben – etwa automatische Übersetzungen – erwiesen sich als technisch weitaus anspruchsvoller als angenommen (Lenzen 2023).

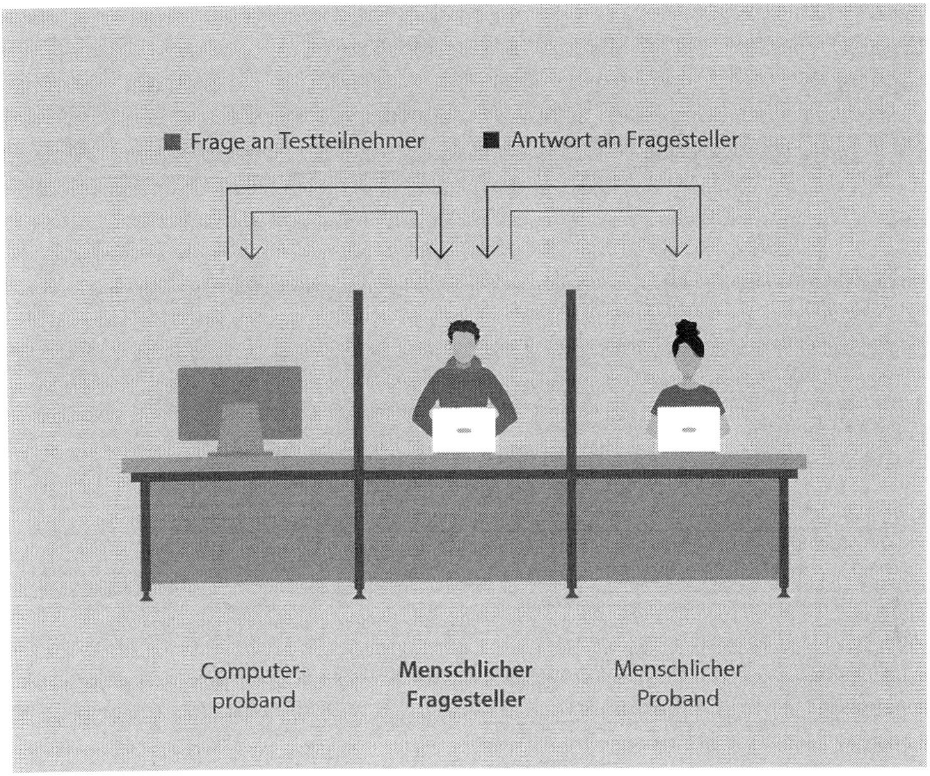

Abb. 5.1 Turing-Test

Erst durch Fortschritte im maschinellen Lernen, insbesondere im Deep Learning und durch die Verfügbarkeit großer Datenmengen, erlebte die KI in den 2010er-Jahren eine Renaissance. Heute sind KI-Systeme fester Bestandteil zahlreicher Anwendungen: von Sprachassistenten über autonome Fahrzeuge bis hin zur medizinischen Diagnostik (Shane 2021; Russell und Norvig 2020).

Trotz dieser Entwicklungen bleibt die „starke" KI, also ein System mit menschlich-äquivalentem Bewusstsein, bislang ein theoretisches Konzept. Die Forschung in diesem Bereich schreitet jedoch stetig voran und verspricht weitere bedeutende Innovationen in den nächsten Jahrzenten.

5.2 Wie unterscheidet sich künstliche und menschliche Intelligenz?

In der psychologischen Forschung wird Intelligenz als ein hypothetisches Konstrukt verstanden, das die Gesamtheit der kognitiven Fähigkeiten und Wissensbestände beschreibt, die einer Person zu einem bestimmten Zeitpunkt zur Verfügung stehen (Maier 2018).

Diese Definition hebt hervor, dass Intelligenz nicht direkt beobachtbar ist, sondern durch das Verhalten und die Problemlösefähigkeit erschlossen wird.

Ein bedeutender Ansatz zur Differenzierung menschlicher Intelligenz wurde von Howard Gardner entwickelt. Seine Theorie der multiplen Intelligenzen postuliert, dass Intelligenz nicht als einheitliches Maß verstanden werden sollte, sondern als eine Vielzahl unterschiedlicher Fähigkeiten zur Problemlösung in verschiedenen Domänen (Gardner 1983). Gardner unterscheidet unter anderem folgende Intelligenzformen:

- **Körperlich-kinästhetische Intelligenz**: die Fähigkeit, den Körper oder Körperteile gezielt einzusetzen, etwa im Tanz oder im Sport.
- **Visuell-räumliche Intelligenz**: die Fähigkeit, visuelle Informationen zu verarbeiten und sich räumlich zu orientieren.
- **Sprachlich-linguistische Intelligenz**: die Fähigkeit, Sprache zu verstehen, anzuwenden und sprachlich komplexe Inhalte zu verarbeiten.
- **Logisch-mathematische Intelligenz**: die Fähigkeit, logische Zusammenhänge zu erkennen und mathematische Probleme zu lösen.
- **Musikalische Intelligenz**: die Fähigkeit, musikalische Strukturen zu erkennen, zu reproduzieren oder kreativ umzusetzen.
- **Interpersonale Intelligenz**: die Fähigkeit, Emotionen, Motive und Absichten anderer Menschen zu erkennen und darauf angemessen zu reagieren.
- **Intrapersonale Intelligenz**: die Fähigkeit zur Selbstreflexion und zum Verständnis der eigenen Gefühle, Motive und Gedanken.
- **Naturalistische Intelligenz**: die Fähigkeit, Phänomene in der natürlichen Umwelt zu erkennen, zu klassifizieren und zu verstehen.

Obgleich Gardners Theorie weitreichenden Einfluss hatte, konnte sie bislang empirisch nicht umfassend bestätigt werden und ist daher in der kognitionspsychologischen Forschung umstritten (Furnham 2009). Dennoch findet sie Anwendung in der Leistungs- und Verhaltensdiagnostik und wird dort als differenzierendes Modell menschlicher Fähigkeiten anerkannt (Süß und Beauducel 2011).

Auch in der Auseinandersetzung mit künstlicher Intelligenz wird Gardners Ansatz herangezogen, um Gemeinsamkeiten und Unterschiede zwischen menschlicher und maschineller Intelligenz herauszuarbeiten. Paaß und Hecker (2020) verweisen darauf, dass KI-Systeme einige, jedoch bei weitem nicht alle der von Gardner beschriebenen Intelligenzen simulieren können. So sind KI-Anwendungen vor allem in Bereichen der logisch-mathematischen und sprachlich-linguistischen Intelligenz leistungsfähig, wohingegen intrapersonale oder interpersonale Fähigkeiten – etwa Empathie oder Selbstreflexion – bislang weitgehend außerhalb der Reichweite maschineller Systeme liegen.

Die Unterscheidung zwischen künstlicher und menschlicher Intelligenz zeigt sich somit nicht nur im methodischen Zugang zur Problemlösung, sondern auch im Spektrum der kognitiven Domänen. Während die menschliche Intelligenz eine flexible, kontextsensitiv anpassbare und erfahrungsbasierte Fähigkeit darstellt, ist die künstliche Intelligenz weitgehend auf spezifische, formal modellierbare Aufgabenbereiche beschränkt. Dies macht deutlich, dass die gegenwärtige KI zwar bemerkenswerte Leistungen in spezialisierten Anwendungen erbringen kann, jedoch strukturell und funktional von der menschlichen Intelligenz unterschieden werden muss.

5.3 Wichtige Begrifflichkeiten

Für ein vertieftes Verständnis der Künstlichen Intelligenz (KI) ist die präzise Differenzierung zentraler Begriffe unerlässlich. In diesem Abschnitt werden wesentliche Konzepte erläutert, die für die Klassifikation, Entwicklung und Anwendung von KI-Systemen von Bedeutung sind.

Schwache KI

Der Begriff der *schwachen KI* – auch *enge KI* genannt – bezeichnet Systeme, die für klar definierte Aufgaben konzipiert sind und keine allgemeine Intelligenz besitzen. Diese KI-Form ist darauf spezialisiert, spezifische Probleme zu lösen, ohne über ein breites Verständnis oder Bewusstsein zu verfügen. Typische Beispiele sind Sprachassistenten wie Siri oder Google Assistant, die mittels natürlicher Sprachverarbeitung (Natural Language Processing, NLP) auf vordefinierte Benutzeranfragen reagieren. Derartige Systeme basieren auf algorithmischen Modellen, die Aufgaben wie Textklassifikation, Bilderkennung oder einfache Entscheidungsfindung ermöglichen. Ihre Leistungsfähigkeit bleibt jedoch auf den eingegrenzten Anwendungsbereich beschränkt (Shane 2021; Russell et al. 2015).

Starke KI

Im Gegensatz dazu beschreibt *starke KI* hypothetische Systeme, die über kognitive Fähigkeiten verfügen, die mit denen eines Menschen vergleichbar sind. Eine solche KI wäre nicht nur in der Lage, eine Vielzahl von Aufgaben zu bewältigen, sondern würde auch über Selbstbewusstsein, abstraktes Denken und Kontextverständnis verfügen. Aktuell existiert noch keine starke KI; entsprechende Entwicklungen befinden sich im experimentellen und theoretischen Stadium. Die Realisierung starker KI stellt erhebliche technische, konzeptionelle und ethische Herausforderungen dar, da sie die Nachbildung umfassender menschlicher Intelligenz erfordert (Shane 2021; Russell et al. 2015).

Wissensbasierte KI

Wissensbasierte KI-Systeme – auch als *Expertensysteme* bezeichnet – arbeiten auf Grundlage einer formalisierten Wissensbasis. Diese besteht aus Fakten und Regeln, die von menschlichen Experten erstellt wurden. Ziel ist es, durch logische Schlussfolgerungen Probleme zu analysieren und Entscheidungen zu treffen. Solche Systeme kommen unter anderem in der medizinischen Diagnostik zum Einsatz, etwa zur Interpretation von Symptomen und zur Generierung möglicher Krankheitsbilder (Lenzen 2023). Sie zeichnen sich durch hohe Transparenz aus, da Entscheidungsprozesse nachvollziehbar abgebildet werden können. Ihre Flexibilität ist jedoch begrenzt, da sie nur auf explizit codiertes Wissen zurückgreifen.

Datenbasierte KI
Im Gegensatz dazu basieren *datengetriebene KI-Systeme* auf dem Prinzip des maschinellen Lernens. Sie nutzen große Datenmengen, um Muster, Zusammenhänge und Korrelationen zu identifizieren. Diese Systeme „lernen" aus Beispielen, indem sie mathematische Modelle anpassen, um Vorhersagen oder Entscheidungen zu treffen. Ein prominentes Beispiel ist die Bilderkennung, bei der ein Algorithmus anhand gelabelter Bilddaten trainiert wird, um neue Bilder korrekt zu klassifizieren (Russell und Norvig 2020). Datenbasierte KI zeichnet sich durch hohe Adaptionsfähigkeit aus, ist jedoch oft intransparent in ihrer Entscheidungsfindung („Black Box").

Generative KI
Generative KI bezeichnet Systeme, die neue Inhalte erzeugen können, die strukturell den Trainingsdaten ähneln. Ein bekanntes Beispiel ist das Generative Adversarial Network (GAN), das aus zwei konkurrierenden neuronalen Netzen besteht: einem *Generator*, der neue Daten produziert, und einem *Diskriminator*, der zwischen echten und künstlich erzeugten Daten unterscheidet. Ziel des Trainings ist es, realitätsnahe Ergebnisse zu erzeugen. Generative KI wird unter anderem für die Erstellung realistischer Bilder, synthetischer Texte oder audiovisueller Inhalte verwendet (Goodfellow et al. 2014). Die Technologie wirft zugleich Fragen zur Authentizität und Manipulierbarkeit digitaler Inhalte auf.

Algorithmen
Algorithmen bilden das Fundament jeder KI-Anwendung. Ein Algorithmus ist eine definierte Abfolge von Anweisungen zur Lösung eines Problems. Im Kontext von KI spielen insbesondere Lernalgorithmen eine zentrale Rolle, da sie auf Grundlage von Daten Modelle erzeugen, die Vorhersagen treffen oder Entscheidungen fällen können. Zu den verbreitetsten Verfahren gehören Entscheidungsbäume, neuronale Netze und Support-Vektor-Maschinen. Diese Algorithmen analysieren Daten, erkennen Muster und passen ihre Parameter an, um die Genauigkeit ihrer Vorhersagen zu optimieren. Dabei ist das *maschinelle Lernen* ein zentraler Ansatz: Der Algorithmus verbessert sich durch Erfahrung, ohne explizit programmiert zu werden (Shane 2021; Goodfellow et al. 2016).

5.4 Modelle und Methoden der KI

Ein zentrales Element der Künstlichen Intelligenz (KI) sind die Modelle, die auf Grundlage von Algorithmen und Datensätzen trainiert werden. Diese Modelle sind mathematische Repräsentationen gelernter Muster und Strukturen und dienen dazu, neue Daten zu analysieren und Vorhersagen zu generieren. Ihre Leistungsfähigkeit hängt entscheidend von der Qualität der Trainingsdaten sowie der Wahl geeigneter Lernmethoden ab (Shane 2021; Goodfellow et al. 2016).

Ein typisches Beispiel ist ein Modell zur Bildklassifikation, das auf Basis von Trainingsdaten gelernt hat, zwischen Katzen- und Hundebildern zu unterscheiden. Dieses Modell kann anschließend unbekannte Bilder analysieren und mit einer bestimmten Wahrscheinlichkeit der jeweiligen Kategorie zuordnen. Die Genauigkeit solcher Modelle verbessert sich durch kontinuierliches Training mit neuen Daten. Ziel ist eine möglichst gute Generalisierung, d. h. die zuverlässige Anwendung auf bislang unbekannte Daten.

Die Modellbewertung erfolgt mit Hilfe separater Testdatensätze. Gängige Evaluationsmetriken sind Genauigkeit, Präzision, Recall und F1-Score. Zusätzlich werden Verfahren wie Kreuzvalidierung genutzt, um die Robustheit des Modells zu überprüfen. Eine solche Bewertung ist essenziell, um die Zuverlässigkeit und Anwendbarkeit von KI-Systemen in realen Szenarien zu gewährleisten (Shane 2021; Bishop 2006).

Im Folgenden werden die wichtigsten Methoden der KI vorgestellt – einschließlich ihrer Funktionsweisen, Anwendungsbereiche sowie ihrer jeweiligen Herausforderungen. Abb. 5.2 orientiert sich an der hierarchischen Struktur der KI-Methoden, wie sie beispielsweise Kreutzer (2023) vorschlägt:

Diese hierarchische Darstellung verdeutlicht, dass Deep Learning auf maschinellem Lernen basiert, welches wiederum auf neuronalen Netzen aufbaut – einem zentralen Konzept der KI.

Maschinelles Lernen (Machine Learning)
Maschinelles Lernen (ML) umfasst Methoden, die es Computern ermöglichen, aus Daten Muster zu erkennen, Entscheidungen zu treffen und sich über die Zeit zu verbessern, ohne explizit programmiert zu sein. Anders als klassische Software folgt ein ML-System keinem festen Regelwerk, sondern entwickelt sein Entscheidungsverhalten durch Erfahrungswerte. Die Hauptkomponenten sind: Trainingsdaten, Lernalgorithmen, Modelle und Evaluationsmetriken (Kreutzer 2023; Döbel et al. 2018).

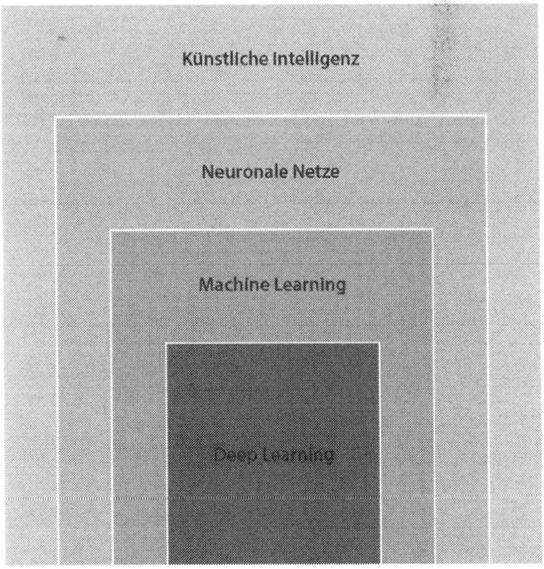

Abb. 5.2 Hierarchische Struktur der KI. (In Anlehnung an Kreutzer 2023)

Die Qualität und Quantität der Daten ist entscheidend: Je umfangreicher und aussagekräftiger die Datensätze, desto besser die Lernleistung. Gleichzeitig besteht die Herausforderung darin, ausreichend korrekt gelabelte Daten bereitzustellen. Ein weiteres zentrales Problem ist das Overfitting – die Überanpassung an Trainingsdaten, die die Generalisierungsfähigkeit des Modells auf neue Daten einschränkt. Hier helfen Regularisierungstechniken und sorgfältiges Cross-Validating (Gurnhofer 2019).

Maschinelles Lernen wird bereits vielfältig angewendet, z. B. in der Supply Chain zur Risikobewertung durch Random Forests und XGBoost (Ni et al. 2020) oder im Additive Manufacturing, wo ML-Prozesse zu höherer Effizienz und reduzierter Ausschussrate führen (Zhai und Chen 2023).

Drei Hauptarten des maschinellen Lernens sind zu unterscheiden:

- Überwachtes Lernen (Supervised Learning)
- Unüberwachtes Lernen (Unsupervised Learning)
- Bestärkendes Lernen (Reinforcement Learning)

Überwachtes Lernen

Beim überwachten Lernen wird das Modell mit gelabelten Daten trainiert – also mit Eingaben, denen eine korrekte Ausgabe (Zielwert) zugeordnet ist. Das Ziel ist es, eine Funktion zu lernen, die neue Eingaben korrekt klassifiziert oder numerisch prognostiziert (Goodfellow et al. 2016). Dies wird erreicht, indem das Modell während des Trainingsprozesses kontinuierlich mit den richtigen Ausgabewerten verglichen und entsprechend angepasst wird, um die Vorhersagegenauigkeit zu maximieren.

Dieser Prozess wird an Abb. 5.3 veranschaulicht. Die Abbildung zeigt, wie unstrukturierte Daten, wie Texte, Bilder, Videos und Töne, zunächst beschriftet und dann als Trainingsdaten verwendet werden. Diese Trainingsdaten dienen dem Modell des maschinellen Lernens dazu, Vorhersagen zu generieren und zu verbessern. Der Prozess kann iterativ verfeinert werden, indem weitere Daten beschriftet und in den Trainingsprozess integriert werden.

Es lassen sich zwei Hauptanwendungsformen unterscheiden:

- **Klassifikation**: Zuweisung zu diskreten Klassen (z. B. E-Mail = Spam oder Nicht-Spam).
- **Regression**: Vorhersage kontinuierlicher Werte (z. B. Preis eines Hauses).

Klassifikation zielt darauf ab, Eingabedaten in vordefinierte Kategorien einzuordnen. Hierzu gehören Algorithmen wie die logistische Regression, die für binäre Klassifikationsaufgaben verwendet wird, und die Support Vector Machine (SVM), die für die Trennung von Klassen im Merkmalsraum sorgt. Auch Entscheidungsbäume und der k-nearest Neighbors (k-NN) Algorithmus sind gängige Methoden, wobei letztere auf der Analyse der nächsten Nachbarn im Merkmalsraum basiert (Rokach und Maimon 2014; Kreutzer 2023; Bishop 2006).

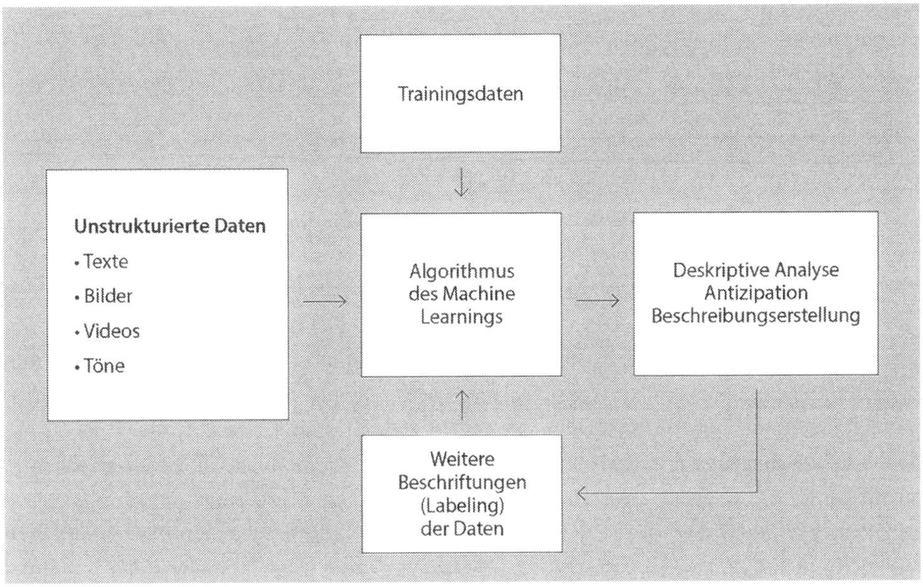

Abb. 5.3 Überwachtes Lernen. (In Anlehnung an Kreutzer 2023)

Regression hingegen befasst sich mit der Vorhersage kontinuierlicher Zielvariablen. Ein klassisches Beispiel ist die Vorhersage von Hauspreisen basierend auf verschiedene Merkmale. Die lineare Regression wird häufig eingesetzt, um eine einfache Beziehung zwischen Eingabedaten und Zielvariable zu modellieren. Für komplexere Zusammenhänge werden fortgeschrittene Modelle wie die polynomiale Regression oder die Random Forest Regression genutzt. Ein zentrales Problem in der Regression ist das Overfitting, bei dem das Modell die Trainingsdaten zu genau lernt und dadurch schlecht auf neue Daten generalisiert. Um Overfitting zu verhindern, werden Techniken wie die Regularisierung eingesetzt (Friedman et al. 2009; Goodfellow et al. 2014).

Überwachtes Lernen spielt eine entscheidende Rolle in der modernen Datenverarbeitung und Künstlichen Intelligenz. Die Anwendung dieser Methode erstreckt sich über zahlreiche Domänen, von der automatischen Texterkennung bis hin zur prädiktiven Modellierung in der Gesundheitsbranche. Ein wesentliches Merkmal des überwachten Lernens ist seine Fähigkeit, durch den Einsatz großer, annotierter Datensätze Modelle zu trainieren, die anschließend auf nicht gekennzeichnete Daten angewendet werden können. Insgesamt ist das überwachte Lernen besonders relevant für Probleme, bei denen eine hohe Genauigkeit und Zuverlässigkeit erforderlich sind, wie z. B. in der medizinischen Bildverarbeitung zur Erkennung von Krankheiten oder in der Finanzanalyse zur Vorhersage von Markttrends. Studien zeigen, dass die Anwendung überwachten Lernens in Kombination mit großen Datenmengen und komplexen Modellen, wie tiefen neuronalen Netzwerken, zu erheblichen Fortschritten in der Leistung dieser Systeme geführt hat (LeCun et al. 2015).

Unüberwachtes Lernen
Unüberwachtes Lernen kommt ohne gelabelte Daten aus. Stattdessen identifiziert das System selbstständig Muster, Strukturen oder Anomalien in den Daten (Goodfellow et al. 2016). Es wird z. B. genutzt zur:

- **Clusteranalyse**: Gruppierung ähnlicher Datenpunkte (z. B. Kundensegmentierung).
- **Dimensionsreduktion**: Vereinfachung hochdimensionaler Daten unter Erhalt wesentlicher Informationen (z. B. PCA, t-SNE).

Abb. 5.4 veranschaulicht den Prozess des unüberwachten Lernens. Hierbei werden unstrukturierte Daten, wie Texte, Bilder, Videos und Töne, direkt in einen Machine-Learning-Algorithmus eingespeist. Der Algorithmus versucht dann, ohne vorgegebene Labels, Muster und Strukturen in den Daten zu erkennen und zu analysieren. Diese Methode ist besonders nützlich in Szenarien, in denen keine klaren Labels vorhanden sind oder in denen es zu aufwendig wäre, große Datenmengen manuell zu labeln (Goodfellow et al. 2016).

Clustering ist eine der prominentesten Methoden im unüberwachten Lernen und zielt darauf ab, Datenpunkte in Gruppen zu unterteilen, sodass Datenpunkte innerhalb einer Gruppe einander ähnlicher sind als Datenpunkte in unterschiedlichen Gruppen. Diese Methode findet breite Anwendung in verschiedenen Disziplinen, von der Bildverarbeitung bis hin zur Marktforschung, wo sie genutzt wird, um Kundenprofile zu segmentieren oder Muster in großen Datensätzen zu erkennen (Rokach und Maimon 2014).

Zu Beginn werden unbeschriftete Daten, wie verschiedene Tiere, als Input in das Machine- Learning-Modell eingespeist. Das Modell analysiert die Daten und unterteilt sie basierend auf den Ähnlichkeiten in verschiedene Cluster. Im Output werden die Tiere dann

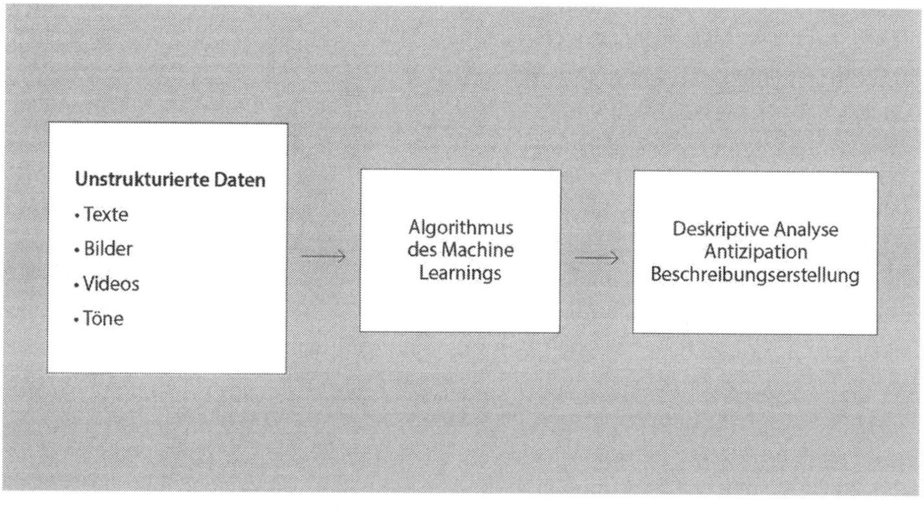

Abb. 5.4 Unüberwachtes Lernen. (In Anlehnung an Kreutzer 2023)

in Gruppen zusammengefasst: Fische, Vögel und Säugetiere. Diese Gruppierung erfolgt ohne vorherige Labels und demonstriert, wie Clustering Muster in den Daten erkennt und sie in sinnvolle Gruppen unterteilt.

Zu den bekanntesten Clustering-Algorithmen zählen k-Means, dass die Daten in Cluster k unterteilt und dabei iterativ die Mittelwerte der Cluster berechnet, und das Hierarchische Clustering, das eine Baumstruktur verwendet, um Beziehungen zwischen Datenpunkten darzustellen. Ein weiteres bedeutendes Verfahren ist DBSCAN (Density-Based Spatial Clustering of Applications with Noise), das Cluster auf Basis von Dichteinformationen identifiziert und besonders bei komplexen Datenstrukturen nützlich ist (Han et al. 2011; Bishop 2006; Ester et al. 1996).

Ein weiteres zentrales Thema im unüberwachten Lernen ist die Dimensionsreduktion, die darauf abzielt, die Anzahl der Variablen in hochdimensionalen Datensätzen zu verringern, ohne signifikanten Informationsverlust zu verursachen. Dies verbessert die Effizienz von Algorithmen und erleichtert die Analyse großer Datenmengen. Ein häufig verwendeter Algorithmus zur Dimensionsreduktion ist die Hauptkomponentenanalyse (PCA), die die Daten in einen niedrigeren dimensionalen Raum projiziert, indem sie eine lineare Kombination der Variablen mit der größten Varianz erstellt. Eine weitere Methode ist die t-distributed Stochastic Neighbor Embedding (t-SNE), eine nichtlineare Methode, die die Nähebeziehungen zwischen Datenpunkten im hochdimensionalen Raum in einem niedrigen dimensionalen Raum bewahrt und oft zur Visualisierung komplexer Datenstrukturen verwendet wird (Bengio et al. 2013; Jolliffe 2002; van der Maaten und Hinton 2008).

Eine detaillierte Diskussion dieser Algorithmen würde den Rahmen dieses Kapitels sprengen, da die Vielzahl an Details und technischen Aspekten für das Verständnis des Gesamtkonzepts nicht zwingend erforderlich ist. Künstliche Intelligenz (KI) im unüberwachten Lernen spielt eine entscheidende Rolle in verschiedenen Anwendungsbereichen, einschließlich Clusteranalyse, Anomalieerkennung und Datenvisualisierung. Diese Methoden sind besonders relevant, da sie es ermöglichen, verborgene Strukturen und Muster in großen, nicht gelabelten Datensätzen zu entdecken. Dadurch werden neue Erkenntnisse in komplexen Bereichen wie Genomik, Bildverarbeitung und Marktforschung ermöglicht. Beispielsweise kann unüberwachtes Lernen genutzt werden, um molekulare Subtypen in der Genomik zu identifizieren oder um Konsumentenverhalten ohne vorherige Annahmen zu analysieren (LeCun et al. 2015; Jain 2010).

Unüberwachtes Lernen ist ein leistungsfähiges Werkzeug im maschinellen Lernen, das es ermöglicht, wertvolle Erkenntnisse aus unbeschrifteten Daten zu gewinnen. Durch Methoden wie Clustering und Dimensionsreduktion können komplexe Datenstrukturen entdeckt und analysiert werden, was in vielen wissenschaftlichen und industriellen Anwendungen von entscheidender Bedeutung ist.

Bestärkendes Lernen (Reinforcement Learning, RL)

Das bestärkende Lernen (Reinforcement Learning, RL) ist ein Zweig des maschinellen Lernens, der sich auf die Optimierung des Verhaltens eines Agenten durch Interaktionen mit einer Umgebung konzentriert. Im Gegensatz zu überwachtem Lernen, bei dem der

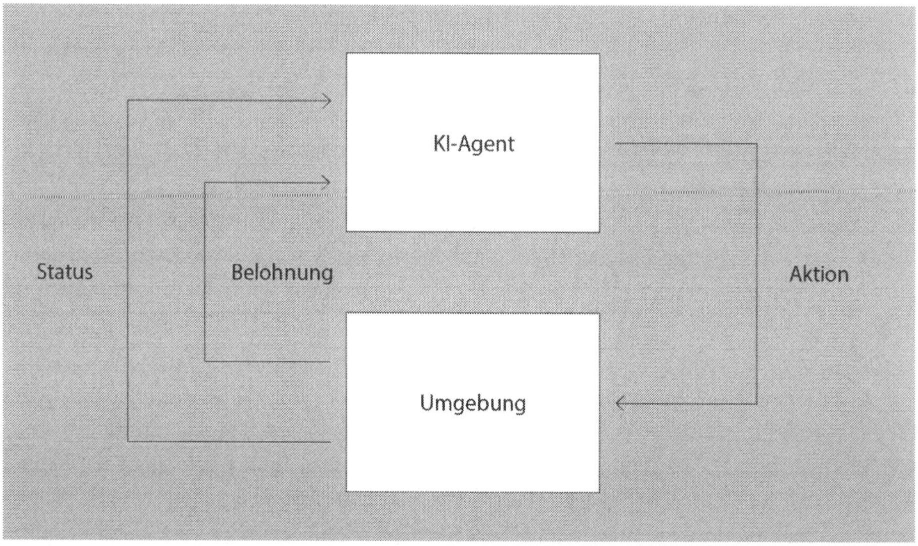

Abb. 5.5 Prozess bestärkendes Lernen. (In Anlehnung an Kreutzer 2023)

Agent aus vorgegebenen Eingabe-Ausgabe-Paaren lernt, oder unüberwachtem Lernen, bei dem Muster in Daten entdeckt werden, lernt der Agent im Bestärkenden Lernen durch die Maximierung von Belohnungen über die Zeit (Sutton und Barto 2018). Der Agent trifft Entscheidungen auf der Grundlage seiner aktuellen Wahrnehmung der Umgebung und erhält nach jeder Aktion eine Rückmeldung in Form einer Belohnung oder Bestrafung. Dieser Feedback-Mechanismus ermöglicht es dem Agenten, seine Strategie, auch als „Politik" bezeichnet, kontinuierlich zu verbessern (siehe Abb. 5.5).

Ein zentraler Bestandteil des bestärkenden Lernens ist der Balanceakt zwischen Exploration und Exploitation. Exploration bezieht sich auf das Ausprobieren neuer Aktionen, um mehr über die Umgebung zu erfahren, während Exploitation das Ausnutzen des bereits erworbenen Wissens bedeutet, um die Belohnung zu maximieren. Dieser Trade-off ist entscheidend für den Erfolg von RL-Algorithmen, da zu viel Exploration die Effizienz senken kann, während zu viel Exploitation den Agenten in suboptimalen Strategien gefangen halten kann.

Mathematisch wird das bestärkende Lernen häufig durch Markow-Entscheidungsprozesse (MDP) modelliert, die eine formale Grundlage für die Entscheidungsfindung unter Unsicherheit bieten. Ein MDP wird durch die Menge der Zustände, die Menge der Aktionen, die Übergangswahrscheinlichkeiten und die Belohnungsfunktion definiert. Der Agent strebt danach, eine Politik zu finden, die den erwarteten kumulierten Belohnungswert maximiert (Bertsekas 2017). Dies kann durch verschiedene Algorithmen erreicht werden, darunter dynamische Programmierung, Monte-Carlo-Methoden und Temporal-Difference-Lernen.

In den letzten Jahren hat das Bestärkende Lernen erhebliche Fortschritte erzielt und findet Anwendungen in verschiedenen Bereichen wie Robotik, Spieltheorie und Finanzwesen. Besonders hervorzuheben sind die Erfolge von RL in Spielen wie Go und Schach, wo

Algorithmen wie AlphaGo menschliche Großmeister übertroffen haben. Diese Erfolge verdeutlichen das Potenzial von RL, komplexe Probleme zu lösen, die traditionelle Programmieransätze überfordern würden.

Deep Learning

Deep Learning stellt eine spezielle Form des Machine Learning dar, die durch den Einsatz tief gestapelter neuronaler Netze gekennzeichnet ist. Diese Netze bestehen aus mehreren Schichten, die darauf ausgelegt sind, Daten auf immer abstrakteren Ebenen zu verarbeiten. Abb. 5.6 zeigt ein typisches tiefes neuronales Netzwerk, das aus einer Eingabeschicht (Input Layer), mehreren versteckten Schichten (Hidden Layers) und einer Ausgabeschicht (Output Layer) besteht. Der Begriff „Deep" bezieht sich dabei auf die große Anzahl von Schichten, die in diesen Netzwerken verwendet werden. Während traditionelle neuronale Netze häufig nur über drei Schichten verfügen, können Deep-Learning-Netzwerke zehn oder mehr Schichten umfassen. Diese tieferen Strukturen ermöglichen es dem Modell, komplexere Muster in den Daten zu erkennen und zu lernen, was insbesondere bei der Verarbeitung von hochdimensionalen Daten wie Bildern, Sprache oder Texten von Vorteil ist (Kreutzer 2023; Goodfellow et al. 2016).

Deep Learning ist besonders leistungsfähig bei der Verarbeitung hochdimensionaler Daten wie Bilder, Sprache oder Text. Es benötigt große Datenmengen, um zu lernen, bietet aber auch hohe Genauigkeit und Adaptionsfähigkeit.

Zu den wichtigsten Architekturen zählen:

- **Künstliche neuronale Netze (ANN)**
- **Tiefe neuronale Netze (DNN)**
- **Konvolutionale neuronale Netze (CNN)** für Bildverarbeitung

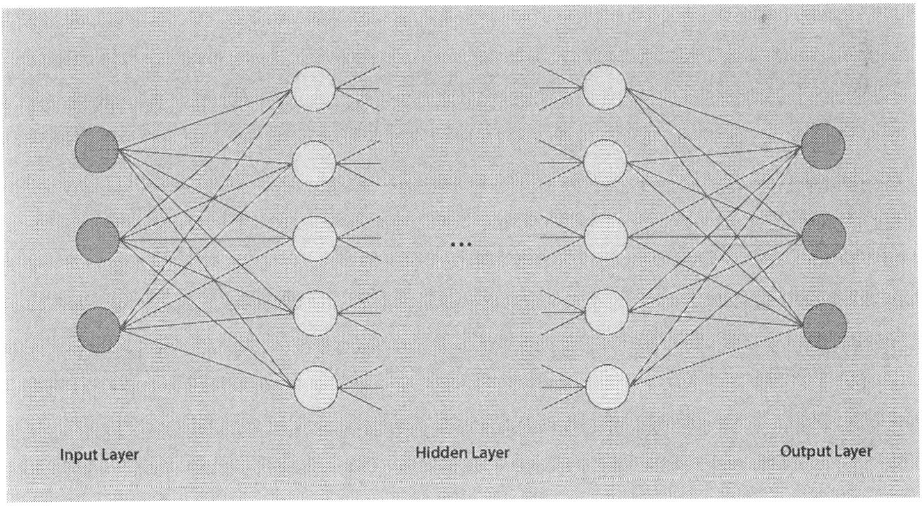

Abb. 5.6 Deep-Learning-Netzwerke. (In Anlehnung an Kreutzer 2023)

- **Rekurrente neuronale Netze (RNN)** für Sequenzdaten (z. B. Sprache)
- **Long Short-Term Memory (LSTM)** zur Überwindung des Vanishing-Gradient-Problems
- **Generative Adversarial Networks (GAN)** zur Datengenerierung

Diese Architekturen sind in der Lage, von den zugrunde liegenden Datenstrukturen selbstständig zu lernen und ihre Leistung durch die Verarbeitung von mehr Daten stetig zu optimieren. Dies unterscheidet Deep Learning fundamental von anderen Machine-Learning-Techniken, bei denen häufig spezifische Merkmale manuell definiert und extrahiert werden müssen (Kreutzer 2023; Goodfellow et al. 2016).

Die Fähigkeit von Deep-Learning-Algorithmen, große Mengen an heterogenen Daten zu verarbeiten, führt zu einer verbesserten Genauigkeit in Vorhersagemodellen, was für die Produktion und Logistik gleichermaßen von hohem Nutzen ist (Mockenhaupt 2021). Trotz der vielversprechenden Vorteile bleiben Herausforderungen in der Beschaffung und Verarbeitung qualitativ hochwertiger Daten bestehen, die für die erfolgreiche Anwendung von Deep Learning essenziell sind. Im Speziellen Feld der additiven Fertigung findet Deep Learning ebenfalls Anwendung zur Prozessoptimierung und Effizienzsteigerung. Die Echtzeitüberwachung und – steuerung des Druckprozesses mittels Deep Learning trägt zur Reduzierung von Materialverbrauch und Produktionszeit bei (Zhai und Chen 2023). Auch hier spielen die frühzeitige Erkennung und Prävention von Fertigungsabweichungen eine entscheidende Rolle, wobei Deep Learning- Ansätze eine signifikante Reduktion der Ausschussraten ermöglichen. Die Herausforderungen liegen jedoch in der Skalierbarkeit solcher Systeme, um den Ansprüchen einer zunehmend personalisierten Produktion gerecht zu werden und dabei eine Balance zwischen Individualisierung und ökonomischer Rentabilität zu finden.

In der Zusammenschau zeigt sich, dass der Einsatz von Deep Learning-Methoden signifikante Vorteile mit sich bringt, wobei technische Herausforderungen, die Qualität der Daten und die Integration in bestehende Systeme bedeutsame Faktoren in der praktischen Anwendung darstellen. Eine kontinuierliche Forschung und Entwicklung in diesem Bereich ist daher unabdingbar, um die Möglichkeiten von Deep Learning vollständig auszuschöpfen und sowohl in der Produktion als auch in verwandten Industriebereichen nachhaltig zu etablieren.

Natürliche Sprachverarbeitung (Natural Language Processing, NLP)

Die natürliche Sprachverarbeitung (Natural Language Processing, NLP) ist ein interdisziplinäres Forschungsfeld, das sich mit der Interaktion zwischen Maschinen und menschlicher Sprache befasst. Ziel von NLP ist es, Maschinen die Fähigkeit zu verleihen, menschliche Sprache in einer Weise zu verstehen, zu interpretieren und zu generieren, die sowohl nützlich als auch sinnvoll ist. NLP kombiniert Erkenntnisse aus Linguistik, Informatik und künstlicher Intelligenz, um Modelle und Algorithmen zu entwickeln, die in der Lage sind, textuelle und sprachliche Daten zu verarbeiten. Diese Technologien finden Anwendung in einer Vielzahl von Bereichen, darunter maschinelle Übersetzung, Stimmenerkennung, Textanalyse und Chatbots (Goodfellow et al. 2016).

Tokenisierung ist ein zentraler Schritt in der NLP, bei dem ein Text in kleinere Einheiten, sogenannte Tokens, zerlegt wird. Diese Tokens bilden die Grundlage für nachfolgende Schritte wie Parsing oder Named Entity Recognition. Durch die Zerlegung eines Textes in Tokens kann die Analyse von Wortfrequenzen und -reihenfolgen erleichtert werden, was besonders für maschinelles Lernen, wie bei der Sentimentanalyse, von Bedeutung ist (Rokach und Maimon 2014; Han et al. 2011).

Das Bag-of-Words (BoW)-Modell stellt eine einfache, aber effiziente Methode dar, um Texte als Vektoren von Wortfrequenzen zu repräsentieren. Trotz seiner einfachen Implementierung und Anwendbarkeit, insbesondere in der Textklassifikation und Sentimentanalyse, hat das BoW-Modell Schwächen, da es die Reihenfolge und semantische Beziehungen von Wörtern ignoriert. Zur Verbesserung wurden Erweiterungen wie n-Gramme und Wortvektoren eingeführt (Qiu et al. 2020; Schultz und Joachims 2002).

Word Embeddings bieten eine Lösung für die semantischen Einschränkungen des BoW- Modells. Sie übersetzen Wörter in hochdimensionale Vektoren, die semantische Ähnlichkeiten erfassen. Modelle wie Word2Vec und GloVe gehören zu den bekanntesten Ansätzen, wobei GloVe auf der Faktorisierung einer Wort-Ko-Matrix basiert und somit sowohl häufige als auch seltene Wortpaare berücksichtigt. Ein fortschrittlicherer Ansatz ist das BERT-Modell, das den Kontext eines Wortes im gesamten Satz berücksichtigt, was zu einer noch genaueren Textverarbeitung führt (Mikolov et al. 2013; Pennington et al. 2014; Devlin et al. 2018).

Transformer-basierte Modelle haben die NLP maßgeblich revolutioniert. Der Transformer- Ansatz, eingeführt von Vaswani et al. 2017, ersetzt traditionelle neuronale Netze durch eine Architektur, die auf Selbstaufmerksamkeit basiert. Diese ermöglicht es, Abhängigkeiten zwischen Wörtern unabhängig von ihrer Position im Text zu erfassen. Modelle wie BERT und GPT nutzen diese Architektur und haben die Genauigkeit und Effizienz von NLP-Systemen deutlich gesteigert. Während BERT bidirektional arbeitet und den Kontext eines Wortes umfassend berücksichtigt, ist GPT unidirektional und spezialisiert auf die Textgenerierung (Devlin et al. 2018; Vaswani et al. 2017).

In der Prozessoptimierung stellt der Einsatz von NLP-basierten Chatbots eine beachtenswerte Evolution dar. Diese Systeme sind in der Lage, Kundenanfragen in Echtzeit zu verarbeiten und auf häufig gestellte Fragen sofort zu reagieren, was eine spürbare Reduzierung der Belastung der Kundenbetreuungsdienste mit sich bringt.

Dadurch werden Kapazitäten freigesetzt, die eine intensivere Bearbeitung komplexerer Probleme ermöglichen. Derartige Technologien erweisen sich als Schlüsselelement für eine effiziente Kundenkommunikation und beanspruchen durch ihre ständige Weiterentwicklung eine wesentliche Rolle im Wettbewerb um Kundenzufriedenheit und -bindung (Buxmann und Schmidt 2019).

Fazit

Zusammenfassend bietet die Künstliche Intelligenz ein breites Spektrum an Modellen und Methoden mit vielfältigen Anwendungen in Wirtschaft, Industrie und Gesellschaft. Die Wahl der Methode hängt vom Anwendungsbereich, den verfügbaren Daten und den angestrebten Zielgrößen ab. Zugleich ist die sorgfältige Bewertung und verantwortungsvolle Gestaltung von KI-Anwendungen essenziell, um deren Potenziale nachhaltig und ethisch reflektiert zu nutzen.

5.5 Anwendungsbeispiele

Hier soll ein Überblick geschaffen werden, welche KI-basierten Technologien heute bereits Einzug in unseren Alltag und die Industrie erhalten haben. Darüber hinaus wird betrachtet, wie KI in betriebliche Prozesse integriert werden kann und bereits auch wird und welche Herausforderungen es noch zu überwinden gilt.

Bilderkennung
Eine der wichtigsten Anwendungen des maschinellen Lernens und insbesondere des Deep Learning ist die automatische Bilderkennung. Künstliche, tiefgestapelte neuronale Netze sind konzeptuell hervorragend geeignet, Muster zu erkennen. Ein künstliches neuronales Netz lernt dabei die Mustererkennung anhand von Trainingsdaten. Das trainierte Netz kann anschließend auf neue, unbekannte Daten angewendet werden und wird in diesen Daten Muster erkennen, sofern solche vorhanden sind. In der Anwendung der automatischen Bilderkennung können damit bestimmte Eigenschaften im Bild erkannt und angezeigt werden. Aber Vorsicht, die KI ist nicht unfehlbar, das neuronale Netz kann falsche Ergebnisse produzieren. Oftmals wird auch den erkannten Mustern im Bild eine Wahrscheinlichkeit zugeordnet, und je nach Anwendung wird entweder nur das Ergebnis mit der höchsten Wahrscheinlichkeit angezeigt oder alle Möglichkeiten werden mit Angabe der Wahrscheinlichkeiten komplett ausgegeben.

Praktische Beispiele, die in der einführenden Literatur zur Bilderkennung immer gerne genannt und erläutert werden, sind Unterscheidungen der fotografierten Motive, z. B. die Unterscheidung zwischen Hund und Katze. Dazu wird ein künstliches neuronales Netz in einem Deep-Learning-Verfahren mit einer großen Zahl verschiedener Bilder von Hunden und Katzen trainiert, wobei wichtig ist, dass das Netz mitgeteilt bekommt, welches Bild einen Hund und welches Bild eine Katze zeigt. Es ist jedoch nicht erforderlich, dass die Bilder ähnlich aufgebaut sind, wie z. B. Ausweisfotos. Wenn die Trainingsbilder heterogen sind im Hinblick auf Perspektive, Lichtverhältnisse, Blickwinkel, Schärfe etc., dann kann das künstliche neuronale Netz lernen, auch eben solche Bilder zu klassifizieren. Der Lernprozess ist jedoch langwierig und muss möglicherweise oftmals wiederholt werden, um das künstliche neuronale Netz zu optimieren. Dabei bildet das neuronale Netz durch Änderungen der Gewichte in den Zwischenschichten Strukturen und Methoden der Erkennung aus, mit denen es nach dem Training in der Lage ist, auch bisher unbekannte Bilder selbsttätig nach Hund und Katze zu klassifizieren. Das künstliche neuronale Netz versucht, Muster innerhalb des Bildes zu erkennen, indem es Grau- oder Farbwerte einzelner Bildpunkte (Pixel) auswertet und Zusammenhänge bewertet. Wenn nur die Auswahl zwischen Hund und Katze besteht, wird auch als Ergebnis immer Hund oder Katze angezeigt.

Das passiert auch dann, wenn auf dem Bild ein Frettchen dargestellt ist. Man muss den Output so interpretieren, dass das Netz analysiert, mit welcher Wahrscheinlichkeit eines der beiden Tiere Hund oder Katze vorliegt.

Für die Mustererkennung sind dabei nicht unbedingt alle Bildinformationen erforderlich, meist reichen die Grauwerte einzelner Pixel oder auch die von Gruppen mehrerer Pixel. Oft werden in einer Vorstufe auch einfache Algorithmen zur Kantendetektion eingesetzt. Das künstliche neuronale Netz lernt im Training Muster, Kanten oder andere Merkmale zu erkennen und dabei zu klassifizieren, bei welchem Motiv solche Merkmale üblicherweise auftreten. Dabei werden mehrere Zwischenschichten des neuronalen Netzes involviert. Neuronen in diesen Zwischenschichten feuern dann, wenn bestimmte Merkmalsausprägungen vorliegen oder bestimmte Merkmalskombinationen auftreten.

Die automatische Bilderkennung finden wir mittlerweile in vielen Anwendungsbereichen wieder. Ohne einen Anspruch auf Vollständigkeit schauen wir uns im Folgenden einige Bespiele an, um einen Eindruck von der Vielfältigkeit möglicher Anwendungen zu erhalten:

E-Commerce

Anbieter im Internet nutzen die Bilderkennung im E-Commerce, um Kundinnen und Kunden das Auffinden bestimmter Produkte aus einem Sortiment zu vereinfachen. Statt Suchbegriffe einzugeben, kann eine Kundin bzw. ein Kunde ein Foto des gesuchten Artikels bereitstellen und bekommt daraufhin den passenden Artikel oder eine Auswahl infrage kommender Artikel präsentiert. Die Bilderkennung kann damit für Betreiber von Online-shops und deren Kundinnen und Kunden einen wichtigen Mehrwert bieten. Bedienerfreundlichkeit und Usability eines Shops können optimiert werden und zeitaufwendige Interaktionen mit der Kundin bzw. dem Kunden werden ohne Umsatzeinbußen minimiert.

Medizin und Medizintechnik

In Medizin und Medizintechnik kann die Bilderkennung Ärztinnen und Ärzte bei der Diagnose oder Behandlung einer Patientin oder eines Patienten unterstützen. Beispiele findet man vor allem in der Radiologie, dort werden MRT-Aufnahmen nach Auffälligkeiten untersucht und für die ärztliche Beurteilung vorklassifiziert. Beispielsweise können Veränderungen an Knochen oder Gewebe erkannt und oftmals auch bereits als gut- oder bösartig eingestuft werden. In medizinischen Laboren können Blut- oder Gewebeproben durch Klassifizierung der Bildaufnahmen automatisch analysiert werden.

Zellbiologie

In der Zellbiologie werden automatisierte Bilderkennungsverfahren eingesetzt, z. B. als Messtechnik. So können Stammzellen bei der Zellkultivierung über mikroskopische Bilder erkannt und Fehler klassifiziert werden. Diese Methode soll vor allem schneller, genauer, aber auch resistenter gegen äußere Einflüsse sein.

Produktion und Montage
Hier werden Bilderkennungssysteme eingesetzt, um Bauteile automatisch zu sortieren oder für die Montage zu kommissionieren. So können beispielsweise Schüttgüter unsortiert in einen automatischen Montageprozess eingegeben wer- den. Die Teile werden durch Bilderkennung in ihrer jeweiligen Lage erkannt und dem weiteren Prozess positionsgerecht zugeführt. Falschteile können vor der Montage aussortiert werden.

Qualitätssicherung
Bilderkennung wird in der Serienproduktion von Kraftfahrzeugen als Qualitätssicherungswerkzeug eingesetzt. Bereits in der laufenden Produktion wertet eine KI aktuelle Bilder eines Bauteils aus und gleicht sie mit Hunderten anderer Bilder desselben Bauteils ab. So werden Abweichungen von der Norm in Echtzeit ermittelt und geprüft, ob beispielsweise alle vorgesehenen Teile verbaut oder an der richtigen Stelle montiert sind. Auch Spaltmaße werden erfasst und bei Abweichungen und Toleranzüberschreitungen können sofort qualitätssichernde Maßnahmen automatisch eingeleitet werden.

Robotik
Ein Bildverarbeitungssystem am Greifer wird zunehmend Standard in der industriellen Robotik. Bevor ein Teil gegriffen wird, kann durch die Bilderkennung beurteilt werden, ob es sich um das richtige Teil handelt und ob das Teil sich in der richtigen Lage befindet. Gegebenenfalls kann die Greifposition angepasst werden.

Smartphone
Selbst unsere Smartphones benutzen Bilderkennung mit KI. In der Bildergalerie werden Personen erkannt und automatisch in entsprechende Alben sortiert. Viele Smartphones unterstützen zudem die Gesichtserkennung zur Entsperrung. Die Gesichtserkennung ist eine Weiterentwicklung der Bilderkennung mit den Möglichkeiten der KI, die im folgenden Absatz besprochen wird.

Gesichtserkennung
Ein weiteres mögliches Einsatzfeld einer KI wäre hier nun die Gesichtserkennung, also tatsächlich eine automatische Zuordnung dieses Grauwertbildes zu einer existierenden Person. Heute ist eine automatische Gesichtserkennung technologisch möglich und in vielen Anwendungsbereichen bereits umgesetzt, sowohl bei Bildern als auch bei Videoaufnahmen. Sie dient zur eindeutigen Identifikation von Menschen anhand automatisch erfasster Bilddaten. Einsatzgebiete der Gesichtserkennung sind:

- die Entsperrfunktion von Smartphones,
- die Erteilung von Zugangsberechtigungen für sensible Bereiche,
- die Markierung erkannter Personen in Gruppenaufnahmen,
- die Erkennung bestimmter Personen im öffentlichen Raum.

Insbesondere der letzte Punkt wird oft sehr kritisch gesehen. Hier überwiegt die Sorge, dass solche Systeme zur Kontrolle der Bevölkerung eingesetzt werden könnten, z. B. um Bewegungsprofile zu jeder beliebigen Person zu erstellen. Die EU- Kommission z. B. will auf dem Grundsatz der Rechtsstaatlichkeit massenhafte Gesichtserkennung zwar im Grundsatz verbieten, macht davon aber Ausnahmen, etwa um vermisste Kinder zu finden oder Gefahren durch Terroranschläge abzuwehren (Friedman et al. 2009).

Die automatisierte Gesichtserkennung ist eine relativ neue Technologie. Bis vor wenigen Jahren waren ausschließlich Menschen in der Lage, zu beurteilen, ob z. B. ein Passfoto genau den Menschen zeigt, der sich mit dem Pass ausweist. Mittlerweile lässt sich eine KI darauf trainieren, diese Aufgabe automatisch zu übernehmen. Das vorliegende Bild wird dazu auf der Suche nach individuellen Mustern durch ein künstliches neuronales Netz analysiert und mit den Mustern vorab gespeicherter Bilder verglichen. Das neuronale Netz lernt durch Analyse sehr vieler Gesichter als Trainingsdaten, was Gesichter einzigartig macht und auf welche Muster dabei geachtet werden muss. Hierzu werden vor allem solche Merkmale des Gesichts herangezogen, die sich wegen der Mimik nicht ständig verändern, z. B. Augenhöhlen, Wangenknochen oder Kinn. Solche Verfahren wendet auch die Polizei an. Dabei vergleicht eine KI-Anwendung Fotos von Personen mit den Datenbanken der Polizei, um gesuchte Personen zu identifizieren.

Neben der Gesichtserkennung als Personenidentifikation werden zunehmend KI- Systeme auch darauf trainiert, die Mimik der Personen auszuwerten, um Gemütszustände abzulesen. Ein mögliches Ziel dabei ist, dass Chatbots, Computer oder Maschinen sich auf menschliche Emotionen einstellen und angemessen reagieren können. Auch wenn das noch ein wenig nach Science-Fiction klingt, so werden bereits heute an einzelnen Schulen in China solche Systeme eingesetzt, die erkennen sollen, ob die Schülerinnen und Schüler am Unterricht aufmerksam teilnehmen. Ein potenzieller Einsatz solcher Systeme in Kraftfahrzeugen wäre denkbar, um z. B. Müdigkeit zu detektieren und entsprechende Warnungen auszugeben. Es gibt bereits erste Computerspiele, die mittels Kameras den Gemütszustand der Spielerinnen und Spieler erfassen und das Spiel entsprechend anpassen. Als Nachteile solcher Systeme ist zu nennen, dass sie möglicherweise einen bedeutsamen Eingriff in die Privatsphäre einzelner Personen darstellen, insbesondere wenn diese Auswertungen unbemerkt stattfinden. Auch könnten mögliche Fehlinterpretationen zu Problemen für die Betroffenen führen, wenn beispielsweise ein Suizidverdacht von einer Bahnsteigkamera gemeldet oder jemand auf einem öffentlichen Platz wegen seiner Mimik als möglicher Gefährder eingestuft wird.

Sprachassistenten

Im Unterschied zu den vorgestellten Anwendungen der Bild-, Gesichts- und Gemütserkennung sind Sprachassistenten bidirektionale Systeme. Sie erkennen menschliche Sprache und sie verwenden Sprache, um sich mitzuteilen. Die Vorstellung von einem Computer, der über Sprache bedient werden kann und konkrete Fragen richtig und umfassend beantwortet, existierte zuerst in der Science-Fiction. Heute ist diese freihändige Art der Kommunikation, ohne sich in eine vorgegebene Kommunikationssituation begeben oder ein Gerät explizit anschalten zu müssen, sehr beliebt geworden. Technische Geräte und die darauf installierten Sprachassistenten funktionieren mittlerweile fast genau so zuverlässig wie die klassischen Ein- und Ausgabeformen über Tastatur, Maus und Bildschirm.

In einem Lexikon ist der Begriff des Sprachassistenten wie folgt definiert (Han et al. 2011, S. 365):

> „Sprachassistenten sind natürlichsprachliche Dialogsysteme, die Anfragen der Benutzer beantworten und Aufgaben für sie erledigen, in privaten und wirtschaftlichen Zusammenhängen. Sie sind auf dem Smartphone ebenso zu finden wie im Smart Speaker, in Robotern ebenso wie in Fahrzeugen. Sie verstehen mit Hilfe von Natural Language Processing (NLP) gesprochene Sprache und wenden sie selbst an, unter Gebrauch eines Text-to-Speech-Systems. Auf die Stimme der Maschine (oder des Benutzers) zielt ‚Voicebot' (engl. ‚voicebot') oder ‚Voice Assistant' (engl. ‚voice assistant'). ‚Virtueller Assistent' oder ‚Digitaler Assistent' wird als Überbegriff oder Synonym verwendet. Verwandtschaft besteht zu Chat- bots, die oft textuell, manchmal auch auditiv umgesetzt sind und eine längere Tradition haben. Sie und Voicebots sind wiederum wie andere natürlichsprachliche Dialogsysteme Conversational Agents bzw. Conversational User Interfaces."

Aus Computeranwendungen, Smartphone oder Smarthome kennt man Alexa, Siri und Cortana als Sprachassistenten. Sie werden oft zur Bedienung der jeweiligen Anwendung, des jeweiligen Gerätes oder von vernetzten Diensten eingesetzt. Auch lassen sich die Sprachassistenten nutzen, um z. B. telefonisch einen Tisch zu reservieren oder einen Termin zu vereinbaren. Paaß und Hecker (2020) nennen die folgenden Trends bei Sprachassistenten:

Die Suche im Internet über die Spracheingabe nimmt derzeit stark zu. Hierbei ist die sprachliche Präsentation der Suchergebnisse wesentlich anders als bei der textuellen Suche. Insbesondere sind nur die obersten Treffer relevant.

Die Sprachassistenten können in Zukunft die Bedeutung der Worte besser verstehen und können daher natürlicher und gezielter reagieren. Der Anteil der regelbasierten Verarbeitung wird zurückgehen.

Der Anteil der Haushalte mit einem Sprachassistenten hat sich in den USA im Jahr 2020 auf 41 % verdoppelt. In Deutschland nutzen 48 % der Personen unter 40 Jahren einen Sprachassistenten. Diese Anteile werden sich in den nächsten Jahren weiter erhöhen.

Unternehmen nutzen verstärkt Chatbots oder Sprachagenten zur Kundenunterstützung.

Auch wenn Alan Turing eine glaubhafte Unterhaltung zwischen Mensch und Computer als den ultimativen Test für eine KI ansieht, gilt es heute als nachgewiesen schwierig, Chatbots zu erstellen, mit denen die Leute gerne reden möchten (Paaß und Hecker 2020).

5.5.1 KI in der Produktion und Logistik

Dieses Unterkapitel untersucht die Methoden und effektive Integration Künstlicher Intelligenz (KI) in betriebliche Prozesse der Produktion und Logistik. Es behandelt die Analyse und den Vergleich unterschiedlicher KI-Methoden sowie die Herausforderungen, die bei deren Implementierung auftreten. Diese Auseinandersetzung bildet die Grundlage, um die praktischen Anwendungen und ethischen Aspekte, die in den nächsten Kapiteln detaillierter behandelt werden, besser zu verstehen. Ziel ist es, einen fundierten Überblick über die Potenziale und Limitierungen der Integration von KI in Unternehmen zu bieten. Die Betrachtung verschiedener KI-Tools und Frameworks im Kontext der Produktion zeigt, dass bereits existierende Technologien das Potenzial haben, Produktionsprozesse zu revolutionieren. Durch ihre Fähigkeit, komplexe Berechnungen effizient durchzuführen und große Datenmengen zu verarbeiten, führen sie zu einer beschleunigten und präzisen Fehlererkennung und Optimierung von Fertigungslinien. Die Herausforderung besteht jedoch darin, die richtige Balance zwischen der Leistungsfähigkeit der Tools und der Anforderung nach schneller und einfacher Implantation in die Produktionsumgebung zu finden, insbesondere im Hinblick auf die Kompatibilität mit diversen Sensoren und Produktionsanlagen.

Das reibungslose Zusammenspiel von KI-Frameworks und traditionellen Fertigungssteuerungssystemen ist eine wesentliche Herausforderung bei der Implementierung von KI in Unternehmen. Wie Lee et al. (2018) aufzeigen, erfordert die Integration von KI- Technologien eine durchdachte Systemintegration und effiziente Datenverwaltung. Organisatorische Schwierigkeiten umfassen die Entwicklung multi-disziplinärer Teams, um Wissenslücken zu schließen und eine erfolgreiche Implementierung von KI zu ermöglichen, wie von Tatineni und Boppana (2021) für die Zusammenarbeit im Bereich der Produktion erwähnt. Zusätzlich bedarf es gemäß Lensing (2023) einer Investition in Infrastruktur und Mitarbeiterqualifikation, um KI-Systeme effektiv in bestehenden Unternehmensstrukturen zu verankern und dabei die Mensch-Technik-Interaktionen humanzentriert zu gestalten.

Die Praxisanwendung von KI-Systemen erfordert intuitiv gestaltete Benutzerschnittstellen, die eine optimale Zusammenarbeit zwischen Mensch und Maschine ermöglichen. Die Auseinandersetzung mit der technischen Implementierung und der Benutzbarkeit, die Lensing (2023) in den Vordergrund rückt, ist entscheidend, um die Akzeptanz und Effektivität von KI- gestützten Systemen im Produktionsumfeld zu garantieren. Bereits existierende Fallstudien demonstrieren das Potenzial von KI zur Verbesserung von Arbeitsabläufen und Produktqualität, das insbesondere durch eine kontinuierliche Anpassung an Markt- und Technologieentwicklungen realisiert wird, was sich auch in den Empfehlungen von Tatineni und Boppana (2021) für eine stetige Überwachung und Weiterentwicklung widerspiegelt.

Schließlich ist die interdisziplinäre Zusammenarbeit für die erfolgreiche Integration von KI in den Produktionsbereich unumgänglich. Die Verknüpfung von technischem Know-how und Domänenwissen durch Data Science, wie sie Frick et al. (2021) beschreiben, ist maßgeblich für die Realisierung des vollen Potenzials von KI. Die Entwicklung interdisziplinärer Weiterbildungsprogramme unterstützt die Schaffung einer Belegschaft, die an die Herausforderungen von KI angepasst ist und ermöglicht es, den Wandel hin zu einer intelligenten Produktion aktiv zu gestalten. Lensing (2023) unterstreicht dabei die besondere Bedeutung der humanzentrierten Perspektive und der Notwendigkeit der Zusammenarbeit, um ethische und gesellschaftliche Aspekte der KI-Nutzung zu berücksichtigen.

Analyse und Vergleich von KI-Methoden

Maschinelles Lernen stellt einen wesentlichen Bestandteil in der Optimierung von Produktionsprozessen dar. Die Kombination der Taguchi-Methode mit KI, wie von Sibalija und Majstorovic (2012) erörtert, ermöglicht es, Multi-Response-Prozesse hinsichtlich ihrer Parameter zu optimieren und die Effizienz durch die Analyse von Ergebnissen experimenteller Designs zu steigern. Diese Technologien setzen eine Reduktion von Versuchen um und nutzen historische Daten, um Prozesse langfristig zu verbessern und damit die Produktionsleistung signifikant zu erhöhen.

Die Implementierung von Deep Learning-Techniken führt zu einer Verbesserung der Prozessqualität, insbesondere in den Bereichen Fehlererkennung und -prävention. Zhai und Chen (2023) zeigen auf, wie Machine Learning, und speziell Deep Learning, in der additiven Fertigung (Additive Manufacturing – AM) genutzt werden kann, um den komplexen AM-Prozess zu optimieren und die Qualität sowie Effizienz der gedruckten Teile zu verbessern. Das hilft, maßgeschneiderte Produkte mit höherer Präzision und schneller zu fertigen, was die Fertigungsindustrie revolutionieren könnte.

Im Kontext der Lieferkettenoptimierung erweisen sich KI-basierte Tools als äußerst wirkungsvoll. Sie verbessern nicht nur das Inventarmanagement durch Analyse historischer Verkaufsdaten und Markttrends, sondern optimieren auch die Lieferfähigkeit. Predictive-Maintenance-Strategien, die auf KI basieren, minimieren Ausfallzeiten und damit verbundene Umsatzeinbußen, wodurch Unternehmen resilienter gegenüber Störungen in der Lieferkette werden können (Gayam et al. 2021).

Dennoch sind bei der Integration von KI-Technologien in Unternehmensprozesse Herausforderungen zu berücksichtigen. Die Anpassung von KI-Lösungen an die spezifischen Anforderungen unterschiedlicher Unternehmensgrößen ist eine dieser Herausforderungen. Während Großunternehmen tendenziell die Ressourcen und Infrastrukturen besitzen, um komplexe KI-Systeme zu integrieren und zu nutzen, müssen für KMUs skalierbare und kosteneffiziente Lösungen entwickelt werden, die dennoch eine wirksame Optimierung erlauben (Dohale et al. 2024).

Abschließend lässt sich schlussfolgern, dass der Einsatz von KI-Methoden in der Fertigung und in der Lieferkettenoptimierung zwar vielversprechend ist, aber eine tiefgreifende Auseinandersetzung mit den technischen Möglichkeiten und Herausforderungen erfordert, um deren volles Potenzial ausschöpfen zu können. Die Konfrontation mit praktischen Herausforderungen und der Bedarf an spezifischen Lösungen für verschiedene Unternehmensgrößen spielen dabei eine zentrale Rolle.

KI in der Produktionsoptimierung

Wie bereits zum Anfang in Kapitel 5.5.1 beschrieben, stellt die Implementierung von KI in der Qualitätskontrolle von Fertigungsprozessen einen signifikanten Fortschritt dar. Neben den genannten Tools, die vor allem Daten analysieren und optimieren ist die optische Inspektion ein weiteres Mittel, das die Prozessoptimierung effizienter und effektiver gestaltet. KI-gesteuerte Inspektionssysteme nutzen komplexe Algorithmen, um in Echtzeit Produktionsfehler zu erkennen und damit die Ausschussrate zu reduzieren. Diese Technologie ermöglicht eine erhebliche Steigerung der Produktqualität, indem sie nicht nur Fehler identifiziert, sondern auch Einblick in die Fehlerursachen gibt, was eine kontinuierliche Verbesserung der Fertigungsprozesse unterstützt. Derartige Systeme veranschaulichen in ihrer Effizienz das sie traditionelle Methoden übertreffen können, was zeigt, dass KI-Inspektionssysteme ein hohes Potenzial für die Produktionsoptimierung bieten.

Der Einsatz von selbstlernenden Algorithmen in der optischen Inspektion ermöglicht es den Systemen, ihre Genauigkeit über die Zeit hinweg kontinuierlich zu verbessern. Diese Algorithmen können nicht nur bekannte Fehlermuster identifizieren, sondern auch neue Fehlerbilder erkennen und in den Inspektionsprozess integrieren. Diese Anpassungsfähigkeit trägt zur Resilienz der Produktion bei, ermöglicht eine schnelle Reaktionsfähigkeit auf Veränderungen im Produktionsablauf und unterstützt die Unternehmen dabei, eine beständige Produktqualität sicherzustellen.

Trotz dieser Vorteile bringen die Implementierung und Integration von KI-gesteuerten optischen Inspektionssystemen Herausforderungen mit sich. Unternehmen müssen infrastrukturelle Anpassungen vornehmen und Mitarbeiter für den Umgang mit der neuen Technologie schulen. Ebenso können sich Ängste und Widerstände in der Belegschaft bilden, welche durch Aufklärung und partizipative Ansätze adressiert werden müssen. Die von Lee et al. (2018) identifizierten Herausforderungen deuten darauf hin, dass Organisationen ihre Unternehmenskultur und -prozesse anpassen müssen, um die Akzeptanz zu erhöhen und die volle Leistungsfähigkeit der KI-Systeme zu nutzen.

Die KI-basierte Optimierung von Fertigungsprozessen führt zu einer erheblichen Erhöhung des Automatisierungsgrades. KI-Systeme bieten innovative Lösungen für eine präzise Fehlererkennung und datengestützte Prozessoptimierung. So ermöglichen diese Systeme es, Produktionsprozesse effizienter und flexibler zu gestalten, was zu einer verbesserten Resilienz gegenüber Störungen und Schwankungen in der Produktion beiträgt. Die Arbeit von Dohale et al. (2024) beleuchtet die steigende Bedeutung von KI in der Automatisierung und zeigt, wie diese Technologie Unternehmen dabei unterstützt, Kosten zu senken und ihre Wettbewerbsfähigkeit zu erhöhen.

Doch die erhöhte Automatisierung durch KI wirft auch wichtige ethische und gesellschaftliche Fragen auf. Die Automatisierung kann zu Jobverlusten und einer Verschiebung der erforderlichen Qualifikationen am Arbeitsplatz führen. Es ist daher unerlässlich, dass Unternehmen und politische Entscheidungsträger Maßnahmen ergreifen, um die Arbeitnehmenden auf die neuen Technologien vorzubereiten und eine Arbeitsmarktpolitik entwickeln, die die sozialen Auswirkungen der Automatisierung moderiert und die Schaffung neuer Arbeitsfelder fördert.

KI-Methoden, insbesondere maschinelles Lernen, spielen ,wie beschrieben, eine entscheidende Rolle bei der Optimierung von AM Prozessen. Wie Zhai und Chen (2023) berichten, ermöglichen diese Technologien eine Steigerung der Qualität und Effizienz in der Produktion, indem sie die Prozessparameter in Echtzeit anpassen und so die Herstellung präziser und schneller gestalten können. KI-gestützte Systeme in AM bieten die Möglichkeit, den Produktionsprozess kontinuierlich zu überwachen, Risiken zu managen und damit die Zuverlässigkeit der Prozesse zu verbessern.

Allerdings bringt die Integration von KI in die additive Fertigung eigene Herausforderungen mit sich. Die Bereitstellung und Verarbeitung qualitativ hochwertiger Daten ist essenziell für den Erfolg der KI-Anwendungen. Außerdem erfordert der Umgang mit diesen fortschrittlichen technologischen Systemen ein tiefgehendes Verständnis und entsprechende Kompetenzen seitens der Arbeitskräfte, welche oft erst durch gezielte Schulungsprogramme erworben werden müssen.

Zuletzt spielt die Rolle von KI-Systemen bei der Analyse historischer Produktionsdaten eine zentrale Rolle für die Prozessoptimierung. Durch den Einsatz von KI-Tools können verborgene Muster erkannt werden, die zu verbesserten Produktionsabläufen führen. Data-Mining und Predictive Analytics sind wichtige Instrumente, um die Effizienz von Prozessen zu erhöhen und Wartungsmaßnahmen vorauszusehen, wodurch nicht nur Ausfallzeiten reduziert, sondern auch Produktionskosten gesenkt werden können. Diese Technologien erfordern jedoch eine robuste IT-Infrastruktur und ein versiertes Team, um die gewonnenen Daten effektiv für Verbesserungen nutzen zu können.

Insgesamt bietet der Einsatz von KI in der Prozessoptimierung erhebliche Potenziale, geht jedoch gleichzeitig mit einer Reihe von Herausforderungen einher, die es sowohl aus betriebswirtschaftlicher als auch aus ethischer Perspektive zu bewältigen gilt.

KI in der Logistik

Zentral behandelt werden in diesem Unterkapitel die Potenziale von KI-gestützten Tools in der Routenplanung, dem Lagermanagement und der Nachfrageprognose. Diese Analyse wird in den übergeordneten Kontext der

Prozessoptimierung eingebettet und zeigt auf, wie KI die Effizienz und Flexibilität der Lieferketten optimieren kann.

Ein spezifisches Anwendungsfeld, in dem die Leistung von KI deutlich wird, ist die Routenoptimierung. Durch den Einsatz von Machine Learning-Algorithmen wird es möglich, umfangreiche Verkehrsdaten zu analysieren und Routen so zu planen, dass Lieferfahrzeuge optimal ausgelastet werden. Gayam et al. (2021) diskutieren die Vorteile dieser Technologie, die insbesondere in einer dynamischen Anpassung der Lieferwege auf Basis von Echtzeit-Verkehrsinformationen liegt. Neben der Verkürzung von Lieferzeiten und dem Potenzial zur Kraftstoffeinsparung ist besonders die Voraussage von Engpässen und

Verzögerungen hervorzuheben, die letztlich zu verlässlicheren und effizienteren Prozessabläufen führen.

Darüber hinaus können KI-gestützte Tools in das Lagermanagement integriert werden, um die Bestandsführung durch Predictive Analytics zu verbessern. Sibalija und Majstorovic (2012) illustrieren, wie KI-Systeme dazu beitragen, Nachfrageschwankungen zu antizipieren und Lagerbestände entsprechend zu verwalten. Indem Predictive-Maintenance-Verfahren eingesetzt werden, können Wartungsbedarfe vorausgesehen und somit Ausfallzeiten der Lagersysteme minimiert werden, was zu einer erhöhten Lieferbereitschaft führt. Neben diesen Vorzügen stellt die Optimierung des Warenein und -ausgangs durch KI-Tools einen weiteren Schritt dar, um Durchlaufzeiten zu beschleunigen und die Lagerkapazitäten effizienter zu nutzen.

Für die Optimierung der gesamten Lieferkette sind KI-basierte Forecasting-Tools von großer Bedeutung. Sie bieten die Grundlage für eine präzise Nachfrageprognose und reduzieren dadurch das Risiko von Out-of-Stock- bzw. Überbestandsituationen beträchtlich. Gayam et al. (2021) unterstreichen dabei, dass eine exakte Bedarfsplanung die Grundlage für eine effiziente Supply Chain bildet. Durch die Analyse historischer Verkaufsdaten und Marktrends können Bestellmengen und Lagerbestände optimiert werden, was wiederum zu einer verbesserten Inventarumschlagshäufigkeit führt. Ein weitsichtiger Blick auf Optimierungsstrategien zeigt, dass KI nicht nur für die aktuelle Prozessoptimierung von Bedeutung ist, sondern auch die intermodale Transporteffizienz durch die intelligente Planung und Koordination verschiedener Transportmittel steigern kann.

Die Transparenz und Nachvollziehbarkeit von logistischen Prozessen ist ein weiteres Feld, in dem KI-Technologien ihre Stärke ausspielen. Insbesondere die Verbindung von Blockchain- Technologie und KI kann zu einer sicheren und unveränderlichen Dokumentation in logistischen Abläufen beitragen, was eine hohe Produktqualität garantiert (Lee et al. 2018). Darüber hinaus ermöglichen KI-gesteuerte Tracking- und Tracing-Systeme eine lückenlose Rückverfolgbarkeit von Produkten entlang der Lieferkette. Dies spiegelt sich auch in verbesserten Kundenbeziehungen wider, denn die präzise Logistikplanung, die durch KI unterstützt wird, führt zu exakteren Angaben zu Lieferzeiten und -status.

Die Implementierung von KI in die Logistik ist jedoch nicht ohne Herausforderungen. Neben den technischen Anpassungen erfordert die Integration von KI-Technologien auch organisatorische Veränderungen und die Weiterbildung von Mitarbeiter. Datenschutz, Systemsicherheit und der ethische Umgang mit automatisierten Entscheidungsprozessen sind ebenfalls wichtige Aspekte, die in der weiteren Entwicklung von KI-Systemen in der Logistik zu berücksichtigen sind.

Insgesamt zeigt sich, dass KI-Tools ein breites Spektrum an Optimierungsmöglichkeiten für logistische Prozesse anbieten, die Effizienz und Nachhaltigkeit steigern können. Um diese voll auszuschöpfen, müssen jedoch nicht nur technische Lösungen, sondern auch ethische und gesellschaftliche Fragestellungen einbezogen werden.

5.5.2 Weitere Anwendungsfelder der KI

Der Einsatz von KI im Bereich der Lastprognose im Energiesektor ist ein Beispiel dafür, wie technologische Fortschritte zu einer effizienteren Ressourcennutzung beitragen können. Durch die Analyse von historischen Verbrauchsdaten und aktuellen Wetterbedingungen ermöglichen Deep- Learning-Modelle eine präzisere Vorhersage der Lastanforderungen. Diese gesteigerte Genauigkeit ist insbesondere in Zeiten des vermehrten Einsatzes erneuerbarer Energiequellen von großer Bedeutung, da sie eine verbesserte Planung und Verteilung von Energie Ressourcen gewährleistet (Li et al. 2017). Zugleich sind mit der Einführung solcher Systeme Fragen der Datenschutzkonformität und des Umgangs mit sensiblen Nutzerdaten verbunden, die im Rahmen einer verantwortungsvollen KI-Governance zu berücksichtigen sind.

Im Bereich der Bildungstechnologie hat Natural Language Processing (NLP) das Potenzial, Lerninhalte zu personalisieren und das Lernerlebnis zu individualisieren. NLP-Technologien können den Schwierigkeitsgrad von Lernmaterial automatisch anpassen und eine personalisierte Lernerfahrung erzeugen, was eine höhere Lerneffizienz und gesteigerte Lernmotivation zur Folge haben kann (Buxmann und Schmidt 2019). Trotz dieser Vorteile muss jedoch eine kritische Auseinandersetzung mit den möglichen Einschränkungen der Datenschutzrechte und der

Autonomie der Lernenden erfolgen, um sicherzustellen, dass persönliche Lernwege nicht zu Überwachungszwecken missbraucht werden.

Im Gesundheitswesen können Machine Learning und Deep Learning die diagnostische Genauigkeit verbessern und das medizinische Personal bei der Auswertung von Diagnosedaten unterstützen. Mittels Bilderkennungsalgorithmen lassen sich diagnostische Marker mit einer Präzision identifizieren, die menschlichen Fähigkeiten überlegen sein kann, was wiederum die Behandlungseffizienz erhöht (Schwab 2024). Die Kehrseite solcher technologischen Entwicklungen ergibt sich aus der Frage, inwieweit Ärzte abhängig von der Technologie werden und wie die Zuverlässigkeit solcher Systeme dauerhaft gewährleistet werden kann. Schließlich trägt KI zur Optimierung von intelligenten Verkehrssteuerungssystemen bei. Durch die Analyse von Echtzeitverkehrsdaten können KI-gestützte Systeme Verkehrsbelastungen reduzieren und zur Umweltentlastung beitragen, indem sie Verkehrsmuster vorhersehen und Verkehrsführungen dynamisch anpassen (Isfort 2024). Dabei ist es von zentraler Bedeutung, dass Algorithmen nicht vorhandene Ungerechtigkeiten verstärken oder einzelne Verkehrsteilnehmende benachteiligen, weshalb eine kontinuierliche Überprüfung und Anpassung der zugrunde liegenden Modelle im Sinne einer fairen KI notwendig ist.

Die vorgestellten Einsatzgebiete von KI zeigen, dass die Technologie das Potenzial besitzt, unterschiedlichste Prozesse sowohl im privaten Sektor als auch in Industrien zu revolutionieren. Es ist jedoch unabdingbar, dass mit der Integration von KI auch ethische und gesellschaftliche Implikationen sowie die Sicherstellung von Datenschutz und Fairness einhergehen müssen, um das volle Potenzial der Technologie unter Berücksichtigung der Interessen aller Stakeholder zu entfalten.

Die Auswirkungen der KI auf den Arbeitsmarkt sind von zentraler Bedeutung im Kontext der vierten industriellen Revolution. Die Dynamik der Arbeitswelt erfährt durch den zunehmenden Einsatz von KI-Technologien eine tiefgreifende Veränderung. Diese Entwicklung führt zur Schaffung neuer Berufsfelder, vor allem in der IT-Branche, wo die Nachfrage nach KI-Entwicklung und Datenanalyse weiter steigen wird. Stettes et al. (2017) illustrieren das Potenzial von KI-Einsatz zur Jobkreation und betonen, dass insbesondere in Bereichen, die menschliche Kreativität und Problemlösungskompetenzen erfordern, neue Arbeitsplätze entstehen. Dennoch ergibt sich aus dieser Entwicklung die Notwendigkeit, das vorhandene Personal durch Weiterbildungsprogramme auf den Einsatz neuer Technologien vorzubereiten. Die fortlaufende Bildung der Belegschaft gewährleistet nicht nur die Erhaltung der Arbeitsplätze, sondern auch die Anpassung der Kompetenzen an die sich ständig weiterentwickelnden Anforderungen der digitalen Wirtschaft.

Parallel zu den Chancen, die KI bietet, müssen heterogene Auswirkungen auf verschiedene Industrien in Betracht gezogen werden. Frost et al. (2019) weisen darauf hin, dass die Automatisierung durch KI-Technologien in manchen Branchen das Potenzial birgt, repetitive Tätigkeiten zu ersetzen, während in anderen Sektoren, insbesondere in kreativen und sozial interaktiven Bereichen, eine Zunahme der Arbeitsplätze zu erwarten ist. Diese Entwicklung könnte jedoch zu einer weiteren Verstärkung der Einkommensungleichheit führen, da gut bezahlte, hoch qualifizierte Positionen einerseits und schlecht bezahlte, niedrigqualifizierte Positionen andererseits in größerer Zahl entstehen. Um die negativen Folgen dieser Polarisierung zu mildern, sind gezielte Politikmaßnahmen erforderlich, die darauf abzielen, betroffene Gruppen durch gezielte Förderprogramme zu unterstützen und einen fairen Übergang in die neue Arbeitswelt zu ermöglichen.

Die Polarisierung des Arbeitsmarktes könnte auch einen erheblichen Einfluss auf mittlere Qualifikationsebenen haben. Willenbacher (2024) beschreibt das Risiko, dass insbesondere Jobs mit mittleren Qualifikationen einer hohen Automatisierungsgefahr ausgesetzt sind. Dies könnte dazu führen, dass die Arbeitnehmenden gezwungen sind, entweder in niedriger qualifizierte oder in höher qualifizierte Tätigkeiten zu wechseln, was das mittlere Qualifikationssegment verkleinert. Die daraus resultierende soziale Ungleichheit erfordert eine tiefgreifende Auseinandersetzung mit den Auswirkungen der KI auf die Einkommensstruktur und die Entwicklung von Strategien zur Bekämpfung der Arbeitsmarktpolarisierung.

Ein weiterer Aspekt ist die Anpassung der Rolle der Arbeitnehmer durch KI. Schwab (2024) betont, dass durch KI monotone Aufgaben automatisiert werden und die Arbeitnehmenden sich stärker auf konzeptionelles und kreatives Arbeiten fokussieren können. Dies führt zu einer Veränderung der Arbeitsaufgaben und eröffnet die Möglichkeit für eine mensch-zentrierte Arbeitsumgebung, in der die einzigartigen Fähigkeiten des Menschen durch maschinelle Intelligenz unterstützt und erweitert werden. Aus dieser Transformation ergeben sich Herausforderungen für die Umstrukturierung von Arbeitsprozessen, die eine flexible Anpassung an neue Arbeitsweisen erfordern, um die Vorteile von KI zu nutzen und innovative Arbeitsplätze zu schaffen.

Der Einfluss von KI auf den Arbeitsmarkt bringt sowohl Chancen als auch Herausforderungen mit sich. Es ist entscheidend, dass Industrie. und Politik Hand in Hand arbeiten, um sicherzustellen, dass die Übergänge für Arbeitnehmende sozial verträglich gestaltet werden. Einerseits müssen Bildungs- und Umschulungsprogramme gefördert werden, und andererseits müssen ethische Standards und Richtlinien entwickelt werden, um das Potenzial von KI-Technologien voll auszuschöpfen und gleichzeitig für alle beteiligten Parteien gerecht zu sein.

Literatur

Bengio, Y., Courville, A., & Vincent, P. (2013). Representation Learning: A Review and New Perspectives. IEEE Transactions on Pattern Analysis and Machine Intelligence, 35(8), 1798–1828. [online] Verfügbar unter: https://ieeexplore.ieee.org/document/6472238 (Aufruf: 9. Juni 2024).

Bertsekas, D. P. (2017). Dynamic Programming and Optimal Control, Vol. 1 (4th ed.). Athena Scientific, Belmont, MA.

Bishop, C. (2006). Pattern Recognition and Machine Learning. Springer.

Buxmann, P., & Schmidt, H. (2019). Künstliche Intelligenz. Springer, Berlin Heidelberg.

Christen, M., et al. (2020). Wenn Algorithmen für uns entscheiden: Chancen und Risiken der künstlichen Intelligenz. TA-SWISS, Zürich, Switzerland.

Devlin, J., Chang, M., Lee, K., & Toutanova, K. (2018). BERT: Pre-training of Deep Bidirectional Transformers for Language Understanding. [online] Verfügbar unter: https://arxiv.org/abs/1810.04805 (Aufruf: 14. Juni 2024).

Döbel, I., Leis, M., Molina Vogelsang, M., Neustroev, D., Petzka, H., Rüping, S., Voss, A., Wegele, M., & Welz, J. (2018). Maschinelles Lernen – Kompetenzen, Anwendungen und Forschungsbedarf. Fraunhofer-Gesellschaft.

Dohale, V., Akarte, M., Gunasekaran, A., & Verma, P. (2024). Exploring the role of artificial intelligence in building production resilience: learnings from the COVID-19 pandemic. International Journal of Production Research, 62(15), 5472–5488. [online] Verfügbar unter: https://www.tandfonline.com/doi/abs/10.1080/00207543.2022.2127961 (Aufruf: 22. Juni 2024).

Ester, M., Kriegel, H. P., Sander, J., & Xu, X. (1996). A density-based algorithm for discovering clusters in large spatial databases with noise. In: Proceedings of the 2nd International Conference on Knowledge Discovery and Data Mining, Portland, 226–231. [online] Verfügbar unter: https://www.dbs.ifi.lmu.de/Publikationen/Papers/KDD-96.final.frame.pdf (Aufruf: 10. Juni 2024).

Frick, D., Gadatsch, A., Kaufmann, J., Lankes, B., Quix, C., Schmidt, A., & Schmitz, U. (2021). Data Science. Springer Fachmedien Wiesbaden. [online] Verfügbar unter: https://link.springer.com/content/pdf/10.1007/978-3-658-33403-1.pdf (Aufruf: 13. Juni 2024).

Friedman, J., Hastie, T., & Tibshirani, R. (2009). The Elements of Statistical Learning. Springer, New York, NY, USA.

Frost, M., Jeske, T., & Terstegen, S. (2019). Die Zukunft der Arbeit mit Künstlicher Intelligenz gestalten. Zeitschrift für wirtschaftlichen Fabrikbetrieb, 114(6), 359–363. [online] Verfügbar unter: https://www.econstor.eu/handle/10419/165900 (Aufruf: 20. Juni 2024).

Furnham, A. (2009). The Validity of a New, Self-report Measure of Multiple Intelligence. Current Psychology, 28, 225. https://doi.org/10.1007/s12144-009-9064-z

Gardner, H. (1983). Frames of Mind. The Theory of Multiple Intelligences. Basic Books.

Gayam, S. R., Yellu, R. R., & Thuniki, P. (2021). Optimizing Supply Chain Management through Artificial Intelligence: Techniques for Predictive Maintenance, Demand Forecasting, and Inventory Optimization. Journal of AI-Assisted Scientific Discovery, 1(1), 129–144. [online] Verfügbar unter: https://scienceacadpress.com/index.php/jaasd/article/view/58 (Aufruf: 14. Juni 2024).

Goodfellow, I., Bengio, Y., & Courville, A. (2016). Deep Learning. MIT Press.
Goodfellow, I., Pouget-Abadie, J., Mirza, M., Xu, B., Warde-Farley, D., Ozair, S., Courville, A., & Bengio, Y. (2014). Generative Adversarial Nets. In: Advances in Neural Information Processing Systems 27 (NIPS 2014), 2672–2680.
Gurnhofer, J. (2019). Application of Classification Using Machine Learning for Quality Control. M.S. Thesis, Department of Information Systems Management, University of Applied Sciences Technikum Wien, Traiskirchen, Österreich.
Han, J., Kamber, M., & Pei, J. (2011). Data Mining: Concepts and Techniques (3rd ed.). Elsevier.
Isfort, L. (2024). Prozessoptimierung in der Intralogistik. Huss-Verlag.
Jain, A. K. (2010). Data Clustering: 50 Years Beyond K-Means. Pattern Recognition Letters, 31(8), 651–666. [online] Verfügbar unter: https://www.sciencedirect.com/science/article/pii/S0167865509002323 (Aufruf: 9. Juni 2024).
Jolliffe, I. T. (2002). Principal Component Analysis. Springer.
Kreutzer, R. T. (2023). Künstliche Intelligenz verstehen – Grundlagen, Use-Cases, unternehmenseigene KI-Journey (2. Aufl.). Springer Gabler.
LeCun, Y., Bengio, Y., & Hinton, G. (2015). Deep Learning. Nature, 521(7553), 436–444. [online] Verfügbar unter: https://www.researchgate.net/publication/277411375_Deep_Learning (Aufruf: 21. Mai 2024).
Lee, J., Davari, H., Singh, J., & Pandhare, V. (2018). Industrial artificial intelligence for Industry 4.0-based manufacturing systems. Manufacturing Letters, 18, 20–23. [online] Verfügbar unter: https://www.sciencedirect.com/science/article/pii/S2213846318301081 (Aufruf: 20. Mai 2024).
Lensing, K. (2023). KI-basierte Assistenzsysteme für die Industrie 4.0: Eine Bewertung aktueller Einsatzszenarien aus technikdidaktischer Perspektive. In: Handbuch Industrie 4.0: Band 1 – Produktion (S. 209–237). Springer, Berlin Heidelberg. [online] Verfügbar unter: https://link.springer.com/chapter/10.1007/978-3-662-58532-0_163 (Aufruf: 25. Juni 2024).
Lenzen, M. (2023). Künstliche Intelligenz: Was sie kann & was uns erwartet (4. Aufl.). C.H. Beck.
Li, B. H., Hou, B. C., Yu, W. T., Lu, X. B., & Yang, C. W. (2017). Applications of artificial intelligence in intelligent manufacturing: A review. Frontiers of Information Technology & Electronic Engineering, 18(1), 86–96. [online] Verfügbar unter: https://link.springer.com/article/10.1631/FITEE.1601885 (Aufruf: 25. Juni 2024).
Maier, G. (2018). Intelligenz. In: Gabler Wirtschaftslexikon. Verfügbar unter: https://wirtschaftslexikon.gabler.de/definition/intelligenz-37696/version-261129
Mikolov, T., Chen, K., Corrado, G., & Dean, J. (2013). Efficient Estimation of Word Representations in Vector Space. [online] Verfügbar unter: https://arxiv.org/abs/1301.3781 (Aufruf: 15. Juni 2024).
Mockenhaupt, A. (2021). Datengetriebene Prozessanalyse. In: Digitalisierung und Künstliche Intelligenz in der Produktion: Grundlagen und Anwendung (S. 271–284). Springer Fachmedien Wiesbaden. [online] Verfügbar unter: https://link.springer.com/chapter/10.1007/978-3-658-32773-6_11 (Aufruf: 20. Juni 2024).
Ni, D., Xiao, Z., & Lim, M. K. (2020). A systematic review of the research trends of machine learning in supply chain management. International Journal of Machine Learning and Cybernetics, 11, 1463–1482. [online] Verfügbar unter: https://link.springer.com/article/10.1007/s13042-019-01050-0 (Aufruf: 17. Mai 2024).
Pennington, J., Socher, R., & Manning, C. D. (2014). GloVe: Global Vectors for Word Representation. In: Proceedings of the 2014 Conference on Empirical Methods in Natural Language Processing (EMNLP), S. 1532–1543. [online] Verfügbar unter: https://aclanthology.org/D14-1162/ (Aufruf: 14. Juni 2024).
Paaß, G., & Hecker, D. (2020). Künstliche Intelligenz: Was steckt hinter der Technologie der Zukunft? Springer Fachmedien.
Qiu, D., Jiang, H., & Yan, R. (2020). Tolerance Rough Set-Based Bag-of-Words Model for Document Representation. International Journal of Computational Intelligence Systems, 13(1), S. 1218–1226. [online] Verfügbar unter: https://www.atlantis-press.com/article/125934333.pdf (Aufruf: 13. Juni 2024).

Rokach, L., & Maimon, O. (2014). Data Mining with Decision Trees: Theory and Applications (2. Aufl.). World Scientific. [online] Verfügbar unter: https://www.worldscientific.com/worldscibooks/10.1142/9097 (Aufruf: 20. Mai 2024).

Röser, A. (2021). Charakterisierung von schwacher und starker Künstlicher Intelligenz. Arbeitspapiere der FOM, Nr. 79. FOM Hochschule, Essen. [online] Verfügbar unter: https://www.fom.de/fileadmin/fom/forschung/arbeitspapiere/Arbeitspapiere-der-FOM/FOM-Arbeitspapier-79-Roeser-Kuenstliche-Intelligenz-2021.pdf

Russell, S., & Norvig, P. (2020). Artificial Intelligence: A Modern Approach (4. Aufl.). Pearson.

Russell, S. J., Dewey, D., & Tegmark, M. (2015). Research Priorities for Robust and Beneficial Artificial Intelligence. AI Magazine, 36(4), S. 105–114.

Schultz, M., & Joachims, T. (2002). Learning a Distance Metric from Relative Comparisons. Journal of Artificial Intelligence Research, 16, S. 693–712. [online] Verfügbar unter: https://www.jair.org/index.php/jair/article/view/10313 (Aufruf: 13. Juni 2024).

Schwab, B. (2024). Die Stunde der KI: Wie man die Chancen der Künstlichen Intelligenz nutzt und Herausforderungen bewältigt. LOG_X Verlag.

Shane, J. (2021). Künstliche Intelligenz – Wie sie funktioniert und wann sie scheitert (1. Aufl.). O'Reilly Verlag, Heidelberg.

Sibalija, T. V., & Majstorovic, V. D. (2012). An integrated approach to optimise parameter design of multi-response processes based on Taguchi method and artificial intelligence. Journal of Intelligent Manufacturing, 23, S. 1511–1528. [online] Verfügbar unter: https://link.springer.com/article/10.1007/s10845-010-0451-y (Aufruf: 20. Juni 2024).

Stettes, O., Arntz, M., Gregory, T., Zierahn, U., Dengler, K., Veit, D., & Rinne, U. (2017). Arbeitswelt 4.0: Wohlstandszuwachs oder Ungleichheit und Arbeitsplatzverlust – was bringt die Digitalisierung? ifo Schnelldienst, 70(07), S. 3–18. [online] Verfügbar unter: https://www.econstor.eu/handle/10419/165900 (Aufruf: 20. Juni 2024).

Süß, H.-M., & Beauducel, A. (2011). Intelligenztests und ihre Bezüge zu Intelligenztheorien. In: Hornke, L. F., Amelang, M. & Kersting, M. (Hrsg.), Leistungs-, Intelligenz- und Verhaltensdiagnostik, Band 3, S. 97–234. Hogrefe.

Sutton, R. S., & Barto, A. G. (2018). Reinforcement Learning: An Introduction (2. Aufl.). MIT Press, Cambridge, MA.

Tatineni, S., & Boppana, V. R. (2021). AI-powered DevOps and MLOps frameworks: Enhancing collaboration, automation, and scalability in machine learning pipelines. Journal of Artificial Intelligence Research and Applications, 1(2), S. 58–88. [online] Verfügbar unter: https://aimlstudies.co.uk/index.php/jaira/article/view/103 (Aufruf: 23. Mai 2024).

Turing, A. M. (1950). Computing Machinery and Intelligence. Mind, 59(236), S. 433–460.

Van der Maaten, L., & Hinton, G. (2008). Visualizing Data using t-SNE. Journal of Machine Learning Research, 9, S. 2579–2605. [online] Verfügbar unter: https://www.jmlr.org/papers/volume9/vandermaaten08a/vandermaaten08a.pdf (Aufruf: 16. Juni 2024).

Vaswani, A., et al. (2017). Attention Is All You Need. In: Proceedings of the 31st International Conference on Neural Information Processing Systems, S. 6000–6010. [online] Verfügbar unter: https://arxiv.org/abs/1706.03762 (Aufruf: 13. Juni 2024).

Willenbacher, M. (2024). Einsatz von künstlicher Intelligenz zur Prozessoptimierung und Steigerung der Ressourceneffizienz in kleinen und mittleren Unternehmen. Doktorarbeit, Medien- und Informationszentrum, Leuphana Universität Lüneburg.

Zhai, X., & Chen, F. (2023). A review of process optimization for additive manufacturing based on machine learning. Annals of Applied Mathematics, 39(04), S. 493–543. [online] Verfügbar unter: https://doc.global-sci.org/uploads/admin/article_pdf/20231010/8d2f8ac5b81943525bf8f2dbfaf5f63a.pdf (Aufruf: 17. Mai 2024).

Soziale Robotik 6

Neben Assistenzsystemen treten soziale Robotiksysteme immer mehr in den Vordergrund. Dabei gibt es eine Vielzahl von unterschiedlichen Anwendungsbereichen und Gestaltungsformen. Dieses Kapitel gibt neben einer einführenden Erläuterung zum Themenfeld der sozialen Robotik einen Überblick über den Bereich Pflege, Service sowie einen kurzen Exkurs in die Sexrobotik.

6.1 Einführung in die soziale Robotik

Soziale Robotik stellt einen revolutionären Zweig der Mensch-Technik-Interaktion dar, der sich fundamental von traditionellen Industrierobotern unterscheidet. Während Industrieroboter wie der KUKA KR AGILUS auf repetitive Präzisionsaufgaben in abgeschotteten Arbeitsbereichen spezialisiert sind, zielen soziale Roboter wie der bekannte Pepper (siehe Abb. 6.1) darauf ab, natürliche Interaktionen mit Menschen zu ermöglichen. Diese Systeme sind nicht nur Werkzeuge, sondern interaktive Partner, die sich in menschlichen Umgebungen bewegen und komplexe soziale Signale verarbeiten können. Der entscheidende Unterschied liegt in ihrer Fähigkeit, menschliche Verhaltensweisen zu interpretieren und angemessen zu reagieren – eine Fähigkeit, die sie für Anwendungen in Pflege, Bildung und Service prädestiniert.

Die Klassifikation sozialer Roboter erfolgt primär nach ihrem Anwendungszweck: Assistive Systeme wie der Robear-Roboter unterstützen in der Altenpflege bei körperlichen Aufgaben, edukative Roboter wie der NAO (Abb. 6.2) vermitteln Kindern Programmierkenntnisse, während Companion Robots wie der PARO-Seehund emotionale Bedürfnisse adressieren. Diese Differenzierung ist essenziell, da sie die technischen Anforderungen bestimmt – ein Pflegeroboter benötigt andere Sensoren und Aktoren als ein Bildungsroboter.

P. Pötters, S. Sen, *Mensch-Technik-Interaktion*,
https://doi.org/10.1007/978-3-658-49501-5_6

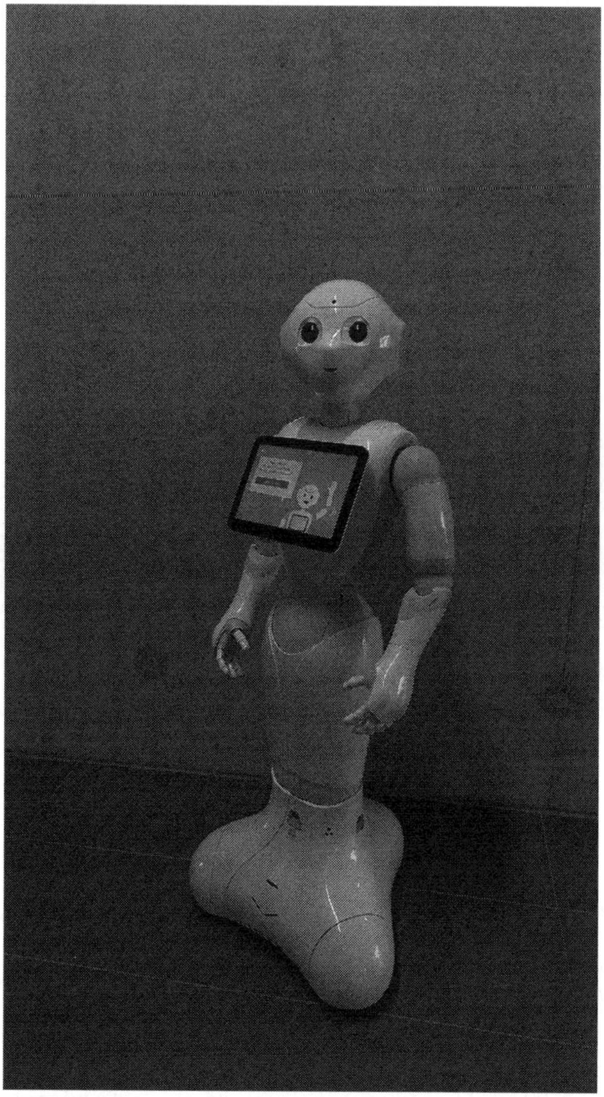

Abb. 6.1 Roboter Pepper

Aktuelle Studien zeigen, dass der Markt für soziale Roboter bis 2026 ein Volumen von 24 Mrd. US-Dollar erreichen wird (Research and Markets 2023), getrieben durch den demografischen Wandel und den zunehmenden Fachkräftemangel in Schlüsselbereichen.

Besonders im Gesundheitswesen werden soziale Roboter zu unverzichtbaren Helfern: In Japan, wo über 28 % der Bevölkerung älter als 65 sind, kommen sie bereits in 15 % der Pflegeeinrichtungen zum Einsatz (Japan Robot Association 2022).

Bereits in der Antike und im Mittelalter gab es mechanische Figuren, die als Automaten Aktionen ausführen sollten (Thalmann 2022, S. 9). Doch den heute gängigen Begriff des Roboters prägte der tschechische Schriftsteller Čapek im Jahr 1921: In seinem Theaterstück

Abb. 6.2 Nao-Roboter

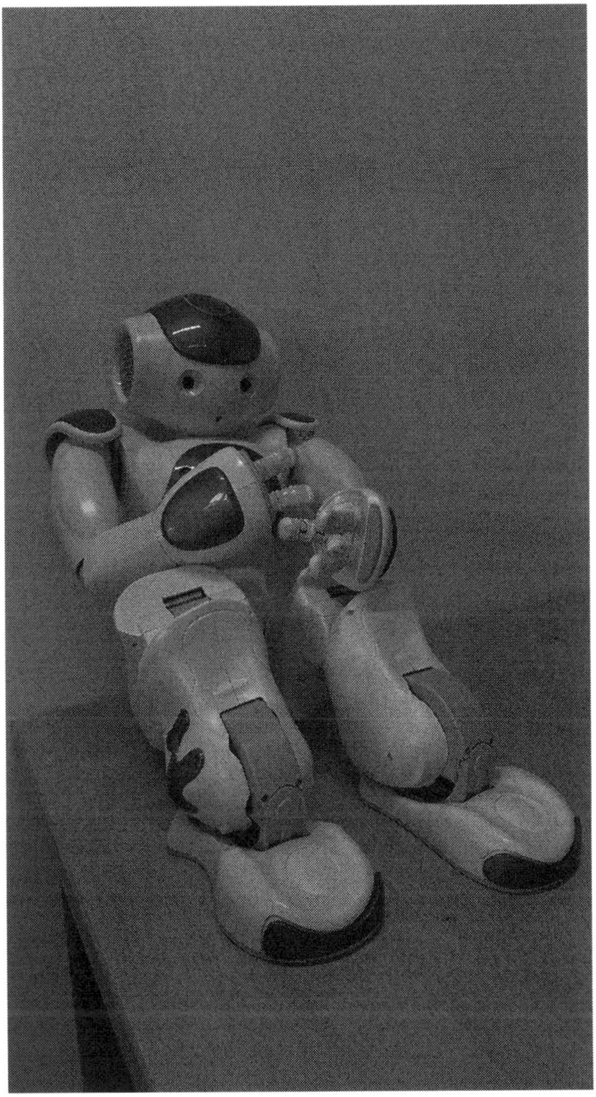

„R.U.R." (Rossum's Universal Robots), ließ er in einer Fabrik künstliche Menschen herstellen und nannte sie Roboti (Čapek 2022 Erster Akt). Die Entwicklung von Maschinen, die die menschliche Arbeit erleichtern, die Produktivität steigern und gefährliche oder monotone Aufgaben automatisieren sollen, wurde kontinuierlich vorangetrieben. Dieses Streben nach Effizienz und Sicherheit führte dazu, dass 33 Jahre später der erste Industrieroboter bei General Motors zum Einsatz kam. Mit Beginn der 1960er-Jahre wurden zunehmend mehr industrielle Roboter in der Massen- und Serienproduktion eingesetzt, insbesondere in der Automobilindustrie (Buxbaum und Kleutges 2020b). Dies markierte den Beginn der Ära, in der Roboter industriell eingesetzt wurden, um in abgetrennten Bereichen repetitive und für den Menschen schwere Arbeiten zu verrichten.

Aus dem Bedürfnis, nicht nur Maschinen zu schaffen, die funktionale Aufgaben erfüllen, sondern auch solche, die mit Menschen interagieren und ihnen helfen, zeichneten sich in den 1940er- und 1950er-Jahren die Anfänge der sozialen Robotik ab (Bendel 2021b). Im Jahr 1950 entwickelte Alan Turing den nach ihm benannten Turing-Test, um zu überprüfen, ob eine Maschine intelligentes Verhalten zeigen kann, das mit dem eines Menschen vergleichbar oder von diesem nicht zu unterscheiden ist (siehe Abschn. 5.1). Jedoch zeigte sich bald, dass der Turing-Test nicht ausreichend war. Als sich in den 1980er- und 1990er-Jahren dann die Konzepte der sozialen und emotionalen Intelligenz erweiterten, wurde menschliche Intelligenz nicht mehr nur als Fähigkeit verstanden, logische Fragen zu beantworten, sondern auch als die Fähigkeit, die Umwelt, die reale Welt, soziale Interaktionen und Emotionen zu berücksichtigen. Diese Aspekte konnte der Turing-Test jedoch nicht erfassen, sodass diese Erkenntnis zu neuen technischen Entwicklungen in Richtung intelligenter sozialer Roboter führte (Thalmann 2022). Die Erkenntnisse aus Forschung und Entwicklung sowie der technologische Fortschritt und gesellschaftliche Bedürfnisse, wie beispielsweise die Nachfrage nach unterstützenden Technologien, führten dann im 21. Jahrhundert zu einer starken Entwicklung im Bereich der sozialen Robotik (Bendel 2021b).

Die technische Basis sozialer Roboter umfasst drei Kernkomponenten: Erstens die Sensorik zur Umgebungs- und Nutzererfassung, darunter 3D-Tiefenkameras wie die Intel RealSense, die menschliche Gesten erkennen, und Mikrofonarrays für Sprachverarbeitung. Zweitens die Aktorik für Bewegungen und Feedback, etwa präzise Servomotoren für natürliche Kopfbewegungen oder taktile Displays für haptische Interaktion. Drittens die KI-Systeme für Verhaltenssteuerung, insbesondere Reinforcement Learning-Algorithmen, die aus Interaktionen lernen. Ein Paradebeispiel ist der vom MIT entwickelte Jibo-Roboter, der mittels Computer Vision Stimmungen analysiert und seine Reaktionen anpasst. Diese Technologien ermöglichen Anwendungen, die vor einem Jahrzehnt noch wie Science-Fiction wirkten – etwa Roboter, die Kinder mit Autismus-Spektrum-Störung in sozialen Fähigkeiten trainieren (Scassellati et al. 2018).

Innovative Projekte demonstrieren das Potenzial sozialer Robotik: Der vom Fraunhofer IPA entwickelte Care-O-bot 4 vereint mobile Manipulation mit Dialogfähigkeit und kann etwa Medikamente aushändigen oder Erinnerungen geben. Evaluierungen in Stuttgarter Seniorenheimen zeigen eine 40 %ige Reduktion von Medikationsfehlern (Graf et al. 2020). Im Bildungsbereich revolutioniert der EMYS-Roboter den Sprachunterricht – seine Fähigkeit, über 20 Emotionen darzustellen (siehe Abschn. 8.6), steigert bei Kindern die Lernmotivation um 60 % (Pandey und Gelin 2018). Doch nicht alle Anwendungen sind unumstritten: Sexrobotik wie die Harmony-KI wirft Fragen nach gesellschaftlichen Auswirkungen auf.

Die Relevanz sozialer Roboter zeigte sich besonders in der COVID-19-Pandemie: In Singapur übernahmen Roboter wie BeamPro die Visite in Quarantänestationen, reduzierten so Infektionsrisiken und entlasteten das Personal (Meah,. 2020). Solche Anwendungen verdeutlichen den Paradigmenwechsel – soziale Roboter werden nicht mehr als Ersatz, sondern als Erweiterung menschlicher Fähigkeiten gesehen. Wie diese Symbiose gelingen kann, untersuchen wir nach der Definition der sozialen Robotik in den folgenden Kapiteln, beginnend mit den technischen Grundlagen in Abschn. 6.2.

6.1.1 Definition der sozialen Robotik

In der Literatur finden sich mehrere Definitionen von sozialen Robotern, deren Unterschiede sich in der Vorstellung der Autoren über das, was als sozialer Roboter bezeichnet werden kann, widerspiegeln (Youssef et al. 2022). Das liegt daran, dass die soziale Robotik ein relativ junges Forschungsgebiet ist, in dem noch geklärt wird, was soziale Roboter genau sind, welche Funktionen sie haben sollen und für welche Zwecke sie hergestellt werden (Muhle 2023). Bendel definiert soziale Roboter als „sensomotorische Maschinen", die für den Umgang mit Menschen oder Tieren geschaffen wurden (Bendel 2021b). Des Weiteren wird auch häufig die Interaktion zwischen Mensch und Roboter als ein Kriterium für soziale Roboter genannt (Muhle 2023).

6.1.2 Die Dimensionen sozialer Roboter

Um soziale Roboter bestimmen zu können, werden typischerweise fünf Dimensionen betrachtet:

1. **Physische Interaktion mit Lebewesen:** Der Roboter kann physisch mit der Umgebung und den Menschen interagieren (Breazeal 2002; Bendel 2021b). Interaktion beschreibt eine „spezifische Beziehung zwischen Maschine und Mensch, die durch eine wechselseitige Wahrnehmung, Beobachtung sowie Aktion und Reaktion geprägt ist" (Bendel 2021c). Um eine effektive und natürliche Interaktion zwischen Robotern und Menschen zu ermöglichen, müssen Roboter in der Lage sein, die Komplexität des menschlichen Sozialverhaltens zu verstehen und darauf zu reagieren. Dies erfordert jedoch die von Robotern die Fähigkeit, verschiedene soziale Signale wie Blickrichtung, Gesichtsausdruck, Körperbewegungen und Sprache zu erkennen und zu interpretieren. Die Kombination dieser Signale lässt auf die mentalen Zustände des menschlichen Gegenübers schließen. Die sogenannte „Theory of mind" und Empathie sind Mechanismen, die entscheidend dazu beitragen, die emotionalen und subjektiven Zustände anderer zu verstehen und angemessen darauf zu reagieren (Breazeal 2002).

   Während bei einem klassischen Industrieroboter, der in der Fabrik in einem Käfig eingesperrt ist, kaum Interaktion mit Anwesenden stattfindet, besteht diese jedoch zwischen einem Kollaborationsroboter (oft Cobot genannt, siehe dazu Abschn. 7.2) und einem arbeitenden Menschen. Interaktion meint hierbei sowohl die Kommunikation mit dem Menschen als auch das gemeinsame Tun – beispielsweise in Zusammenhang mit Arbeit (Muhle 2023).

   Einfach ausgedrückt, ist er als physisches Element greifbar und wird vom Menschen gesehen.
2. **Die Kommunikationsfähigkeit:** Der Roboter hat die Fähigkeit, mit Menschen auf natürliche Weise zu kommunizieren. Dies kann sowohl verbal, durch Sprache, als auch nonverbal, durch Gestik, Mimik oder den Ausdruck von Emotionen geschehen (Breazeal 2002).

3. **Die Erkennung und den Ausdruck von Emotionen:** Der Roboter ist in der Lage, menschliche Emotionen zu erkennen, auf diese angemessen zu reagieren und auch eigene Emotionen auszudrücken (Breazeal 2002).
4. **Autonomie:** Damit ist die Fähigkeit des Roboters gemeint, unabhängig, ohne ständige Überwachung durch den Menschen zu handeln (Breazeal 2002). Soziale Roboter müssen autonom agieren und mit Menschen interagieren, indem sie soziale Kontexte erfassen, das Verhalten und die Emotionen der Benutzer verstehen und entsprechend reagieren (Sen, Kremer und Buxbaum 2019).
5. **Adaptivität:** Der Roboter kann sich an individuelle Präferenzen und soziale Kontexte anpassen (Breazeal 2002).

Kann dem Roboter eine oder mehrere dieser Dimensionen zugeordnet werden, so kann er in bestimmten Kontexten als sozialer Roboter bezeichnet werden. Zur komplexen und anspruchsvollen Anwendung sind jedoch mehrere dieser Dimensionen zu erfüllen, damit der Roboter den Erwartungen und Anforderungen durch den Menschen gerecht wird.

Während sich diese Dimensionen besonders auf kognitive und soziale Fähigkeiten beziehen, bezieht sich Bendel (2021a) auf fünf Dimensionen, die einen sozialen Roboter mehr durch seine physische Nähe und den Nutzen für den Menschen definieren. So sollen neben der zuvor genannten Interaktion mit Lebewesen und der Kommunikationsfähigkeit auch die folgenden Dimensionen einen sozialen Roboter ausmachen:

Die fünf Dimensionen sozialer Roboter sind für den Umgang mit dem Menschen oder Tieren konzipiert (Bendel 2021a). Im Folgenden wird ausschließlich die Kooperation mit dem Menschen behandelt. Das Modell der fünf Dimensionen sozialer Roboter wurde von Oliver Bendel entwickelt (Abb. 6.3). Die Dimension „Nutzen für Lebewesen" nimmt eine zentrale Position ein und verknüpft die übrigen vier Dimensionen miteinander.

Die erste der fünf Dimensionen ist die Interaktion mit Lebewesen. Diese umfasst die Kooperation mit dem Roboter, wobei insbesondere Industrieroboter, aber auch Roboter aus anderen Bereichen zu nennen sind (Buxbaum 2020a).

Abb. 6.3 Die fünf Dimensionen sozialer Roboter. (Bendel 2020)

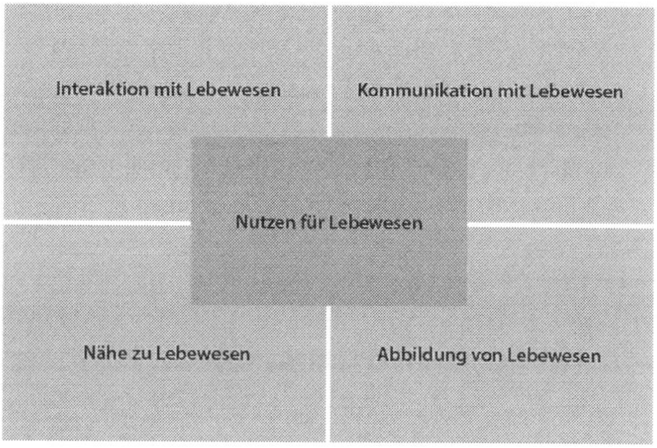

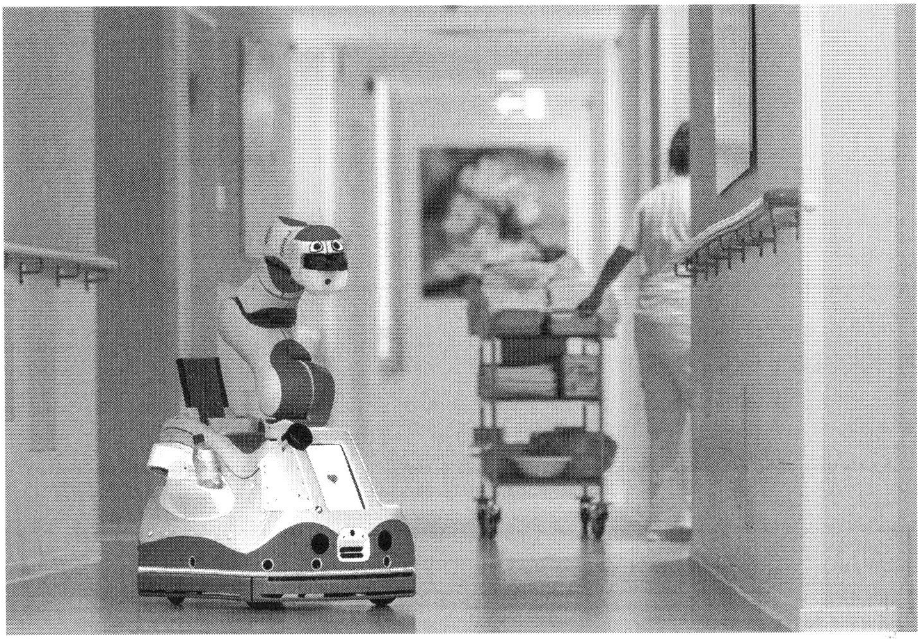

Abb. 6.4 Lio von F&P Robotics

Die zweite der fünf Dimensionen ist die Kommunikation mit dem Lebewesen. Diese Dimension besagt, dass die Kommunikation mit der Interaktion zusammenhängt. Es ist von entscheidender Bedeutung, dass das Interface des Roboters so gestaltet wird, dass es zu keinen Sprachbarrieren kommt. Diesbezüglich ist zu erwähnen, dass auch Dialekte vom Roboter Lio von den Probanden positiv aufgenommen wurden (Früh und Gasser 2018). Lio ist ein Assistenzroboter, der seine Benutzung in der Pflege findet (siehe dazu Abb. 6.4).

Harmony, als weiteres Beispiel, ist in der Lage, ihre Lippen sowie ihre Augenbrauen zu bewegen, was sich positiv auf die Kommunikation auswirkt, da dies lebendig wirkt (Bendel 2020).

Die dritte der fünf Dimensionen ist die Nähe zum Lebewesen, welche in engem Zusammenhang mit Kommunikation sowie Interaktion steht. Der Roboter befindet sich in unmittelbarer Nähe zum Benutzer, wodurch eine Anpassung seiner Fähigkeiten möglich ist. Bei einer größeren Distanz ist der Roboter in der Lage, seine Lautstärke beim Sprechen anzupassen. Es besteht weiterhin die Möglichkeit, Hand in Hand mit dem Roboter zu arbeiten, da er in der Dimension auch die Fähigkeit besitzt, Objekte zu bringen und zu transportieren. Dies findet vor allem im Gesundheitswesen seinen Einsatz.

Die vierte Dimension bezeichnet die Abbildung von Aspekten von Lebewesen, welche das Zusammenspiel der bereits genannten Dimensionen eins bis drei umfasst. Die Gestaltung des Roboters ist von entscheidender Bedeutung. Dabei ist darauf zu achten, dass die Ähnlichkeit zum Menschen zwar gegeben ist, jedoch nicht zu groß ausfällt, da dies zu einer Ablehnung des Roboters durch den Nutzer führen kann. Diese Ablehnung wird als Uncanny Valley Effekt bezeichnet (siehe Abschn. 8.1.3).

Die fünfte Dimension, die im Zentrum der anderen vier Dimensionen steht, hat die Aufgabe, die eigentliche Aufgabe zu erfüllen, dies könnte z. B. in der Pflege die Unterhaltung oder der Transport von Medikamenten, Nahrung etc. sein. Der humanoide Roboter sollte klar auf seine Aufgaben spezialisiert sein. Oberstes Ziel ist dabei immer die Erfüllung der Aufgabe, ohne den Benutzer einzuschränken und vor allem ohne ihn physisch und psychisch zu verletzen.

Emotionen werden bei Robotern eingesetzt, um gezielte Reaktionen beim Benutzer auszulösen, so wirken Emotionen natürlich und geben Objekten eine höhere Bedeutung, die Bindung zum Benutzer wird dadurch erhöht und der Benutzer hat nicht das Gefühl mit reiner Technik zu agieren. Bei erfolgreicher Zusammenarbeit kann durch die simulierten Emotionen des Roboters eine bessere Bindung zum Menschen entstehen. Ein Beispiel aus dem Handel wäre, dass ein Roboter auch durch sein Auftreten, den Kunden emotional manipulieren kann (Schulze et al. 2021, S. 25, 27). Emotionen werden meist höher entwickelten Lebewesen zugeschrieben. Da ein humanoider Roboter diese simulieren kann, wirkt dieser lebensechter und baut schneller eine Vertrauenswürdigkeit sowie Glaubwürdigkeit auf. Emotionen des humanoiden Roboters können auch dazu führen, dass der Mensch dem humanoiden Roboter einen Fehler verzeiht (Schulze et al. 2021). Es ist auch möglich, dass ein humanoider Roboter als Vermittler von Emotionen zwischen Person A und Person B fungieren kann, dies ist möglich, da der Roboter ebenfalls Emotionen und Empathie empfinden kann:

- **Nutzen für den Menschen:** Der Nutzen für den Menschen gilt als das zentrale Element der fünf Dimensionen (Bendel 2021b) und interagiert mit den einzelnen Dimensionen. Dabei handelt es sich meist um die Erfüllung einer Aufgabe (Bendel 2021c)
- **Nähe zu Lebewesen:** Ein sozialer Roboter ist unmittelbar beim Menschen, um ihm beispielsweise etwas anzureichen oder ihm etwas abzunehmen. Die Nähe ist ein wesentliches Kriterium für einen sozialen Roboter und korreliert mit der Interaktion und Kommunikation mit dem Menschen (Bendel 2021c).
- **Abbildung von Aspekten von Lebewesen:** Hiermit ist die Gestalt des maschinellen Körpers gemeint (Bendel 2021b). Diese bezieht sich bei sozialen Robotern auf die Nachahmung menschlicher oder tierischer Merkmale wie Augen, Ohren, Mund, Gliedmaßen und Haut, um die Interaktion, Kommunikation und Nähe zum Menschen zu verbessern. Diese Merkmale können helfen, soziale Funktionen zu erfüllen und Empathie zu wecken, obwohl sie manchmal auch als störend empfunden werden können, wenn der sogenannte „ Uncanny Valley – Effekt“ auftritt.

6.2 Technische Grundlagen in der sozialen Robotik

6.2.1 Sensorik für soziale Interaktion

Die Fähigkeit sozialer Roboter, mit Menschen natürlich zu interagieren, basiert auf ausgeklügelten Sensorsystemen, die menschliche Signale präzise erfassen und interpretieren können. Diese technischen Sinnesorgane unterscheiden sich fundamental von denen industrieller Roboter – sie müssen nicht nur präzise messen, sondern auch die Nuancen menschlicher Kommunikation verstehen (Breazeal 2021).

Die Augen des Roboters: Visuelle Wahrnehmungssysteme

Moderne soziale Roboter verfügen über hoch entwickelte visuelle Systeme, die weit über einfache Kameras hinausgehen. Ein gutes Beispiel ist die Intel RealSense D455 Tiefenkamera, die in vielen Forschungsplattformen eingesetzt wird. Diese Kamera erfasst nicht nur Bilder, sondern erstellt präzise 3D-Modelle der Umgebung mit einer Genauigkeit von ±2 Millimeter auf eine Entfernung von vier Metern. Kombiniert mit Algorithmen wie OpenPose kann das System in Echtzeit bis zu 25 verschiedene Körpergelenke einer Person verfolgen und so Gesten und Körperhaltungen interpretieren (Cao et al. 2021).

Besonders interessant ist die Entwicklung im Bereich der Emotionserkennung. Das von SoftBank Robotics entwickelte Emotion Engine SDK analysiert 68 verschiedene Gesichtspunkte mit einer beeindruckenden Geschwindigkeit von 500 Bildern pro Sekunde (SoftBank 2022). Dies ermöglicht die Erkennung selbst flüchtiger Mikroexpressionen, die oft nur 0,5 s andauern. Aktuelle Studien zeigen, dass solche Systeme Basisemotionen wie Freude oder Ärger mit einer Trefferquote von 89 % korrekt identifizieren können. Mehr dazu in Kap. 8. Ein vielversprechender neuer Ansatz kommt von Forschern des AMBER Lab an der UC San Diego. Sie verwenden hyperspektrale Bildgebung, um subtile Veränderungen der Hautdurchblutung zu messen. Diese Technologie könnte es Therapierobotern in Zukunft ermöglichen, Stress oder Angst bei Patienten zu erkennen, noch bevor diese Emotionen sichtbar werden.Doch diese Systeme haben ihre Grenzen. Bei schlechten Lichtverhältnissen unter 50 Lux kann die Leistung um bis zu 60 % abnehmen. Zudem gibt es nach wie vor Probleme mit ethnischen Verzerrungen – AI Agorithmen erkennen Emotionen bei Menschen mit dunklerer Hautfarbe oft weniger zuverlässig (IEEE Transactions on Affective Computing 2023)

Die Ohren des Roboters: Auditive Wahrnehmung

Die akustische Wahrnehmung sozialer Roboter ist ebenso beeindruckend. Moderne Systeme wie das ReSpeaker 6-Mic-Array kombinieren präzise Schallortung mit ausgeklügelter Sprachanalyse. Diese Technologien können nicht nur verstehen, was gesagt wird, sondern auch wie es gesagt wird.

Ein gutes Beispiel ist die von Google entwickelte Dialogflow CX-Plattform. Sie trennt den eigentlichen Inhalt der Sprache (Natural Language Understanding) von paraverbalen Merkmalen wie Tonhöhenvariation, Sprechgeschwindigkeit (gemessen in Wörtern pro Minute) oder sogar Atemgeräuschen. Letzteres könnte in Zukunft die Früherkennung von Atemwegserkrankungen in Pflegeheimen ermöglichen.Für die emotionale Sprachanalyse hat sich das openSMILE-Framework als besonders leistungsfähig erwiesen. Es kann 6373 verschiedene akustische Merkmale extrahieren und erreicht eine bemerkenswerte Genauigkeit bei der Unterscheidung von Emotionen wie Wut und Freude.

Die größte Herausforderung bleibt die Störgeräuschunterdrückung. In lauten Umgebungen wie Einkaufszentren oder Bahnhöfen kann die Erkennungsgenauigkeit um 30 bis 40 % sinken.

Der Tastsinn der Roboter
Die taktile Wahrnehmung ist für natürliche Interaktionen ebenso wichtig. Moderne Roboter wie der von SoftBank Robotics entwickelte Pepper verfügen über hochsensible Berührungssensoren. Die in die Roboterhaut integrierten Drucksensormatrizen können nicht nur messen, wo und wie stark sie berührt werden (im Bereich von 0,1 bis 10 N), sondern auch die Dauer der Berührung. Diese Fähigkeit ermöglicht es dem Roboter, zwischen verschiedenen Arten von Berührungen zu unterscheiden – etwa zwischen einem aggressiven Griff (über 5 N pro Quadratzentimeter) und einem tröstenden Halten (gleichmäßiger Druck von etwa 2 N pro Quadratzentimeter) (SoftBank 2022).

6.2.2 Aktorik sozialer Roboter

Die Aktorik sozialer Roboter bildet das Pendant zur Sensorik – sie übersetzt berechnete Reaktionen in physische Interaktionen. Während industrielle Aktoren auf Präzision und Wiederholgenauigkeit optimiert sind, müssen soziale Roboter Bewegungen erzeugen, die menschliche Erwartungen an Natürlichkeit erfüllen (Breazeal 2021). Dieser Abschnitt analysiert die drei zentralen Aktorklassen in einem Überblick.

Motorik und Bewegungssteuerung
Die Bewegungsharmonie sozialer Roboter basiert auf präzisen Servomotoren mit ausgeklügelten Kontrollalgorithmen. Der humanoide Roboter Atlas von Boston Dynamics nutzt beispielsweise hydraulische Aktoren mit einer Ansprechzeit von <5 ms, die natürliche Gehbewegungen mit 28 Freiheitsgraden ermöglichen (Boston Dynamics 2023 Technical Report). Vergleichbare Systeme in Service-Robotern, wie Pepper (SoftBank Robotics), verwenden elektrische Dynamixel-Motoren mit:

- Positionsgenauigkeit von ±0,5°
- Drehmoment bis 8 Nm
- Geräuschemission <30 dB (Kanehiro 2022)
- Die Steuerung erfolgt typischerweise über inverse Kinematik-Algorithmen (Siciliano und Khatib 2016), die unter Berücksichtigung von:
- Energieeffizienz
- Kollisionsvermeidung
- Menschlicher Bewegungsästhetik (nach dem Minimum-Jerk-Prinzip, Flash und Hogan 1985)
- optimierte Trajektorien berechnen.

Aktuelle Forschungen des MIT (Park et al. 2023) zeigen, dass neuronale Netze Bewegungsmuster mit 92 % menschlicher Natürlichkeit erreichen können.

Sprach- und Lauterzeugung
Die stimmliche Interaktion sozialer Roboter erfordert mehr als einfache Text-to-Speech-Systeme. Moderne Plattformen wie Vocaloid (Yamaha Corporation) kombinieren:

- Formantsynthese mit 5000 Sprachproben pro Phonem
- Emotionale Modulation (Schröder 2023)
- Prosodie-Anpassung (Grundfrequenzvariation ±15 %)

Vergleichende Studien an der Universität Bielefeld (Schröder 2020) demonstrieren, dass solche Systeme die Nutzerakzeptanz gegenüber monotoner Sprachausgabe um 60 % steigern. Besonders innovativ ist die Integration von Atemgeräuschen, die Natürlichkeitsbewertungen in Blindtests um 2,3 Punkte auf der 7-stufigen Likert-Skala erhöht.

Haptisches Feedback
Taktile Interaktionen werden durch drei Aktortypen ermöglicht (Cramer et al. 2022):

1. Vibrationsmotoren, wie Liniare Resonantaktoren (LRA) mit Frequenzsteuerung zwischen 50–500 Hz. Diese Impulse immitieren Emotionen (z. B. 3 kurze Pulse für Freude).
2. Formgedächtnislegierungen, aus Nickel-Titan-Drähte (Nitinol) mit 4 % Formänderung, die eine weiche, organische Bewegung ermöglichen.
3. Elektroaktive Polymere, wie DEA (Dielectric Elastomer Actuators) mit 300 % Dehnung, die eine Nachbildung menschlicher Hauttextur erlauben.

6.2.3 KI-Modelle für soziale Interaktion

Die künstliche Intelligenz bildet das kognitive Herzstück sozialer Roboter und übersetzt sensorische Eingaben in angemessene Interaktionen. Während Kap. 5 die technischen Details der KI-Modelle vertieft, skizzieren wir hier ihre grundlegende Rolle im Gesamtsystem sozialer Roboter.

Vom Signal zur Bedeutung: Wahrnehmungsketten
Moderne soziale Roboter nutzen mehrstufige Verarbeitungspipelines, um Sinneseindrücke in Handlungen zu transformieren. Ein typischer Dialogzyklus beginnt mit der Spracherkennung, wo Modelle wie Googles BERT nicht nur Wörter identifizieren, sondern auch Absichten hinter Fragen wie „Kannst du mir helfen?“ mit 88 % Genauigkeit klassifizieren. Diese Fähigkeit ist besonders wichtig in lauten Umgebungen wie Seniorenheimen, wo Hintergrundgeräusche die Rohdaten oft verfälschen.

Parallel analysieren visuelle KI-Module Körpersprache – ein gesenkter Kopf oder verschränkte Arme können hier auf Ablehnung hinweisen, selbst wenn die verbale Kommunikation freundlich klingt. Aktuelle Systeme kombinieren bis zu 14 verschiedene sensorische Eingabekanäle in Echtzeit.

Natürlichkeit durch Lernen

Was soziale Roboter besonders macht, ist ihre Fähigkeit, Interaktionsmuster nicht stur zu reproduzieren, sondern kontinuierlich zu verbessern. Ein spannendes Beispiel sind Reinforcement-Learning-Algorithmen, die anhand menschlicher Bewertungen lernen, welche Bewegungen als „freundlich" oder „aufdringlich" wahrgenommen werden (siehe Kap. 5). In einer Studie des MIT Media Lab passten Roboter ihre Gestik binnen 50 Interaktionen so an, dass 72 % der Probanden sie als ebenso angenehm empfanden wie menschliche Partner.

6.3 Pflegerobotik

Die Pflegerobotik ist ein Teilbereich der Sozialen Robotik. Die Frage, ob und wie Robotertechnik zur Entlastung des Pflegepersonals beitragen kann, gewinnt angesichts des demografischen Wandels zunehmend an Dringlichkeit. Die Pflegebranche steht global vor enormen Herausforderungen: Bis 2034 werden allein in Deutschland voraussichtlich 350.000 Pflegekräfte fehlen (Statistisches Bundesamt 2025), während gleichzeitig die Zahl der Pflegebedürftigen stark steigt.

Während in der Industrie die Mensch-Roboter-Kollaboration (MRK) bereits seit Jahren etabliert ist, stellt sich die Situation in Pflegeinstitutionen weitaus komplexer dar. Können bewährte Systeme aus der industriellen Produktion tatsächlich auf den sensiblen Pflegebereich übertragen werden? Welche technischen und konzeptionellen Hürden müssen überwunden werden, damit Roboter nicht nur in Forschungslaboren, sondern im realen Pflegealltag bestehen können? Und welche Lösungen haben sich in anderen Ländern bereits bewährt?

Ein Blick nach Japan, der weltweit am stärksten überalterten Gesellschaft, zeigt sowohl die Potenziale als auch die Grenzen des aktuellen Technikeinsatzes. Mit einem Seniorenanteil von über 29 % der Bevölkerung steht das Land vor Herausforderungen, die Europa erst in den kommenden Jahrzehnten erwarten. Entsprechend früh hat die japanische Regierung die Entwicklung von Pflegerobotern vorangetrieben und zwischen 2015 und 2022 über 300 Mio. Euro in entsprechende Forschungsprojekte investiert (Japan Ministry of Health 2023). Dennoch hat sich selbst dort noch kein System flächendeckend durchsetzen können – ein Indiz für die besonderen Anforderungen des Pflegesektors.

In deutschen Pflegeeinrichtungen zeigt sich ein ähnliches Bild: Zwar existieren zahlreiche vielversprechende Forschungsprojekte und Prototypen, der tatsächliche Einsatz beschränkt sich jedoch bislang überwiegend auf einfache Transportaufgaben. Der am Fraunhofer IPA entwickelte Care-O-bot 4 etwa kann in der häuslichen Pflege Medikamente aushändigen oder Getränke servieren, während autonome Pflegewagen in stationären Einrichtungen das Personal bei logistischen Aufgaben unterstützen. Diese vergleichsweise einfachen Anwendungen verdeutlichen jedoch einen grundlegenden Unterschied zum industriellen Einsatz: Während MRK-Systeme in Fabriken klar definierte, repetitive Aufgaben übernehmen, müssen Pflegeroboter mit der Variabilität menschlicher Bedürfnisse und unvorhersehbaren Situationen zurechtkommen.

Interessanterweise bieten gerade die aus der Industrie bekannten MRK-Systeme entscheidende Vorteile für die Pflegeautomatisierung. Ihre standardisierten Komponenten sind nicht nur technisch ausgereift und sicherheitszertifiziert, sondern durch Massenproduktion auch wirtschaftlich interessant (siehe Kap. 7). Aufgaben wie das Holen, Bereitstellen oder Anreichen von Gegenständen – zentrale Elemente vieler Pflegeprozesse – ähneln zudem grundlegend industriellen Handhabungsprozessen. Die entscheidende Herausforderung liegt daher weniger in der reinen Mechanik als vielmehr in der Anpassung der Mensch-Technik-Schnittstellen und Interaktionskonzepte an die besonderen Anforderungen des Pflegebereichs. Die Sicherheit hat dabei oberste Priorität, ein Prinzip, das aus der industriellen MRK bekannt ist, im Pflegekontext jedoch noch an Bedeutung gewinnt. Während in Fabriken klare Sicherheitszonen und Bewegungsbereiche definiert werden können, agieren Pflegeroboter in unstrukturierten Umgebungen mit besonders vulnerablen Nutzern. Moderne Sicherheitstechnologien wie kraftbegrenzende Antriebe (nach ISO/TS 15066) und taktile Sensoren und Aktoren, wie in Abschn. 6.2 beschrieben, bilden hier die Basis, müssen jedoch durch pflegespezifische Sicherheitskonzepte ergänzt werden.

6.3.1 Aktuelle Systeme der Pflegerobotik im Überblick

Nach dieser grundlegenden Einordnung lohnt ein systematischer Überblick über die bereits verfügbaren Systeme und ihre Anwendungsfelder. Aktuelle Pflegerobotik-Lösungen lassen sich in drei Hauptkategorien unterteilen:

- Mobilassistenzsysteme
- Körperunterstützende Systeme
- Sozio-emotionale Begleitsysteme

Zu diesen drei Kategorien schauen wir uns nun Beispielsysteme genauer an:

Mobilassistenzsysteme für Logistikaufgaben

- **RIBA-II (Riken/Toyota, Japan):** Als wegweisende Entwicklung in der patientennahen Robotik vereint der RIBA-II (Robot for Interactive Body Assistance) fortschrittliche Hebe- und Transportfähigkeiten mit sensibler Interaktionssteuerung. Der seit 2021 in japanischen Pflegeheimen getestete Roboter verfügt über ein spezielles Armsystem mit sechs Freiheitsgraden und hochpräzisen Kraftsensoren (±2 N Genauigkeit), das selbst den schonenden Transfer bettlägeriger Patienten ermöglicht. Besonders innovativ ist das integrierte Sprachsteuerungssystem, das auf pflegespezifische Kommandos trainiert wurde und selbst in lauten Umgebungen zuverlässig funktioniert. Feldtests zeigen, dass der RIBA-II die körperliche Belastung des Pflegepersonals bei Transferaufgaben um 40 % reduziert (Riken-Report 2022), wobei die achtstündige Akkulaufzeit einen ganzen Arbeitseinsatz ermöglicht.

- **Care-O-bot 4 (Fraunhofer IPA, Deutschland):** Der Care-O-bot 4 repräsentiert den europäischen Ansatz modularer Pflegeassistenz. Seine multifunktionale Plattform kombiniert präzise Logistikfunktionen – etwa die RFID-gesicherte Medikamentenausgabe – mit sensorbasierten Sicherheitssystemen für den Einsatz in unstrukturierten Wohnumgebungen. Die Time-of-Flight-3D-Sensoren erfassen selbst feinste Bewegungen in Echtzeit, während austauschbare Greifmodule Anpassungen an verschiedene Pflegeszenarien ermöglichen. Praxiseinsätze in Stuttgarter Seniorenheimen dokumentieren eine 30 %ige Zeitersparnis bei Routineaufgaben (Graf et al. 2022), wobei besonders die intuitive Bedienoberfläche für weniger technikaffines Personal positiv hervorgehoben wird.

Körperunterstützende Systeme

- **Robear (Riken, Japan):** Mit seinem einzigartigen „Soft Robotics"-Design revolutioniert der Robear die physische Patientenunterstützung. Seine bärenähnliche Silhouette verbirgt ein ausgeklügeltes System aus nachgiebigen Aktoren und Kraftrückkopplung, das Bewegungen mit menschlicher Sanftheit ausführt. Die auf 20 N/cm^2 begrenzte Druckausübung entspricht dabei den strengen japanischen Sicherheitsstandards (JIS B 8446), während die Not-Aus-Funktion bei unerwarteten Patientenbewegungen sofort eingreift. Aktuelle Akzeptanzstudien verzeichnen eine 89 %ige Zustimmungsrate unter Pflegekräften (Nursing Journal Japan 2023), was besonders auf die gelungene Balance zwischen mechanischer Leistung und Sicherheit zurückzuführen ist.
- **HAL for Medical Use (Cyberdyne, Japan):** Das HAL-Exoskelett überträgt Cyborg-Technologie in die Pflegepraxis. Durch Sensoren erfasst es die Muskelaktivität des Trägers und unterstützt gezielt bei Hebebewegungen – eine Technologie, die als erstes Robotiksystem die CE-Zertifizierung als Medizinprodukt Klasse IIa erhielt. In europäischen Pflegeheimen kommt HAL insbesondere bei der Mobilisation schwer pflegebedürftiger Patienten zum Einsatz, wobei klinische Studien eine 50 %ige Reduktion von Rückenbelastungen dokumentieren (Cyberdyne Whitepaper 2023).

Sozio-emotionale Systeme

- **PARO (AIST, Japan):** Die therapeutische Roboterrobbe PARO setzt mit ihrem biomimetischen Design neue Maßstäbe in der Demenzbetreuung. Unter dem weißen Fell verbirgt sich ein lernfähiges Verhaltenssystem, das auf Streicheleinheiten mit individuellen Reaktionen antwortet. Klinische Studien belegen eine 38 %ige Reduktion von Agitationszuständen (ClinicalTrials.gov NCT05224141), was zur Zulassung als erstes Robotertherapiegerät in den USA und EU führte. Besonders bemerkenswert ist die autonome Interaktionsfähigkeit, die selbst bei fortgeschrittener Demenz bedeutsame soziale Kontakte ermöglicht (siehe Abb. 6.5)
- **Pepper in Care Homes (SoftBank Robotics):** Pepper bringt humanoide Robotik in den Pflegealltag. Ausgestattet mit multisensorieller Umgebungserfassung führt er nicht nur Erinnerungsaufgaben (Medikamenteneinnahme) durch, sondern animiert auch zu Bewegungsübungen durch interaktive Spiele (siehe Abb. 6.1). Britische Evaluierungen (AgeUK Report 2023) zeigen eine 72 %ige Akzeptanz bei Bewohnern, wobei besonders die nonverbale Kommunikation durch Kopfbewegungen und Gesten zur positiven Aufnahme beiträgt.

Abb. 6.5 Paro Roboter

MRK-Adaptionen aus der Industrie

- **KUKA LBR Med (Deutschland):** Dieses medizinisch adaptierte Leichtbaurobotersystem überträgt industrielle MRK-Präzision in klinische Umgebungen. Das sterile Design und die kraftgeregelte Bewegungsführung (<5 ms Reaktionszeit) ermöglichen präzises Instrumentenreichen ohne Sicherheitsabtrennungen. In deutschen Universitätskliniken kommt es insbesondere bei sterilen Verbandswechseln zum Einsatz, wo es die Kontaminationsrate um 60 % senken konnte (KUKA Medical Report 2023).
- **YuMi (ABB, Schweiz):** Der dualarmige YuMi-Roboter zeigt das Potenzial industrieller Präzisionsrobotik in der Pflege. Speziell modifizierte Greifer ermöglichen das sichere Anreichen von Tabletten oder Besteck, wobei die kraftgeregelte Steuerung selbst bei unerwarteten Bewegungen des Patienten sofort stoppt. Schweizer Studien (ETH Zürich 2023) dokumentieren eine 68 %ige Effizienzsteigerung bei der Nahrungsaufnahme-Unterstützung, wobei die kompakte Bauform besonders für beengte Pflegezimmer vorteilhaft ist.

6.4 Sexrobotik

Sexroboter stellen eine Unterkategorie der sozialen Robotik dar. Die Entwicklung von Sexrobotern hat zu einer intensiven Debatte geführt, die ethische, moralische und soziale Fragen aufwirft. Ihre Existenz und Weiterentwicklung spiegeln die Schnittstelle zwischen technologischem Fortschritt und den komplexen Dynamiken menschlicher Intimität wider.

Durch so einen großen Einschnitt in die menschliche Intimität, werfen Sexroboter einige neue Fragen bezüglich der Lust, Emotion und Beziehung, aber auch gesellschaftliche Strukturen auf. Während soziale Roboter im Allgemeinen entwickelt werden, um empathische Beziehungen zu fördern (Truschkat und Bormann 2023), werden Sexroboter geschaffen, um intime Erfahrungen zu simulieren, was eine technologische Herausforderung darstellt, aber auch mit einigen kulturellen und moralischen Kontroversen einhergeht.

Mit der Entwicklung dieser Roboter gilt die Annahme, dass Maschinen nicht nur funktionale Aufgaben übernehmen, sondern auch soziale Rollen einnehmen können. Dieser evolutionäre Schritt in der Robotik signalisiert ein Wandel in der Vorstellung von Maschinen als bloße Werkzeuge hin zu aktiven Teilnehmern in sozialen Strukturen (Kindler o. J.). Obwohl die technologischen Fortschritte in der künstlichen Intelligenz bemerkenswert sind, bleibt die Frage, inwieweit Maschinen echte emotionale Intelligenz entwickeln können, offen (Truschkat und Bormann 2023).

Komplexe Interaktionen zwischen Menschen und Robotern, insbesondere im Bereich der Sexrobotik, werfen immer wieder bedeutende anthropologische und psychologische Fragen auf, wie diese Technologien beispielsweise unsere Vorstellung von Empathie und menschlicher Verbindung beeinflussen. Welche gesellschaftlichen Konsequenzen ergeben sich durch die Einführung einer so intimen Technologie? Obwohl diese Technologie eine neue Dimension der Mensch-Maschine-Interaktion eröffnet, bleibt die Reaktion der Gesellschaft zweigeteilt, insbesondere hinsichtlich ethischer und moralischer Bedenken (DeFalco 2023).

Insgesamt bietet das wachsende Feld der sozialen Robotik, insbesondere im Bereich der Sexroboter, weitreichende Möglichkeiten zur Erforschung von verschwimmenden Grenzen zwischen Technologie und Menschlichkeit. Davon ausgehend, wird ein durchaus besseres Verständnis der gegenwärtigen technologischen Kapazitäten, wie auch zukünftige soziale Herausforderungen und Chancen, die mit der Einführung solcher Technologien in unseren Alltag verbunden sind, gewährleistet.

Vor diesem Hintergrund stellt sich die zentrale Frage, inwiefern Sexroboter die gesellschaftlichen Vorstellungen von Intimität, Geschlechterrollen und zwischenmenschlichen Beziehungen beeinflussen und welche technologischen sowie ethischen Herausforderungen daraus resultieren.

6.4.1 Entwicklung und Definition von Sexrobotern

Im Vergleich zu herkömmlichen sozialen Robotern zeichnet sich ein Sexroboter durch spezifische Gestaltungsmerkmale aus, die die Illusion von Intimität verstärken. Diese Roboter sind oft als soziale Schnittstellen konzipiert, die nicht nur funktionale, sondern auch ästhetische Eigenschaften mitbringen, um eine natürliche menschliche Interaktion zu simulieren (Bächle et al. 2017). Gleichzeitig erfordert die Entwicklung solcher Maschinen die Implementierung von Algorithmen, die sowohl explizites als auch implizites Wissen verarbeiten, um im gegebenen Kontext erfolgreich zu agieren (Bächle et al. 2017).

Technologische Fortschritte in der Sensorik und künstlichen Intelligenz haben es ermöglicht, dass Roboter zunehmend autonome und lernfähige soziale Schnittstellen einnehmen. Diese Veränderungen heben die Bedeutung von Sexrobotern in der Robotik-Forschung hervor, da sie sowohl technologische Herausforderungen als auch soziale und ethische Fragen aufwerfen (Bächle et al. 2017). Die Adaption von Modellen des maschinellen Lernens und der KI erlaubt es diesen Robotern, sich an individuelle Vorlieben und Umgebungen anzupassen und gezielt auf menschliche Emotionen zu reagieren (siehe Kap. 5).

Die Entwicklungsstränge innerhalb der sozialen Robotik zeigen sowohl bei sozialen als auch bei Sexrobotern, dass die Grenzen zwischen menschlichen und maschinellen Interaktionen zunehmend verschwimmen. Dies resultiert in einer stetigen Diskussion über die künftige Integration solcher Systeme in den Alltag und die damit verbundenen gesellschaftlichen und ethischen Implikationen.

6.4.2 Technologische Grundlagen und Fähigkeiten von Sexrobotern

Die technische Basis und die Fähigkeiten von Sexrobotern stellen einen großen Fortschritt im Bereich der sozialen Robotik dar. Bei der Interaktion zwischen Mensch und Roboter werden körperliche Wahrnehmung und soziale Interaktion in Betracht gezogen. Sexroboter sind humanoide Plattformen, die mit fortschrittlichen Sensoren ausgestattet sind, um menschliche Sinne zu erkennen und zu simulieren. Dazu zählen auch Akustiksensoren, die Sprache hören, visuelle Sensoren, die den Raum erkennen, haptische Sensoren für Kontakt, die ein zeitgleiches Reagieren auf die Umgebung und das Gegenüber möglich machen (Bächle et al. 2017).

Ein wichtiges Merkmal von Sexrobotern ist ihr maschinelles Lernen, durch das sie aus der Interaktion mit ihren Nutzern lernen. Die Algorithmen des maschinellen Lernens erlauben es Robotern, die nicht nur auf vorgefertigten Skripten basieren, sondern auch auf sich entwickelnden Mustern sozialer Normen und individueller Vorlieben zu adaptieren (Bächle et al. 2017). Durch ausgeklügelte KI-Technologien ist so eine vielschichtige, authentische Interaktion möglich, wodurch der Roboter persönliche Erfahrungen anpassen und optimieren kann.

Die Möglichkeit, explizites von implizitem Wissen zu unterscheiden, stellt eine weitere technologische Herausforderung dar. Explizites Wissen bezieht sich auf klar definierbare Informationen, während implizites Wissen oft auf unbewussten Normen und Interaktionsmustern beruht, die durch die sensorische Aufzeichnung und Erfahrung der Roboter erkannt werden können. Diese Fähigkeit der Roboter, soziale wie auch körperliche Dynamiken zu erkennen und sich darauf einzustellen, spielt eine entscheidende Rolle bei der Erzeugung eines realistischeren und befriedigenderen Nutzererlebnisses (Bächle et al. 2017).

Darüber hinaus erfolgt die Interaktion über benutzerfreundliche Schnittstellen, wobei anthropomorphe Designs genutzt werden, um die emotionale und soziale Akzeptanz zu erhöhen. Indem sie dem menschlichen Körperbau und den menschlichen Ausdrucksformen nachempfunden sind, erleichtern sie die Konnektivität und simulieren eine Nähe, die in zwischenmenschlicher Interaktion wichtig ist. Dies spiegelt auch die zunehmende Verschmelzung zwischen realen und digitalen Erfahrungen wider, da diese Robotiksysteme sowohl physische als auch emotionale Bedürfnisse ansprechen können (Wojas 2023).

Die Erzeugung von Intimität wird auch durch akustische und visuelle Elemente gefördert, die eine plausible soziale Präsenz simulieren. Die spezialisierte Steuerung von Mimik und Sprache trägt dazu bei, ein Gefühl des Vertrauens und der Empathie zu erzeugen, welches den Zweck der Interaktion vertieft und erweitert (Bächle et al. 2017,

S. 67–86). Schlussendlich wird durch die kontinuierliche Entwicklung der Robotiktechnologie die Fähigkeit der Sexroboter, menschenähnliche Reaktionen nachzuahmen und zu etablieren, stetig verbessert, was die gesellschaftliche Akzeptanz und Verbreitung dieser Technologien fördern könnte.

Zwei Hauptentwicklungsstränge deutlich zeichnen sich in der aktuellen Entwicklung deutlich ab: Einerseits die reinen kommerziellen Lifestyle-Produkte für den Privatgebrauch, andererseits spezialisierte Systeme für therapeutische Anwendungen.

Kommerzielle Lifestyle-Produkte
An der Spitze der kommerziellen Anbieter steht die US-Firma Realbotix mit ihrer RealDoll X-Serie. Diese Systeme vereinen hochwertige Materialien mit ausgefeilter Robotertechnik. Der Silikonkörper verfügt über 40 individuell ansteuerbare Bewegungsachsen, die natürliche Bewegungsabläufe täuschend echt nachbilden können. Besonders bemerkenswert ist das integrierte „Harmony AI"-System, das über Sprachbefehle gesteuert wird und in der Lage ist, kontextsensitive Dialoge zu führen. Marktanalysen zeigen, dass die Verkaufszahlen seit 2020 um 65 % gestiegen sind (Realbotix Market Report 2023).

Einen anderen technologischen Ansatz verfolgt das spanische Unternehmen Synthea Amatus mit seinem Modell „Samantha". Hier liegt der Fokus auf physiologischer Realitätstreue. Die thermoregulierte Haut passt ihre Temperatur an die Umgebung an, während das patentierte „Responsive Tactile System" mit über 200 eingebetteten Drucksensoren unterschiedliche Berührungsintensitäten erkennt und darauf reagiert.

Therapeutische Anwendungen
Im medizinischen Bereich hat sich besonders das System „Roxxxy" der Firma True Companion etabliert. Dieser speziell für therapeutische Zwecke entwickelte Roboter bietet:

- Programmierbare Interaktionsszenarien
- Integrierte Biofeedback-Schnittstellen
- CE-Zertifizierung als Medizinprodukt

Studien des Kinsey Instituts dokumentieren eine Verbesserung bei Patienten mit sexuellen Funktionsstörungen (Kinsey Institute Report 2023). Therapeuten nutzen die programmierbaren Szenarien, um gezielt an individuellen Problemen zu arbeiten.

Das japanische Modell „Henry" des Herstellers Lumidoll, wurde speziell für männliche Nutzer konzipiert. Mit seinen 32 Bewegungsachsen ermöglicht Henry natürliche Bewegungsabläufe, die durch eine Winkelgenauigkeit von ±15° besonders realistisch wirken. Das integrierte „Prostate Simulation Module" verfügt über eine präzise Temperaturregelung zwischen 34–38 °C und ahmt damit menschliche Körperwärme täuschend echt nach. Die myoelastische Hautbeschichtung erreicht nach Herstellerangaben eine 92 %ige Übereinstimmung mit humaner Haptik (Lumidoll Materials Report 2023). Kliniken setzen Henry vor allem in der urologischen Rehabilitation ein, wo das System postoperative Therapien unterstützt. Der fünfstufige Dichtigkeitsregler erlaubt dabei individuelle Anpassungen an verschiedene Körperformen, während die integrierte Reinigungsautomatik mit UV-Licht und medizinischer Spüllösung hygienische Standards gewährleistet.

Aus Deutschland kommt mit „Emma“ von Cybroid Solutions ein feministisch konzipiertes Gegenstück, das besonders auf gleichberechtigte Interaktionsmuster setzt. Das dynamische Persönlichkeitsprofil passt sich kontinuierlich an das Nutzerverhalten an, während der non-verbale Feedback-Modus über subtile Mikroexpressionen kommuniziert. Die TU München bestätigt in einer aktuellen Studie (2023), dass Emma 78 % realistischere Interaktionen ermöglicht als konventionelle Modelle. Besonders im Bereich der Paartherapie zeigt sich der Nutzen, wo das System eine 40 % geringere Abbruchrate im Vergleich zu traditionellen Therapiemethoden erreicht.

Im medizinischen Bereich hat sich der „KamaSutraBot XT“ des indischen Herstellers KamaRobotics als vielseitiges Therapiesystem etabliert. Die 126 programmierbaren Positionen basieren auf ayurvedischen Prinzipien und werden durch ein biometrisches Feedback-System ergänzt, das Puls, Hautwiderstand und Muskelspannung misst. Das kultursensitive Dialogmodul unterstützt dabei zwölf Sprachen und berücksichtigt regionale Besonderheiten in der Sexualaufklärung.

Für Patienten mit körperlichen Einschränkungen entwickelte Sinthetics Medical den „Reboot-D“, der verschiedene barrierefreie Steuerungsmöglichkeiten bietet. Das System kann sowohl über Eye-Tracking als auch EEG-Signale oder Atemmuster kontrolliert werden und verfügt über anatomische Adapter für unterschiedliche Behinderungsgrade. Als eines der wenigen Systeme seiner Art erhielt der Reboot-D die CE-Klasse IIb-Zulassung als Medizinprodukt, was seine Sicherheit und Wirksamkeit unterstreicht.

Medizinische Zertifizierungen und Gerätesicherheit

Sexrobotische Systeme mit therapeutischem Anspruch unterliegen strengen medizintechnischen Regularien. Für den europäischen Markt ist die Medizinprodukteverordnung (MDR) 2017/745 maßgeblich, die folgende Klassifizierungen vorsieht:

- **Klasse I:** Nicht-invasive Lifestyle-Produkte (z. B. einfache Silikonpuppen)
- **Klasse IIa:** Therapeutische Assistenzsysteme (z. B. Reboot-D für Rehabilitation)
- **Klasse IIb:** Hochrisiko-Geräte mit invasiver Komponente (z. B. implantierbare Stimulationsmodule)

Die Zertifizierung nach ISO 13485 ist für Hersteller verpflichtend und umfasst:

- Risikomanagement nach ISO 14971
- Biokompatibilitätstests nach ISO 10993-1 (Zytotoxizität, Sensibilisierung)
- Elektromagnetische Verträglichkeit gemäß IEC 60601-1-2

Hinzu kommen je nach Produktspezifizierung verschiedene Material- und Hygienestandards. Die Zertifizierungsstellen, wie der TÜV SÜD führen notwendige Tests, wie Dauerbelastungen und Druckverteilungsanalysen durch.

6.4.3 Soziale und ethische Implikationen von Sexrobotern

Die soziale und ethische Betrachtung von Sexrobotern ist ein vielschichtiges Thema, das tief in den intersektionalen Diskurs von Technik und menschlicher Gesellschaft eingreift. Sexroboter, die oft als Ergebnis technologischen Fortschritts und gesellschaftlicher Nachfrage konzipiert werden, werfen ernsthafte Fragen hinsichtlich ihrer Auswirkungen auf Geschlechterrollen und die Objektifizierung von Menschen, insbesondere Frauen, auf. Diese Maschinen, die sich teilweise durch menschlich aussehende Frauencharakteristika auszeichnen, sind nicht nur Produkte von Ingenieurskunst, sondern auch Projektionen bestehender sozialer Dynamiken und Machtverhältnisse. Besonders hervorzuheben ist, dass die Gestaltung und Nutzung dieser Roboter traditionelle Geschlechterdichotomien und heteronormative Werte reproduzieren und verstärken können (Yalcinkaya et al. 2023).

Es gibt Bedenken, dass Sexroboter Frauen als Objekte darstellen und stereotypische Schönheitsideale sowie gesellschaftlich bedingte Machtgefüge unterstützen. Die Verknüpfung von Sexrobotern mit Vorstellungen von Perfektion und Kontrolle kann dazu führen, dass die eigentliche menschliche Interaktion degradiert wird, hin zu einer idealisierten, aber unrealistischen Darstellung von Beziehungen (Gengler und Lacina o. J.). Diese Entwicklungen können die Art und Weise, wie Menschen einander und sich selbst wahrnehmen, verändern, indem sie Beziehungen zu Maschinen als gleichwertig zu zwischenmenschlichen Beziehungen wahrnehmen oder sogar priorisieren (Yalcinkaya et al. 2023).

Zusammenfassend ist die Diskussion über soziale und ethische Implikationen von Sexrobotern nicht nur auf technologische Fragen beschränkt, sondern umfasst auch grundlegende gesellschaftliche Werte und Normen, die hinterfragt und neu konzipiert werden müssen, um eine gerechtere und gleichberechtigte Nutzung und Entwicklung solcher Technologien zu gewährleisten. Das Gewicht der kulturell geprägten Vorstellungen von Geschlechterrollen und der damit verbundenen Objektifizierung wird ein wesentlicher Bestimmungsfaktor für die Akzeptanz und Ausgestaltung von Sexrobotern sein.

6.4.4 Geschlechterrollen und Objektifizierung

Die Betrachtung von Geschlechterrollen und Objektifizierung im Kontext von Sexrobotern eröffnet eine kritische Diskussion über die Reproduktion und Verstärkung tradiert gesellschaftlicher Muster und Rollenklischees. Weibliche Sexroboter werden häufig überbetont sexualisiert gestaltet und spiegeln dabei weit verbreitete gesellschaftliche Vorstellungen wider, indem sie oft heteronormative Stereotypen verkörpern (Kubes 2019). Diese Tendenzen führen zu einer reduzierten Sichtweise auf Weiblichkeit, die sich auf visuelle und körperliche Merkmale beschränkt und somit zur Objektifizierung beiträgt. Indem Sexroboter als passive Empfänger menschlicher Wünsche agieren, verstärken sie das Bild der Frau als untergeordnet und verfügbar, was tiefer gehende soziale und kulturelle Auswirkungen hat (Nguyen 2023).

Einem feministisch-kritischen Ansatz zufolge bleibt die Gestaltungsweise dieser technologischen Entitäten nicht ohne Folgen für die Wahrnehmung von Geschlechterrollen. Es wird argumentiert, dass die realitätsnahen Designs der Roboter nicht nur bestehende Diskurse über Geschlechterstereotypen reproduzieren, sondern auch patriarchalische Strukturen zementieren, indem sie Frauenkörper simulieren und als kontrollierbare Objekte darstellen (Nguyen 2023). Die damit verbundene Simulation menschlicher Interaktion suggeriert eine falsche Vorstellung von Konsens und Autonomie, was problematische soziale Normen weiter manifestieren kann (Wojas 2023).

Die Rolle der Geschlechterdarstellung in der Beziehung zwischen Menschen und Sexrobotern spiegelt häufig eine männlich dominierte Rhetorik wider, die Frauen in eine passive Rolle drängt und ihre aktive Teilnahme an der Definition ihrer eigenen Identität ausschließt. Eine kritische Auseinandersetzung mit diesen Tendenzen offenbart die Notwendigkeit eines Wandels in der Repräsentation und Wahrnehmung von Geschlechterrollen, der weg von binär strukturierten Rollenbildern hin zu mehr Diversität und Inklusivität führen sollte (Wojas 2023).

Die Diskussion um Geschlechterrollen in der Robotik erfordert daher eine tiefere Reflexion über die ethischen Implikationen, die mit der Objektifizierung einhergehen. Die vorherrschenden Designentscheidungen und deren Rezeption werfen Fragen hinsichtlich der Verantwortung von Entwicklern und Nutzern auf, wie diese Technologien gestaltet und eingesetzt werden. Es gilt, eine differenzierte Betrachtung der Auswirkungen auf Geschlechterrollen und deren Wandel im digitalen Zeitalter zu fördern, um alternative, integrativere Narrative im Umgang mit Sexrobotern zu entwickeln.

6.4.5 Gesellschaftliche Akzeptanz und Interaktionen mit Sexrobotern

Ein wesentlicher Aspekt der gesellschaftlichen Wahrnehmung von Sexrobotern zeigt sich in der medialen Darstellung, die häufig Humor und explizite Darstellungen verwendet, um die erotische Funktion dieser Technologien zu bewerben, während Aspekte von Liebe und Partnerschaft vergleichsweise unterrepräsentiert bleiben. Die humorvolle Herangehensweise soll dabei potenzielle Ängste vor einer dystopischen Übernahme durch Roboter abmildern (Masterson 2023).

Unterschiedliche Gesellschaften haben variierende kulturelle und moralische Rahmenbedingungen, die die Sichtweise sowie das Akzeptanzverhalten sexuell orientierter Robotertechnik beeinflussen. In diesem Kontext stellen sich Fragen zur Objektifizierung und möglichen kulturellen Spannungen, die aus der Einführung solcher Technologien resultieren können. Beispielsweise illustriert Nguyen die Kontroversen um Zustimmung und Autonomie in der Interaktion mit Sexrobotern aus einer feministischen Perspektive und unterstreicht, dass solche Technologien Geschlechter- und Machtstrukturen widerspiegeln und oft verstärken können (Nguyen 2023).

Die gesellschaftliche Akzeptanz dieser Technologien variiert zudem erheblich zwischen Kulturen. Während einige Kulturen eine relativ offene Haltung gegenüber solchen Innovationen einnehmen, begegnen andere ihnen mit Skepsis und Moralisierung. Die Analyse von Realbotix-Plattformen zeigt, dass Männer teils Interesse an diesen Technologien äußern, während Frauen häufig eine distanzierte oder kritische Perspektive einnehmen (Masterson 2023). Diese Diskrepanzen in der Akzeptanz sind oft in tief verwurzelten soziokulturellen Normen und Geschlechterrollen verwurzelt, die formen, wie solche Technologien wahrgenommen und eingesetzt werden.

Da in diesem Buch psychologische Faktoren wie Akzeptanz oder Moral nicht tiefgehend betrachtet werden, soll dies nur einen kurzen Einblick in eine Thematik geben, die sehr stark von diesen Faktoren geprägt ist. Der Zukunftsausblick in der Welt der Sexrobotik erfordert nicht nur einen Blick auf die technischen Innovationen, sondern auch eine umfassende ethische Reflexion über deren gesellschaftliche Implikationen. Der interdisziplinäre Ansatz, der sowohl technologische als auch kulturelle und moralische Dimensionen berücksichtigt, kann dazu beitragen, diese Herausforderungen zu meistern. Es gilt, die Frage zu beantworten, wie diese Roboter gestaltet werden können, um Vorurteile zu überwinden und gesellschaftliche Strukturen positiv zu beeinflussen, anstatt sie zu festigen. Ein besonderer Fokus liegt auf der Notwendigkeit, die Grenzen des bislang Möglichen auszuloten und neue, ethisch vertretbare Pfade zu beschreiten, um eine harmonische und integrative Zukunft der Mensch-Roboter-Interaktionen zu fördern.

6.5 Servicerobotik

6.5.1 Einleitung in die Servicerobotik

Die Servicerobotik hat sich als eigenständiges und hoch spezialisiertes Feld zwischen industrieller Automatisierung und sozialer Robotik etabliert (International Federation of Robotics [IFR] 2023). Während soziale Roboter wie Pepper oder therapeutische Systeme wie PARO auf emotionale Interaktion und zwischenmenschliche Beziehungen abzielen (Bartneck et al. 2021), konzentrieren sich Serviceroboter auf die effiziente Erledigung klar definierter, repetitiver Aufgaben in strukturierten Umgebungen (Dautenhahn 2022). Diese Systeme zeichnen sich durch eine bewusste Abwesenheit anthropomorpher Merkmale und eine strikte Fokussierung auf funktionale Leistungsparameter aus – Merkmale, die sie grundlegend von sozialer und Pflegerobotik unterscheiden.

Der aktuelle Markt für Servicerobotik zeigt mit 19 % jährlichem Wachstum (IFR 2023) eine deutlich dynamischere Entwicklung als der vergleichsweise langsam wachsende Sozialrobotik-Sektor (+7 %, IFR 2023). Diese Diskrepanz lässt sich auf mehrere wesentliche Erfolgsfaktoren zurückführen. Erstens ermöglichen Serviceroboter wie der Tug-Transportroboter von Aethon nachweisbare ökonomische Effizienzsteigerungen, indem sie in US-Krankenhäusern 1,5 Vollzeitäquivalente pro Schicht ersetzen können, bei einer

Amortisationszeit von unter 18 Monaten (Aethon White Paper 2023). Die präzise Berechenbarkeit der Investitionsrendite macht diese Systeme besonders für gewerbliche Anwender attraktiv (Murphy et al. 2023).

Zweitens bieten Serviceroboter technische Präzisionsvorteile, die menschliche Fähigkeiten, ähnlich wie in der MRK, in vielen repetitiven Aufgaben bei weitem übertreffen. In der Landwirtschaft ermöglichen Spezialisten wie der AgBot von Harvest Automation beispielsweise eine Reduktion des Pestizideinsatzes um 30 % durch zentimetergenaue Applikation (Zhang et al. 2023) – ein Wert, der mit menschlicher Arbeitskraft nicht erreichbar wäre. Drittens tragen Serviceroboter zur Risikominimierung und Arbeitssicherheit bei, indem sie in Gefahrenzonen wie Autobahnraststätten oder Industriegebieten autonom operieren und menschliche Arbeitskräfte vor potenziell gefährlichen Expositionen schützen können.

Die technologische Abgrenzung zur sozialen und Pflegerobotik manifestiert sich in mehreren Schlüsselmerkmalen. Im Gegensatz zu Systemen wie Pepper, die über komplexe Emotionsmodelle verfügen (Breazeal 2021), beschränken sich Serviceroboter bewusst auf rein funktionale Interfaces. Der SCRUBBOT 50 von Brain Corp etwa verzichtet konsequent auf Sprachschnittstellen oder Gesichtserkennung (Brain Corp Technical Report 2023). Ideale Serviceroboter arbeiten zudem mit minimaler Mensch-Maschine-Interaktion – das Fleet-Management-System des Tug-Roboters erfordert beispielsweise nur eine wöchentliche Systemkontrolle durch Techniker (Aethon 2023). Normativ unterliegen Serviceroboter typischerweise ISO 9001 für Qualitätsmanagement (International Organization for Standardization [ISO] 2022) statt der für Medizinprodukte erforderlichen ISO 13485 (ISO 2021), was ihren Fokus auf Prozesseffizienz statt menschlicher Interaktion widerspiegelt.

Der Servicerobotik-Markt lässt sich in vier Hauptsegmente gliedern (IFR 2023): Logistik und Intralogistik dominieren mit 45 % Marktanteil, gefolgt von Reinigung und Wartung (30 %), Landwirtschaft und Außeneinsätzen (15 %) sowie Sicherheit und Monitoring (10 %). Die besondere Stärke der Servicerobotik liegt in ihrer Fähigkeit, hoch spezialisierte Lösungen für klar umrissene Problemstellungen zu bieten (Dautenhahn 2022) – ein Ansatz, der sich grundlegend von den generalistischeren, aber auch komplexeren sozialen Robotern unterscheidet. Während ein Pflegeroboter wie RIBA-II zahlreiche Interaktionsparameter berücksichtigen muss (Graf et al. 2022), kann sich ein Logistikroboter wie der Tug vollständig auf die Optimierung weniger Key-Performance-Indikatoren konzentrieren (Aethon 2023).

Diese funktionale Beschränkung ermöglicht nicht nur kostengünstigere Lösungen (Murphy et al. 2023), sondern auch eine deutlich schnellere Markteinführung. Während die Entwicklung sozialer Roboter typischerweise 5–7 Jahre in Anspruch nimmt (Bartneck et al. 2021), erreichen spezialisierte Serviceroboter oft in unter 3 Jahren Serienreife (IFR 2023) – ein entscheidender Wettbewerbsvorteil in dynamischen Märkten.

Aktuelle Entwicklungstrends deuten auf drei zentrale Innovationspfade hin (Zhang et al. 2023): Die Steigerung der Autonomie strebt 99,9 % Betriebsautonomie an, verglichen mit den aktuell wahrscheinlichen 85–90 %. Verbesserte SLAM-Algorithmen (Simultaneous Localization and Mapping) und resilientere Sensorfusion bilden hier die Schlüsseltechnologien (Cadena et al. 2016). Im Bereich der Energieeffizienz versprechen Solid-State-Batterien der nächsten Generation weitere Betriebskostensenkungen (Future Battery Lab 2025). Schließlich eröffnen koordinierte Roboterschwärme, insbesondere in der Landwirtschaft (Das 2024), neue Dimensionen der Skalierbarkeit.

Diese Entwicklungen unterstreichen die wachsende Bedeutung der Servicerobotik als eigenständige Disziplin innerhalb der Robotik (Dautenhahn 2022) – eine Disziplin, die sich bewusst von den komplexen Anforderungen sozialer Interaktion abgrenzt und stattdessen auf messbare, wirtschaftliche Wertschöpfung setzt (Murphy et al. 2023). Die klare funktionale Differenzierung zu vorigen Kapiteln wird besonders in den folgenden Anwendungsbeispielen deutlich, die prototypisch für den nicht-sozialen Servicerobotik-Ansatz stehen.

6.5.2 Aktuelle Systeme der Servicerobotik

Tug (Aethon) – der diskrete Krankenhauslogistiker – seit 2018 in 130 US-Kliniken im Einsatz, transportiert der 1,20 m hohe Roboter Medikamente und Labormaterial ohne Patientenkontakt. Seine Lasernavigation (±5 cm Genauigkeit) und RFID-gesicherten Fachböden (DIN EN 60825-1) machen ihn zum Prototypen nicht-sozialer Servicerobotik.

SCRUBBOT 50 – Der unsichtbare Reiniger. In 20 europäischen Flughäfen eliminiert dieses System mit 360°-Rotationsbürsten (15 bar Druck) bis zu 98 % der Keimlast ohne Personalunterstützung.

Der PD-Roboter (auch bekannt als „Pudu Robotics"-Serie) ist ein autonomer Serviceroboter, der speziell für den Einsatz in Gastronomie, Hotellerie und Gesundheitswesen entwickelt wurde. Die Modelle der chinesischen Firma Pudu Robotics sind vor allem für Reinigungs-, Liefer- und Servicearbeiten konzipiert und werden weltweit in Restaurants, Krankenhäusern und Büros eingesetzt.

Relay – des US-amerikanischen Unternehmens Savioke – ist ein autonomer Service-Roboter, der speziell für die Hotellerie und Gastronomie entwickelt wurde. Sein Hauptziel ist es, die Gästebetreuung zu optimieren, indem er repetitive Aufgaben wie die Lieferung von Artikeln in Hotelzimmern oder die Room-Service-Unterstützung übernimmt. Relay ist ein Beispiel dafür, wie Robotik die Mensch-Technik-Interaktion im Dienstleistungssektor verbessern kann, ohne menschliche Mitarbeiter zu ersetzen, sondern sie zu entlasten.

Plato – der kollaborative Roboter – ist ein autonomer Serviceroboter des kalifornischen Unternehmens Bear Robotics, der speziell für die Gastronomie und Hotellerie entwickelt wurde (siehe Abb. 6.4). Im Gegensatz zu Relay (Savioke 2023), der vor allem für Lieferaufgaben konzipiert ist, ist Plato darauf spezialisiert, Speisen und Getränke in Restaurants, Cafés und Hotels zu transportieren. Er soll Servicekräfte entlasten, indem er repetitive Aufgaben wie das Bringen von Bestellungen oder das Abräumen von Tabletts übernimmt. In Abb. 6.6 unterstützt Plato auf einer Automobilmesse.

Abb. 6.6 Plato Roboter

6.5.3 Herausforderungen und Zukunftsperspektiven der Servicerobotik

Serviceroboter gewinnen in verschiedenen Dienstleistungsbereichen zunehmend an Bedeutung. Laut dem World Robotics Report 2022 der International Federation of Robotics (IFR) stieg der Absatz von professionellen Servicerobotern im Jahr 2021 um 37 % gegenüber dem Vorjahr (siehe Abb. 6.7).

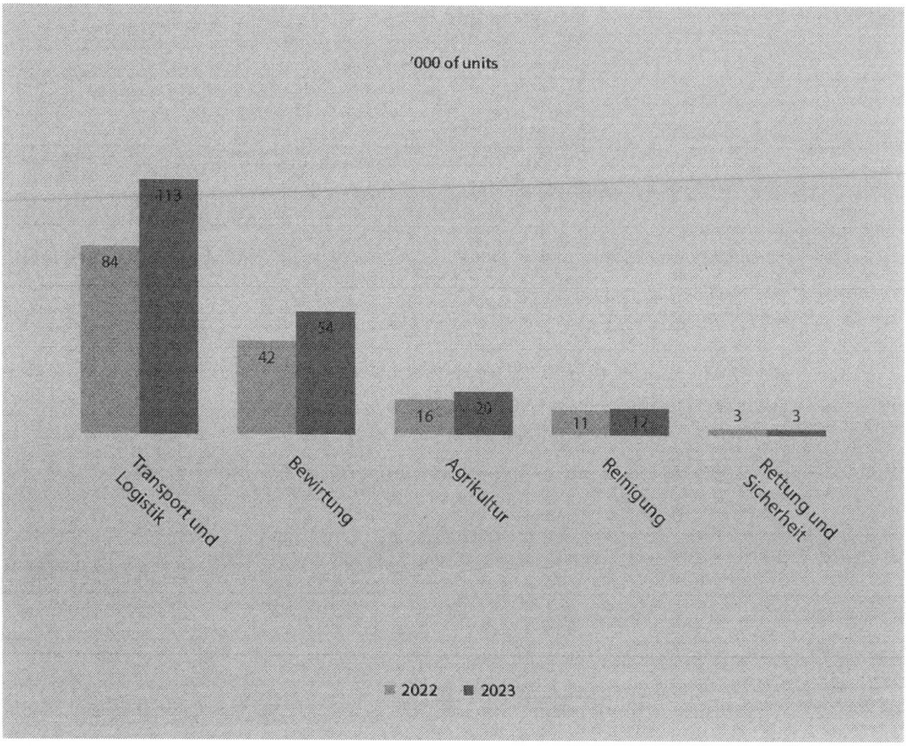

Abb. 6.7 World Robotics – Top 5 Applikationen

Diese Systeme übernehmen repetitive Aufgaben und entlasten menschliches Personal, stehen jedoch vor zahlreichen Herausforderungen. Technisch bereitet insbesondere die Navigation in dynamischen Umgebungen Probleme. Wie eine Studie von Zeng et al. (2022) in Science Robotics zeigt, haben selbst moderne Systeme mit LiDAR-Sensoren Schwierigkeiten mit unvorhergesehenen Hindernissen. Die Autoren weisen darauf hin, dass die Entwicklung robusterer Algorithmen für unstrukturierte Umgebungen eine der wichtigsten Forschungsaufgaben bleibt.

Soziale Akzeptanz stellt eine weitere Hürde dar. Eine Untersuchung des Pew Research Center (2023) ergab, dass 52 % der Befragten in den USA Bedenken gegenüber dem Einsatz von Robotern in Servicebereichen haben. Besonders ausgeprägt sind diese Vorbehalte im Gesundheitswesen, wo menschliche Zuwendung als unersetzbar gilt (Broadbent 2017). Rechtliche Unsicherheiten erschweren den Einsatz zusätzlich. Die Europäische Kommission (2021) betont in ihrem Bericht zur künstlichen Intelligenz, dass klare Haftungsregelungen für autonome Systeme dringend benötigt werden. Dies gilt besonders für datenschutzrelevante Anwendungen, da viele Serviceroboter kontinuierlich personenbezogene Daten erfassen. Trotz dieser Herausforderungen zeigen aktuelle Entwicklungen vielversprechende Lösungsansätze. Forscher am MIT (2023) demonstrierten kürzlich ein neues KI-System, das menschliche Gesten und Emotionen zuverlässiger interpretieren kann. Gleichzeitig machen Geschäftsmodelle wie Robot-as-a-Service die Technologie für kleinere Betriebe zugänglicher, wie eine Marktanalyse von ABI Research (2023) belegt.

Die Zukunft der Servicerobotik liegt wahrscheinlich in hybriden Arbeitsmodellen. Wie das World Economic Forum (2023) in einer Studie hervorhebt, werden Roboter menschliche Arbeitskräfte eher ergänzen als ersetzen. Entscheidend für den Erfolg wird sein, technische Zuverlässigkeit, gesellschaftliche Akzeptanz und klare rechtliche Rahmenbedingungen in Einklang zu bringen.

6.6 Use Case

Im Rahmen eines anwendungsorientierten Lehrprojekts an der Hochschule Niederrhein wurde der humanoide Roboter Pepper im Kontext einer sozialen Einrichtung erprobt. Ziel des Projekts war es, den praktischen Nutzen sozialer Robotik im Alltag älterer Menschen zu erforschen und zu demonstrieren. Das Projekt wurde durch Studierende des Studiengangs Wirtschaftsingenieurwesen im Robotiklabor der Hochschule entwickelt und durchgeführt. Dabei wurden Aspekte der technischen Entwicklung, der Mensch-Roboter-Interaktion sowie der organisatorischen Implementierung berücksichtigt.

Das Projektteam war in drei funktional spezialisierte Gruppen unterteilt: Eine Recherchegruppe war für die Auswahl einer geeigneten Einsatzumgebung verantwortlich und nahm Kontakt zu insgesamt 20 sozialen Einrichtungen auf. Die Wahl fiel schließlich auf die Seniorenresidenz Hanseanum in Krefeld, die aufgrund ihrer infrastrukturellen Gegebenheiten sowie ihrer Offenheit gegenüber innovativen Technologien als Kooperationspartner gewonnen werden konnte. Die zweite Gruppe übernahm die technische Umsetzung, einschließlich der Anpassung und Programmierung von Pepper im Hinblick auf spezifische Anforderungen der Zielgruppe. Eine dritte Gruppe analysierte potenzielle Einsatzszenarien des Roboters und evaluierte diese im Hinblick auf den Mehrwert für die Bewohnerinnen und Bewohner.

Die Auftaktveranstaltung im Gartensaal der Residenz war sorgfältig vorbereitet und strukturierte sich in mehrere interaktive Elemente. Nach einer einführenden Begrüßung durch Pepper folgten zwei musikalische Beiträge sowie eine angeleitete Sitzgymnastik, an der sich die Teilnehmenden aktiv beteiligten. Den Abschluss bildete ein weiteres Lied, das gemeinsam mit den Bewohnerinnen und Bewohnern gesungen wurde (siehe Abb. 6.8).

Die anschließende qualitative Evaluation in Form leitfadengestützter Kurzinterviews ergab eine hohe Akzeptanz sowie eine durchweg positive Bewertung des Erlebnisses. So äußerte sich eine Teilnehmerin im Alter von 80 Jahren dahingehend, dass der gezielte Einsatz technologischer Innovationen wie Pepper eine spürbare Bereicherung im Alltag älterer Menschen darstelle.

Aus didaktischer Sicht wurde das Projekt von unserem Kollegen, Herrn Prof. Kleutges, als integrativer Bestandteil des Pflichtmoduls „Technische Systeme“ betreut. Die Entwicklung des Interaktionskonzepts erfolgte im Rahmen eines kreativen Designprozesses. Dabei wurde der Fokus nicht ausschließlich auf technische Funktionalität gelegt, sondern

Abb. 6.8 Pepper im Seniorenheim

auch auf soziale Wirkung, kognitive Aktivierung sowie emotionales Erleben. Die verantwortlichen Akteure betonten, dass Pepper nicht als Ersatz, sondern als Ergänzung menschlicher Betreuung verstanden werden solle. In diesem Sinne könne der Roboter zur Entlastung des Personals beitragen und gleichzeitig die Lebensqualität der Bewohnerinnen und Bewohner verbessern.

Die positiven Rückmeldungen seitens der Einrichtung und der beteiligten Seniorinnen unterstreichen das Potenzial sozialer Robotik im geriatrischen Umfeld. Der Pilotversuch demonstriert exemplarisch, wie robotische Systeme als sozio-technische Unterstützungssysteme konzipiert und implementiert werden können. Die Kombination aus technischer Interaktivität, kognitiver Stimulation und sozialer Teilhabe macht Pepper zu einem vielversprechenden Werkzeug im Kontext demografischer Herausforderungen. Dieser Use Case verdeutlicht die Bedeutung interdisziplinärer Entwicklungsansätze, um technische Innovationen auf menschzentrierte Weise in soziale Kontexte zu überführen.

Literatur

ABI Research (2023). Service robotics market analysis Q2 2023. Online verfügbar unter: https://www.abiresearch.com

Aethon (2023). Tug Fleet Management System Technical Documentation. Pittsburgh: Aethon Inc.

AgeUK (2023). Social Robot Pepper in UK Care Homes: Annual Adoption Report. London: AgeUK Publications.

Bartneck, C., et al. (2021). Human-Robot Interaction: An Introduction. Cambridge University Press, Cambridge.

Bächle, T. C., Regier, P., & Bennewitz, M. (2017). Sensor und Sinnlichkeit. Navigationen – Zeitschrift für Medien- und Kulturwissenschaften, 17(2), 67–86. Online verfügbar unter: https://mediarep.org/server/api/core/bitstreams/2903f9c5-c618-4107-9fd3-a8894cb65726/content. Zugegriffen: 7. Jan. 2025.

Bendel, O. (2020). Soziale Roboter. Version 2021. In: Gabler Wirtschaftslexikon. Online verfügbar unter: https://wirtschaftslexikon.gabler.de. Zugegriffen: 29. Mai 2025.

Bendel, O. (2021a). Soziale Roboter in der Moral – Ethische Betrachtungen am Beispiel des Unterrichts. In: Bendel, O. (Hrsg.), Soziale Roboter – Technikwissenschaftliche, wirtschaftswissenschaftliche, philosophische, psychologische und soziologische Grundlagen. Wiesbaden, S. 149–167.

Bendel, O. (2021b). Definition: „Was ist soziale Robotik"? Gabler Wirtschaftslexikon. Online verfügbar unter: https://wirtschaftslexikon.gabler.de/definition/soziale-robotik-54078/version-384524. Zugegriffen: 29. Mai 2024.

Bendel, O. (2021c). Die fünf Dimensionen sozialer Roboter – Der Versuch einer Systematisierung. In: Bendel, O. (Hrsg.), Soziale Roboter – Technikwissenschaftliche, wirtschaftswissenschaftliche, philosophische, psychologische und soziologische Grundlagen. Wiesbaden.

Boston Dynamics (2023). Atlas Technical Specifications.

Brain Corp (2023). Brain Corp 2023 Wrapped. Online verfügbar unter: https://www.braincorp.com/resources/brain-corp-2023-wrapped. Zugegriffen: 29. Mai 2025.

Breazeal, C. (2002). Designing Sociable Robots. MIT Press, Cambridge, MA. Online verfügbar unter: https://archive.org/details/designingsociabl0000brea/mode/1up. Zugegriffen: 25. Mai 2024.

Breazeal, C. (2021). Designing Sociable Robots. MIT Press, Cambridge, MA.

Broadbent, E. (2017). Interactions with robots: The truths we reveal about ourselves. Annual Review of Psychology, 68, 627–652.

Buxbaum, H.-J. (2020a). (Hrsg.) Mensch-Roboter-Kollaboration. Wiesbaden.

Buxbaum, H.-J., & Kleutges, M. (2020b). Evolution oder Revolution? Die Mensch-Roboter-Kollaboration. In: Buxbaum, H.-J. (Hrsg.), Mensch-Roboter-Kollaboration. Wiesbaden.

Cadena, C., Carlone, L., Carrillo, H., Latif, Y., Scaramuzza, D., Neira, J., Reid, I., & Leonard, J. J. (2016). Past, Present, and Future of Simultaneous Localization and Mapping: Towards the Robust-Perception Age

Cao, W. et al. (2021). Human-Robot Collaboration in Service Settings: A Review. International Journal of Social Robotics.

Cramer, H., Garcia-Gathright, J., Springer, A., & Reddy, S. (2022). Assessing and addressing algorithmic bias in practice: A case study in service robotics. ACM Transactions on Human-Robot Interaction.

Cyberdyne Inc. (2023). HAL for Medical Use: Technical Specifications and Clinical Validation Data (3rd ed.). Tsukuba: Cyberdyne Publications.

Čapek, K. (2022). R.U.R. (Rossum's Universal Roboter) – Drama in drei Akten. Übersetzte Neuauflage. Dinslaken.

Das, S. (2024). Harvesting Tomorrow: Transformative Applications of Swarm Robotics in Agriculture. In: *Bio-inspired Swarm Robotics and Control.*

Dautenhahn, K. (2022). Social Robotics and Human-Robot Interaction. Springer, Berlin.

DeFalco A (2023) What do sex robots want? Configurations, 31:257–284. Online verfügbar unter: https://eprints.whiterose.ac.uk/201295/3/DeFalco.pdf. Zugegriffen: 10. Dez. 2024

ETH Zürich (2023) Dual-arm robotic assistance in clinical nutrition. Robotics in Medicine, 8(1)

Früh, M., & Gasser, A. (2018). Erfahrungen aus dem Einsatz von Pflegerobotern für Menschen im Alter. In: Bendel, O. (Hrsg.) Pflegeroboter. Springer Gabler, Wiesbaden, S. 37–62.

Gengler E, Lacina S (o. J.) Sex robots – Future and taboo – Ethical and social implications on women. Online verfügbar unter: https://erfolgsfaktor-frau.de/wp-content/uploads/2022/11/Consolidation-Paper_en.pdf. Zugegriffen: 13. Dez. 2024

Graf, A. C., Jacob, E., Twigg, D., & Nattabi, B. (2020). Contemporary nursing graduates' transition to practice: A critical review of transition models. Journal of Clinical Nursing.

Graf B, Reiser U, Hägele M, Mauz K (2022) Care-O-bot 4 in elderly care: Field studies on task efficiency and user experience. IEEE Transactions on Human-Robot Interaction, 13(4)

International Federation of Robotics (2023) World Robotics Report. Frankfurt: IFR

International Organization for Standardization (2021) ISO 13485: Medical Devices – Quality management systems – Requirements for regulatory purposes. Geneva: ISO

Japan Ministry of Health, Labour and Welfare (2023) Investment in Care Robotics 2015–2022: National Strategy Report. Tokyo: Government Printing Office

Kanehiro F (2022) Precision control in social robotics. IEEE Transactions on Robotics

Kindler M (o. J.) Soziale Roboter – Androiden zum Verlieben? Online verfügbar unter: https://www.kkc.info. Zugegriffen: 7. Jan. 2025

Kinsey Institute (2023). Annual Report 2023. Bloomington, IN: Indiana University. Online verfügbar unter: https://kinseyinstitute.org. Zugegriffen: 29. Mai 2025.

Kubes T (2019) Sexroboter – Queerfeministisches Potential oder materialisierte Objektifizierung? Feministische Studien, 37:351–362

KUKA AG (2023) LBR Med in Healthcare Applications: Sterile Robotics Operating Manual (Rev. 4.1). Augsburg: KUKA Robotics

Lumidoll Technologies (2023) Clinical Applications of Henry in Urological Rehabilitation. Tokyo: LT Press

Masterson AM (2023) Constructing and marketing sexual fantasy: Analyzing the social media of sex robots. AoIR Selected Papers of Internet Research

Meah, N. (2020). Robot to deliver meals, medication to Covid-19 patients at Alexandra Hospital to reduce exposure of healthcare workers. TODAY https://www.todayonline.com/singapore/robot-deliver-meals-medication-covid-19-patients-alexandra-hospital-reduce-exposure

MIT News (2023) New algorithm improves robots' ability to understand human gestures. 15. März 2023. Online verfügbar unter: https://news.mit.edu

Muhle F (2023) Soziale Robotik aus Perspektive der Sozialwissenschaften. In: Muhle F (Hrsg) Soziale Robotik. Berlin

Murphy R, et al. (2023) Service robotics economics. Robotics and Automation Journal

Nguyen J (2023) Scripting consenting fictions in sex technology imaginaries. Catalyst: Feminism, Theory, Technoscience. Online verfügbar unter: https://research.gold.ac.uk. Zugegriffen: 7. Jan. 2025

Nursing Journal Japan (2023) Acceptance of Robear transfer assistance system in Japanese nursing homes. Nursing Journal Japan, 41(2)

Pandey, A. K., & Gelin, R. (2018). A Mass-Produced Sociable Humanoid Robot: Pepper: The First Machine of Its Kind. *IEEE Robotics & Automation Magazine*, 25(3), 40–48.

Park, H. et al. (2023). Adaptive Human-Robot Collaboration in Service Environments: A Deep Reinforcement Learning Approach. IEEE Transactions on Human-Machine Systems, 53.

Pew Research Center (2023) Americans' attitudes toward automation and AI. Online verfügbar unter: https://www.pewresearch.org

Riken Institute (2022) RIBA-II Field Test Report: Performance Metrics in Real-World Care Environments. Tokyo: Riken Press

Realbotix (2023). Realbotix Reports Financial Results for 2023. Online verfügbar unter: https://www.realbotix.ai. Zugegriffen: 29. Mai 2025.

Research and Markets (2023). Online verfügbar unter: https://www.researchandmarkets.com/. Zugegriffen: 29. Mai 2025.

Robotics 24 (2022). Japan Robot Week 2022. Online verfügbar unter: https://robotics24.net/en/services/fairs/japan-robot-week-2022-en/. Zugegriffen: 29. Mai 2025.

Savioke Inc. (2023) Relay – Autonomous Delivery Robot for Hospitality

Scassellati, B., Boccanfuso, L., Huang, C. M., Mademtzi, M., Qin, M., Salomons, N., Ventola, P., & Shic, F. (2018). Improving social skills in children with ASD using a long-term, in-home social robot. Science Robotics.

Schröder, M. (2020). Evaluating social robots: A unified framework for measuring performance, usability and user experience in human-robot interaction. International Journal of Social Robotics.
Schröder M (2023) Emotional voice synthesis. Speech Communication
Schulze H, Kauffeld S, Tanner A (2021) Soziale Roboter auf dem Weg in die Praxis. Wiesbaden. Online verfügbar unter: https://link.springer.com/content/pdf/10.1007/s11612-022-00663-4.pdf. Zugegriffen: 15. Juni 2024
Sen S, Kremer L, Buxbaum H-J (2019) Human-Robot Interaction in Health Care Automation. In: Duffy VG (Hrsg) Digital Human Modeling and Applications in Health, Safety, Ergonomics and Risk Management. Healthcare Applications. Wiesbaden, S. 156–168. Online verfügbar unter: https://doi.org/10.1007/978-3-030-22219-2_12. Zugegriffen: 15. Mai 2024
Siciliano, B., & Khatib, O. (Hrsg.). (2016). Springer Handbook of Robotics (2. Aufl.). Springer.
SoftBank Robotics (2022). Online verfügbar unter: https://www.softbankrobotics.com. Zugegriffen: 29. Mai 2025.
Statistisches Bundesamt (2025). Pflegekräftestatistik. Online verfügbar unter: https://www.destatis.de. Zugegriffen: 29. Mai 2025.
Technical University of Munich (2023) Gender-Conscious Robotics in Therapy Settings. Munich: TUM Publishing
Thalmann NM (2022) Social Robots: Their History and What They Can Do for Us. In: Werthner H, Prem E, Lee EA, Ghezzi C (Hrsg) Perspectives on Digital Humanism. Cham (Switzerland), S. 9–17. Online verfügbar unter: https://link.springer.com/content/pdf/10.1007/978-3-030-86144-5.pdf. Zugegriffen: 24. Mai 2024
Truschkat I, Bormann I (2023) Mensch-Technik-Beziehung. Sozial-emotionale Robotik als relationaler Erfahrungsraum. In: Digitale Erfahrungswelten im Diskurs, 163. Online verfügbar unter: https://ub-deposit.fernuni-hagen.de. Zugegriffen: 20. Dez. 2024
Wilson, C., Ghosh, A., & Marsella, S. (2023). Racial Bias in Facial Emotion Recognition: A Comparative Study of Deep Learning Models Across Skin Tones. IEEE Transactions on Affective Computing, 14.
Wojas G (2023) The infallible and the specter – Manifesting (artificial) subjectification in female sex robots. Matter: Journal of New Materialist Research. Online verfügbar unter: https://link.springer.com/content/pdf/10.1007/s12369-023-01052-7.pdf. Zugegriffen: 7. Jan. 2025
World Economic Forum (2023) The Future of Jobs Report 2023. Online verfügbar unter: https://www.weforum.org
Yalcinkaya E, Banbury S, Visick A, Chandler C, Lusher J (2023) Men who have sex with robot dolls: A Foucauldian discourse analysis. World Journal of Advanced Research and Reviews. Online verfügbar unter: https://wjarr.com/sites/default/files/WJARR-2023-0362.pdf. Zugegriffen: 6. Jan. 2025
Youssef K, Said S, Alkork S, Beyrouthy T (2022) A Survey on Recent Advances in Social Robotics. Robotics, 11:75. Online verfügbar unter: https://doi.org/10.3390/robotics11040075. Zugegriffen: 16. Mai 2024
Zeng Z, et al. (2022) Challenges in mobile robot navigation. Science Robotics, 7(65):eabm6073
Zhang L, et al. (2023) Precision agriculture robotics. Nature Machine Intelligence

7 Assistenzsysteme – Interaktive Unterstützung des Menschen

In einer zunehmend digitalisierten Welt kommt technischen Assistenzsystemen wachsende Bedeutung zu. Sie unterstützen den Menschen bei der Bewältigung komplexer Aufgaben, steigern die Sicherheit und erleichtern alltägliche Abläufe. Moderne Lebens- und Arbeitsumgebungen sind zunehmend durch intelligente Systeme geprägt, die in direkter Interaktion mit dem Menschen stehen. Assistenzsysteme übernehmen Aufgaben der Informationsverarbeitung, Entscheidungsunterstützung und adaptiven Prozessgestaltung. Dieses Kapitel gibt einen Überblick über verschiedene Arten technischer Assistenzsysteme, zentrale Anwendungsfelder sowie damit verbundene Potenziale und Herausforderungen.

7.1 Einführung in die Assistenzsysteme

Assistenzsysteme, auch Unterstützungssysteme genannt, sind technische Systeme, die den Menschen bei der Bewältigung von Aufgaben unterstützen, indem sie Informationen bereitstellen, Entscheidungen erleichtern oder bestimmte Handlungen automatisiert ausführen. Ihr Ziel ist es, Sicherheit, Effizienz, Selbstständigkeit und Lebensqualität zu erhöhen, ohne den Menschen zu ersetzen. Je nach Funktion und Anwendungsbereich lassen sich Assistenzsysteme in drei grundlegende Kategorien einteilen:

1. Digitale Assistenzsysteme, die vor allem bei der Informationsverarbeitung und Kommunikation unterstützen (z. B. Navigationshilfen, Interaktive Displays, oder smarte Sprachassistenten),
2. Kognitive Assistenzsysteme, die Entscheidungsprozesse begleiten oder komplexe Zusammenhänge verständlich aufbereiten (z. B. datenbasierte Handlungsempfehlungen in der industriellen Fertigung mittels Datenbrille),

P. Pötters, S. Sen, *Mensch-Technik-Interaktion*,
https://doi.org/10.1007/978-3-658-49501-5_7

3. Physische Assistenzsysteme, die den menschlichen Körper direkt entlasten oder erweitern (z. B. Exoskelette oder kollaborative Roboterarme).

Diese Typisierung verdeutlicht die Vielschichtigkeit moderner Assistenzsysteme und ihre Potenziale in unterschiedlichsten Anwendungsfeldern – von der Produktion über das Gesundheitswesen bis hin zum privaten Alltag.

7.2 Mensch-Roboter-Kollaboration

Eine besondere Form eines sozio-technischen Arbeitssystems stellt die Mensch-Roboter-Kollaboration (MRK) dar. MRK-Systeme ermöglichen eine direkte, sichere Zusammenarbeit zwischen Mensch und Roboter im gleichen Arbeitsraum. Dabei arbeitet ein kollaborativer Roboter – auch Cobot genannt – direkt mit dem Mensch zusammen (siehe Abb. 7.1) Dabei steht nicht die Substitution menschlicher Arbeitskraft im Vordergrund, sondern deren gezielte Entlastung bei repetitiven, kraftraubenden oder gesundheitsgefährdenden Tätigkeiten (Weidner et al. 2015).

Die Weiterentwicklung klassischer Industrierobotik hin zu kollaborativen Systemen wurde durch Fortschritte in der Sensorik, Sicherheitssteuerung und Mensch-Maschine-Interaktion ermöglicht. Dadurch können Arbeitsaufgaben zunehmend gemeinsam und situativ flexibel durch Mensch und Roboter erledigt werden. Die Aufgabenverteilung erfolgt

Abb. 7.1 Doosan Cobot

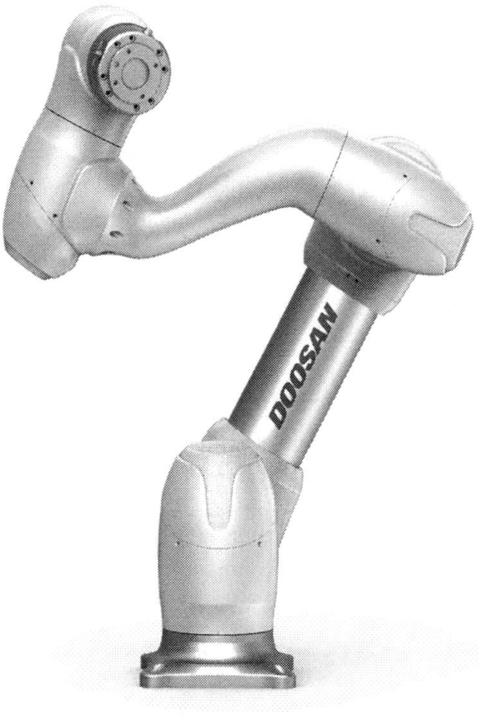

dabei auf Basis der jeweiligen Stärken – kognitive Fähigkeiten auf menschlicher Seite, Präzision und Ausdauer auf Seiten des Roboters. Der Einsatz von MRK-Systemen in der Montage zeigen deren Potenziale hinsichtlich Effizienz und Interaktionsqualität auf. Der zentrale Unterschied zu klassischen Robotersystemen liegt in der symbiotischen Interaktion: Während traditionelle Systeme isoliert arbeiten, erlauben MRK-Systeme eine gleichzeitige Bearbeitung desselben Objekts durch Mensch und Maschine in einem gemeinsamen Wirkraum (Müller et al. 2019).

Die Vorteile der MRK sind vielfältig: höhere Prozessflexibilität, verbesserte Ergonomie, Effizienzgewinne sowie eine gesteigerte Produktqualität. Darüber hinaus bleibt der Mensch als aktives, entscheidungsfähiges Glied im Produktionsprozess erhalten. Diese Aspekte stehen auch im Zentrum aktueller praxisnaher Studien, die den Einfluss der MRK auf Arbeitsplatzgestaltung, Produktivität und Mitarbeiterzufriedenheit untersuchen (Mediengruppe 2024). Aktuelle Hersteller betonen dabei die Bedeutung von Sicherheit, Akzeptanz, Präzision und Effizienz.

Ein wesentliches Charakteristikum von MRK-Systemen ist der gemeinsame Arbeitsraum. Dieser unterscheidet sich fundamental von abgeschirmten Roboterzellen. Die Integration des Menschen als aktives Element soll die Qualität und Produktivität steigern. Führende Roboterhersteller haben inzwischen zahlreiche Anwendungen mit MRK-Robotern realisiert.

Die zunehmende Nähe von Mensch und Maschine rückt sicherheitsrelevante Aspekte in den Fokus. Normen und Richtlinien – wie die Maschinenrichtlinie und ISO/TS 15066 – legen Anforderungen an kollaborative Systeme fest (International Organization for Standardization 2016). Dazu zählen u. a. Leichtbauweise, Kraft- und Momentensensorik, abgerundete Konturen sowie betriebssichere Endeffektoren. Diese Anforderungen lassen sich mit konventionellen Industrierobotern in der Regel nicht erfüllen.

Neben der physischen Sicherheit spielen auch psychologische und ergonomische Faktoren eine wachsende Rolle. Studien zeigen, dass arbeitswissenschaftliche Erkenntnisse zu Sicherheitsempfinden, Vertrauen und Situationsbewusstsein bisher nur begrenzt vorliegen. Zu den typischen Anforderungen an MRK-Systeme gehören:

- Leichtbauroboter mit integrierter Krafterkennung
- Flexible Anlagenarchitektur
- Einfache und intuitive Programmierung
- Ergonomische Arbeitsplatzgestaltung
- Einhaltung einschlägiger Normen und Sicherheitsrichtlinien
- Gegenseitige Qualitätsüberwachung zwischen Mensch und Roboter

Es werden drei Formen in der Mensch-Roboter-Interaktion unterschieden (siehe Abb. 7.2):

1. Ko-Existenz – Mensch und Roboter arbeiten im gleichen Umfeld, jedoch unabhängig voneinander.
2. Kooperation – Beide verfolgen ein gemeinsames Ziel, handeln jedoch getrennt.
3. Kollaboration – Mensch und Roboter bearbeiten synchron dieselbe Aufgabe im gleichen Raum.

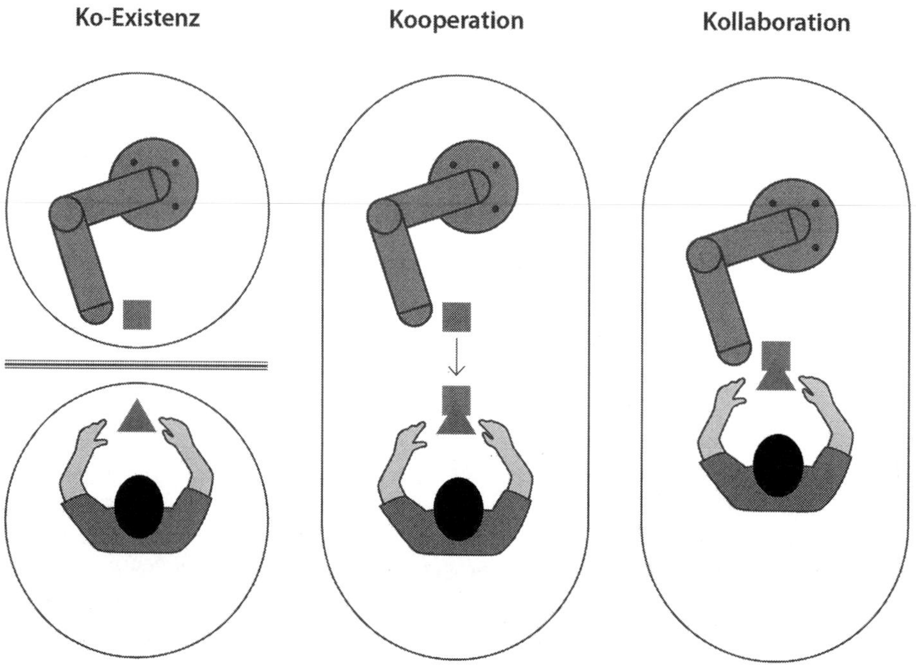

Abb. 7.2 Drei- Formen-Mensch-Roboter-Interaktion

Diese Systematik unterstreicht die Vielfalt der Interaktionsformen und die Notwendigkeit, MRK-Anwendungen spezifisch auf technische, ergonomische und psychologische Anforderungen abzustimmen (Onnasch et al. 2016)

7.3 Exoskelette

Exoskelette (siehe Abb. 7.3) sind am Körper getragene mechanische Stützstrukturen, die den Träger in seinen Bewegungen unterstützen und die physische Belastung reduzieren sollen.

Exoskelette ersetzen keine menschliche Arbeitskraft, sondern dienen als Assistenzsysteme zur Reduzierung physischer Belastungen und gesundheitlicher Schäden. Durch ihren Einsatz können sowohl ergonomische Vorteile als auch eine Steigerung der Prozesseffizienz erreicht werden. Die Entwicklung von Exoskeletten hat ihren Ursprung in militärischen und medizinischen Anwendungen. Im Militär wurden sie zunächst zur Unterstützung von Infanteristen beim Tragen schwerer Lasten konzipiert. In der Medizintechnik fanden sie Anwendung zur Stabilisierung erkrankter Gliedmaßen, beispielsweise durch Orthesen. Der Einsatz von Exoskeletten in der industriellen Produktion und Logistik ist hingegen eine relativ neue Entwicklung. In diesen Bereichen gewinnen sie zunehmend an Bedeutung, da sie zur Reduzierung arbeitsbedingter Muskel-Skelett-Erkrankungen beitragen können (de Looze et al. 2016)

Abb. 7.3 Beispiel aktives Exoskokelett Fa. exoIQ

Exoskelette lassen sich nach verschiedenen Kriterien unterscheiden:

- **Nach Funktionsweise:**
  Hierbei wird zwischen passiven und aktiven Exoskeletten unterschieden.
  Passive Exoskelette nutzen mechanische Systeme wie Federn oder Seilzüge, um Energie zu speichern und gezielt freizusetzen. Dadurch wird die Belastung des Trägers verringert, indem Lasten auf andere Körperbereiche oder direkt auf den Boden umgeleitet werden. *Aktive Exoskelette* enthalten motorisierte Systeme, wie elektrische, hydraulische und pneumatische Antriebe, die gezielt Kräfte auf Gelenke oder Muskelgruppen ausüben.
- **Nach unterstützter Körperregion:**
  Exoskelette können individuell auf verschiedene Körperbereiche abgestimmt werden, um gezielt Unterstützung zu bieten. Modelle für die oberen Extremitäten, wie Schulter, Arme und Hände, entlasten vor allem bei Überkopfarbeiten. Exoskelette für die unteren Extremitäten, wie Beine und Hüfte, unterstützen bei stehenden oder gehenden Tätigkeiten. Für die Lendenwirbelsäule sind spezielle Exoskelette konzipiert, die die Belastung beim Heben schwerer Gegenstände reduzieren. Ganzkörper-Exoskelette kombinieren mehrere Unterstützungssysteme, um eine umfassende Entlastung zu gewährleisten.

- **Nach anthropomorpher Struktur:**
  Zudem gibt es anthropomorphe Exoskelette, wobei die Bewegungsachsen an die menschliche Anatomie angepasst sind, um natürliche Bewegungsfreiheit zu gewährleisten. Dahingegen sind nicht-anthropomorphe Exoskelette für spezifische Arbeitsanforderungen optimiert und weichen oft von der natürlichen Biomechanik ab.
- **Nach Energieversorgung und Steuerung:**
  Elektrische Exoskelette nutzen Akkus oder Netzanschlüsse als Energiequelle für den Antrieb. *Pneumatische Exoskelette* hingegen werden durch Druckluftversorgung betrieben, während *hydraulische Exoskelette* Flüssigkeitsdruck verwenden, um hohe Kraftübertragungen zu ermöglichen.

Neben der Unterscheidung nach Funktionsweise, unterstützter Körperregion oder Antriebsart lassen sich Exoskelette auch hinsichtlich der verwendeten Materialien und ihrer strukturellen Beschaffenheit differenzieren. Brandt (2024) unterscheidet hierbei zwischen starren und weichen Exoskeletten. Starre Exoskelette bestehen meist aus festen Materialien wie Aluminium oder Carbon und eignen sich insbesondere für Anwendungen mit hohen mechanischen Belastungen, da sie große Kräfte zuverlässig übertragen können. Weiche Exoskelette hingegen nutzen textile, elastische Materialien, die ein geringeres Gewicht und eine höhere Bewegungsfreiheit ermöglichen, weshalb sie vor allem bei dynamischen Tätigkeiten mit häufigen Haltungswechseln von Vorteil sind (Brandt 2024).

Zudem werden Exoskelette in verschiedenen Bereichen eingesetzt, um die körperliche Belastung zu reduzieren und die Leistungsfähigkeit zu erhöhen.

In der Industrie und Produktion unterstützen diese bei Hebe- und Tragetätigkeiten wie in der Fertigung und Montage. Durch Reduktion von Belastungen bei Überkopfarbeiten oder Zwangshaltungen wird die Ergonomie verbessert. Außerdem wird die Produktivität erhöht und krankheitsbedingte Ausfälle reduziert.

Exoskelette kommen auch in der medizinischen Rehabilitation zum Einsatz, indem sie Menschen mit motorischen Einschränkungen, etwa nach einem Schlaganfall oder bei einer Querschnittslähmung, gezielt unterstützen. Zudem wird die Mobilität und Wiedererlangung motorischer Fähigkeiten durch gezielte Therapieeinsätze gefördert. Im militärischen und sicherheitstechnischen Bereich dienen sie zur Steigerung der körperlichen Leistungsfähigkeit von Soldaten, indem sie das Tragen schwerer Lasten erleichtern. Dadurch wird die Ermüdung bei langen Märschen oder beim Transport von Ausrüstung reduziert.

Auch in der Logistik und Lagerhaltung werden Exoskelette eingesetzt, um das Heben und Transportieren schwerer Lasten zu erleichtern. Sie tragen zur Vermeidung von Rückenverletzungen bei und verbessern die ergonomischen Arbeitsbedingungen. Die Auswahl des passenden Exoskeletts hängt nicht nur vom Einsatzbereich, sondern auch von der konkreten Belastungssituation ab. So zeigen passive rückenunterstützende Exoskelette ihr größtes Entlastungspotenzial bei Tätigkeiten mit statischer Rumpfbeugung – beispielsweise bei der Pflege oder beim Kommissionieren in der Logistik. In diesen Situationen erzeugen mechanische Elemente wie Federn oder Expander ein sogenanntes Extensionsmoment, das bei einer bestimmten Rumpfbeugehaltung maximal ausgeprägt ist und so die Lendenwirbelsäule gezielt entlasten kann (Brandt 2024).

Trotz der potenziellen Vorteile exoskelettaler Systeme wird in der Literatur auf bestehende Herausforderungen hingewiesen, die den Praxiseinsatz erschweren. Dazu zählen unter anderem die individuelle Passform, der Tragekomfort sowie die Kompatibilität mit der Arbeitskleidung oder Schutzausrüstung. Auch ergonomische Aspekte wie Druckverteilung und Bewegungsfreiheit spielen eine entscheidende Rolle für die Akzeptanz durch die Nutzenden. Studien weisen darauf hin, dass der subjektive Nutzen, insbesondere das Empfinden von Unterstützung und Entlastung, eng mit diesen Faktoren verknüpft ist.

Dennoch zeigen verschiedene Studien, dass Exoskelette einen positiven Beitrag zur Reduktion körperlicher Belastungen leisten können, insbesondere bei statischen Haltungen und wiederholten Hebetätigkeiten. Neben der potenziellen Prävention muskuloskelettaler Beschwerden wird auch auf eine mögliche Steigerung der Produktivität und Arbeitszufriedenheit hingewiesen. Vor allem in körperlich belastenden Bereichen wie Logistik und Pflege können Exoskelette dazu beitragen, die Arbeitsfähigkeit langfristig zu erhalten und Ausfallzeiten zu reduzieren.

Darüber hinaus werden Exoskelette zunehmend als Bestandteil eines umfassenderen ergonomischen Gesamtkonzepts betrachtet, das technische Hilfsmittel mit arbeitsorganisatorischen und präventiven Maßnahmen kombiniert.

Die aktuelle Forschung zu Exoskeletten konzentriert sich zunehmend auf die Weiterentwicklung aktiver und hybrider Systeme, die durch Sensorik und intelligente Steuerung adaptiv auf Bewegungen und Belastungen reagieren. Aktive Exoskelette verwenden beispielsweise Elektromotoren oder pneumatische Aktoren, um Bewegungen gezielt zu unterstützen, während hybride Systeme zusätzlich bioelektrische Signale zur Steuerung nutzen. Diese Entwicklungen ermöglichen eine individuellere Anpassung an Nutzende und erhöhen die ergonomische Wirksamkeit der Systeme im Arbeitsalltag.

Zudem rückt die Forschung verstärkt den Bedarf nach intelligenten, lernfähigen Assistenzsystemen in den Fokus, die sich flexibel an wechselnde Arbeitssituationen anpassen. Exoskelette können in der Zukunft dabei durch die Analyse von Echtzeitdaten, Nutzerverhalten und Arbeitsbedingungen proaktiv Entscheidungshilfen bieten oder adaptive Unterstützung leisten. Diese Systeme basieren auf Konzepten wie der Mensch-Roboter-Kollaboration, der Augmented Reality oder der vorausschauenden Bewegungsunterstützung und gelten als Grundlage zukünftiger KI-gestützter Exoskelette

Insgesamt zeigen aktuelle Studien, dass Exoskelette nicht isoliert betrachtet, sondern in ein ganzheitliches ergonomisches und organisatorisches Konzept eingebettet werden sollten. Aspekte wie Passform, Tragekomfort, Schulungsaufwand und Nutzerakzeptanz haben erheblichen Einfluss auf die Wirksamkeit und den nachhaltigen Einsatz. Zugleich fehlen bislang standardisierte Bewertungsverfahren sowie belastbare Langzeitstudien zur Effizienz intelligenter Exoskelettsysteme in der betrieblichen Praxis (Brandt 2024).

Somit bieten Exoskelette ein vielversprechendes Potenzial zur Reduzierung physischer Belastungen und zur Steigerung der Effizienz in verschiedenen Arbeitsbereichen, wie etwa in der Industrie, Logistik und Medizin. Sie tragen zur Verbesserung der Ergonomie bei und können Muskel-Skelett-Erkrankungen vorbeugen. Trotz der positiven Effekte stellen Passform, Tragekomfort und die Integration in Arbeitsprozesse noch Herausforderungen dar. Die aktuelle Forschung fokussiert sich auf die Weiterentwicklung intelligenter, adaptiver Systeme, die sich individuell anpassen und mit KI kombiniert werden können. Langfristige Studien zur Effizienz und Nachhaltigkeit sind jedoch noch erforderlich, um die langfristigen Vorteile und die Praxisrelevanz von Exoskeletten zu belegen.

7.4 Augmented Reality (AR) und Virtual Reality (VR)

Augmented Reality (AR) und Virtual Reality (VR) eröffnen neue Möglichkeiten für Assistenzsysteme, insbesondere in Bereichen, in denen visuelle, räumliche oder situationsbezogene Informationen entscheidend sind. AR-Systeme erweitern die reale Welt durch digitale Informationen – etwa durch Einblendungen im Sichtfeld von Wartungstechniker oder der Navigationshinweise in Fahrzeugen (siehe Abb. 7.4).

VR hingegen ermöglicht die vollständige Immersion in virtuelle Umgebungen und wird vor allem für Schulungen, Simulationen oder komplexe Entscheidungsprozesse genutzt. Beide Technologien bieten kognitive Unterstützung und zählen zu den kognitiven Assistenzsystemen, indem sie Informationen intuitiv zugänglich machen, die Orientierung verbessern und das Lernen oder Handeln in realitätsnahen Szenarien erleichtern (siehe Abb. 7.5)

Abb. 7.4 Augmented Reality Brille Hololens 2 Fa. Microsoft

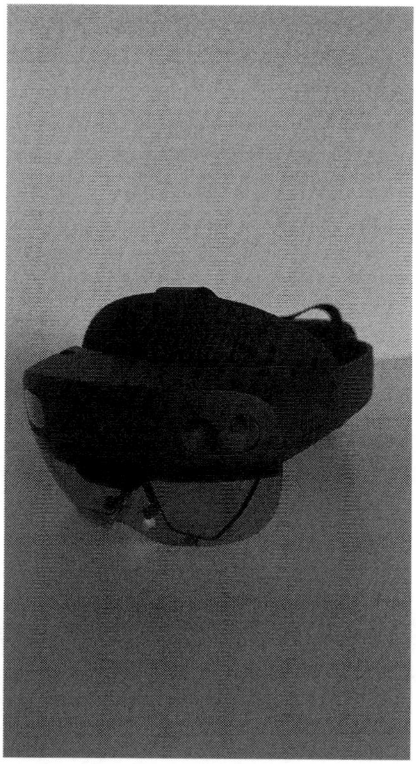

Abb. 7.5 Virtual Realtiy Brille VIVE Focus 3 Fa. HTC

Digitale Technologien, wie Augmented Reality (AR) und Virtual Reality (VR), entwickeln sich zunehmend zu zentralen Komponenten moderner Assistenzsysteme. Sie ermöglichen die Erweiterung bzw. Simulation von Realität mit dem Ziel, komplexe Aufgaben besser zu bewältigen, Entscheidungsprozesse zu unterstützen und Lern- oder Trainingsprozesse realistischer zu gestalten.

7.4.1 Technologische Grundlagen

Augmented Reality (AR) beschreibt im Detail die computergestützte Erweiterung der realen Welt um digitale Elemente, die visuell, auditiv oder haptisch wahrgenommen werden können. Die reale Umgebung bleibt dabei präsent und wird durch kontextbezogene Informationen ergänzt. Technisch basiert AR auf Sensorik (z. B. Kameras, GPS), Echtzeit-Datenverarbeitung und Ausgabegeräten wie Head-Mounted Displays (HMD) (siehe Abb. 7.4), Smartphones oder Tablets.

Virtual Reality (VR) hingegen erzeugt vollständig computergenerierte Umgebungen, in die Nutzer mithilfe spezieller Hardware wie VR-Brillen (siehe Abb. 7.5) vollständig eintauchen können. Die Immersion ermöglicht intensive Erlebnisse und Interaktionen in simulierten Welten. VR-Anwendungen erfordern hohe Rechenleistung, exakte Bewegungsverfolgung (Tracking) und häufig auch haptische Schnittstellen zur Interaktion.

Studien zeigen, dass die effektive Nutzung von AR/VR stark von der Gestaltung der Mensch-Maschine-Schnittstelle abhängt. Dabei spielen Faktoren wie Vorerfahrung, technisches Verständnis und situativer Kontext eine wesentliche Rolle. Aktuelle Untersuchungen weisen zudem auf eine signifikante Reduktion der kognitiven Belastung durch AR-gestützte Assistenzsysteme hin, insbesondere bei komplexen Montage- und Wartungstätigkeiten (Nagy et al. 2024).

7.4.2 Einsatzbereiche

Bildung und Training
AR und VR eröffnen neue Möglichkeiten für didaktisch wertvolle Lernszenarien. In der beruflichen Bildung können komplexe Prozesse simuliert oder reale Arbeitsplätze durch AR unterstützt werden. In der Medizin ermöglicht VR das risikofreie Üben chirurgischer Eingriffe, während AR die intraoperative Navigation unterstützt.

Industrie und Instandhaltung
In der Industrie 4.0 werden AR-Systeme eingesetzt, um Monteuren Schritt-für-Schritt-Anleitungen direkt im Sichtfeld bereitzustellen. Fehler können reduziert, Einarbeitungszeiten verkürzt und Produktivität gesteigert werden. VR wird in der Produktentwicklung zur virtuellen Prototypisierung genutzt. Der Einsatz von AR in der industriellen Instandhaltung bringt zahlreiche Vorteile. Auch neuere Studien belegen die Wirksamkeit solcher Systeme: So zeigen neurophysiologische Messungen, dass AR-gestützte Trainings die kognitive Belastung deutlich verringern und damit sowohl das Lernen als auch die Handlungsausführung messbar verbessern können (MDPI 2023).

Verkehr und Mobilität
Im Automobilbereich wird AR für Head-up-Displays genutzt, um Fahrern mit kontextrelevanten Informationen zu versorgen, ohne den Blick von der Straße abzuwenden. In der Bahntechnik finden VR-Simulationen Anwendung zur Schulung von Lokführern und im Sicherheitsmanagement.

Gesundheitswesen und Therapie
In der psychologischen Therapie ermöglicht VR die Exposition in kontrollierten virtuellen Umgebungen (z. B. bei Phobien oder posttraumatischen Belastungsstörungen). AR findet Einsatz in der Rehabilitation, z. B. zur Bewegungsförderung durch spielerische Anwendungen.

7.4.3 Herausforderungen und Ausblick

Trotz wachsender Verbreitung stehen AR und VR vor Herausforderungen. Technisch bestehen Einschränkungen hinsichtlich Rechenleistung, Akkulaufzeit und Präzision der Sensorik. Datenschutzfragen, ethische Aspekte und soziale Auswirkungen (z. B. Entfremdung oder Realitätsverlust) bedürfen sorgfältiger Betrachtung. Auch das Gewicht der Brillen stellt noch für das dauerhafte Tragen ein Problem dar. Zukünftige Entwicklungen zielen auf leichtere, leistungsfähigere Geräte, natürlichere Interaktionsformen (z. B. durch Kontaktlinsen) und die Integration in alltägliche Kontexte – auch im Sinne einer inklusiven Technologiegestaltung. Augmented und Virtual Reality stellen leistungsfähige Technologien dar, die in vielfältigen Kontexten als Assistenzsysteme fungieren können. Ihr Nutzen hängt wesentlich von der benutzerzentrierten Gestaltung sowie der bewussten Integration in bestehende Arbeits- und Lebenswelten ab. Die Weiterentwicklung von AR/VR wird wesentlich zur Digitalisierung von Bildung, Arbeit und Gesundheitsversorgung beitragen – vorausgesetzt, der Mensch bleibt im Zentrum der Gestaltung.

7.4.4 Use Case: Augmented Reality in der industriellen Instandhaltung

In der industriellen Produktion ist die Effizienz und Verfügbarkeit von Maschinen und Anlagen ein zentraler Erfolgsfaktor. Stillstände verursachen erhebliche Kosten, insbesondere bei hoch automatisierten Produktionslinien. Gleichzeitig wird die Instandhaltung durch den Fachkräftemangel, die zunehmende Komplexität der Anlagen und die steigende Variantenvielfalt immer herausfordernder. Augmented Reality (AR) bietet hier die Möglichkeit, Wartungspersonal durch digitale Assistenzsysteme gezielt zu unterstützen, Fehlerzeiten zu minimieren und die Qualität der Instandhaltung zu verbessern.

Ein traditionsreicher mittelständischer Maschinenbauer aus NRW, der auf Recyclinganlagen spezialisiert ist, setzt seit 2023 erfolgreich AR-Technologie in der Instandhaltung ein.

Technisches Szenario
Das typisch AR-basiertes Instandhaltungssystem besteht aus folgenden Komponenten:

- Head-Mounted Display – Microsoft HoloLens, das dem Techniker digitale Informationen direkt ins Sichtfeld projiziert.
- Backend-System: verknüpft mit der Maschinensteuerung, dem ERP-System oder einem digitalen Wartungsplaner.
- AR-Softwareplattform: erkennt Maschinenteile über visuelle Marker oder 3D-Modelle und zeigt kontextbezogene Informationen (z. B. Betriebsdaten, Anleitungen, Fehlermeldungen) an.

Über Sprach- oder Gestensteuerung kann der Techniker das System bedienen, ohne die Hände vom Arbeitsgerät nehmen zu müssen. In vielen Fällen ist auch eine Remote-Unterstützung durch Experten per Live-Videoübertragung integriert.

Ablauf des Anwendungsszenarios

Ein Instandhalter wird über ein Wartungssystem über eine Störung an einer CNC-Maschine informiert. Er begibt sich zur Anlage und aktiviert sein AR-Headset. Das System erkennt automatisch die Maschine und visualisiert im Sichtfeld des Technikers:

- eine 3D-Überlagerung des betroffenen Bauteils,
- die letzten Betriebszustände und Fehlermeldungen,
- Schritt-für-Schritt-Anleitungen für die Demontage und Reparatur,
- Hinweise auf sicherheitsrelevante Aspekte.

Der Techniker folgt der Anleitung, ohne zusätzliche Dokumente konsultieren zu müssen. Bei Unsicherheiten kontaktiert er über das Headset einen entfernten Experten, der seine Sicht teilt und ihn live anleitet. Zudem bietet das Unternehmen auch interaktive Wartungshandbücher in AR an, die über ein Tablet oder HMD abrufbar sind. Die Einführung der Technologie ermöglichte eine Reduktion der Vor-Ort-Einsätze um mehr als 25 % und eine deutliche Beschleunigung der Reaktionszeiten bei Serviceanfragen.

Nutzen und Vorteile

Der Einsatz von AR in der industriellen Instandhaltung bringt zahlreiche Vorteile:

- Reduzierte Stillstandzeiten: Schnellere Fehlerdiagnose und gezielte Reparaturmaßnahmen.
- Fehlervermeidung: Anleitungen und Warnhinweise in Echtzeit verringern das Risiko von Bedienfehlern.
- Wissenssicherung: Auch weniger erfahrene Mitarbeitende können anspruchsvolle Aufgaben ausführen.
- Dokumentation und Rückverfolgbarkeit: Automatische Protokollierung der Arbeitsschritte erleichtert die Qualitätssicherung.
- Auch andere Unternehmen berichten von signifikanten Effizienzgewinnen durch AR-gestützte Wartungsanwendungen.

AR-basierte Assistenzsysteme bieten in der industriellen Wartung einen konkreten Mehrwert, indem sie Wissen kontextgerecht verfügbar machen und Prozesse beschleunigen. Sie sind ein zentraler Baustein moderner Smart Maintenance-Konzepte und leisten einen Beitrag zur Digitalisierung der Produktion. Mittelständische Unternehmen zeigen, dass AR-Technologien nicht nur für Großunternehmen relevant sind, sondern auch z. B. im deutschen Maschinenbau praxistauglich und wirtschaftlich einsetzbar sind – vorausgesetzt, die Einführung erfolgt strukturiert, mit Blick auf Mensch, Technik und Organisation.

7.5 Autonomes Fahren

Das autonome Fahren gehört zu den bedeutendsten Innovationen der modernen Automobilindustrie und hat das Potenzial, den Mobilitätssektor nachhaltig zu verändern. Ziel dieser Arbeit ist es, die MTI im Kontext autonomer Fahrzeuge zu analysieren und dabei auf die besonderen Herausforderungen und Potenziale einzugehen, die sich aus der zunehmenden Automatisierung ergeben. Ein besonderer Fokus liegt auf den Autonomiestufen SAE-Level (Society of Automotive Engineers) 3 und 4, da diese derzeit den Übergang von teilautomatisierten zu voll automatisierten Systemen markieren.

7.5.1 Grundlagen des autonomen Fahrens

Definition der Autonomiestufen
Die SAE hat sechs Stufen des autonomen Fahrens, von Level 0 (keine Automatisierung) bis Level 5 (vollständige Automatisierung), definiert. Diese Klassifizierung wird weltweit verwendet, um den Automatisierungsgrad zu beschreiben. Im Folgenden werden die sechs Stufen des autonomen Fahrens detailliert erläutert (Abb. 7.6):

Level 0: Keine Fahrautomatisierung
Bei Level 0 gibt es keinerlei automatisierte Systeme, die in die Steuerung der Geschwindigkeit, des Lenkens oder des Bremsens eingreifen. Einige Systeme wie eine elektronische Stabilitätskontrolle oder das Anti-Blockier-System können trotzdem vorhanden sein, da diese nur situativ eingreifen und nicht dauerhaft aktiv sind.

Der Fahrer ist zu jeder Zeit für das Fahren verantwortlich und muss immer die Kontrolle über das Fahrzeug behalten, sowie die Umgebung im Blick haben, Entscheidungen über die Fahrtrichtung treffen und auf verschiedene Verkehrssituationen reagieren.

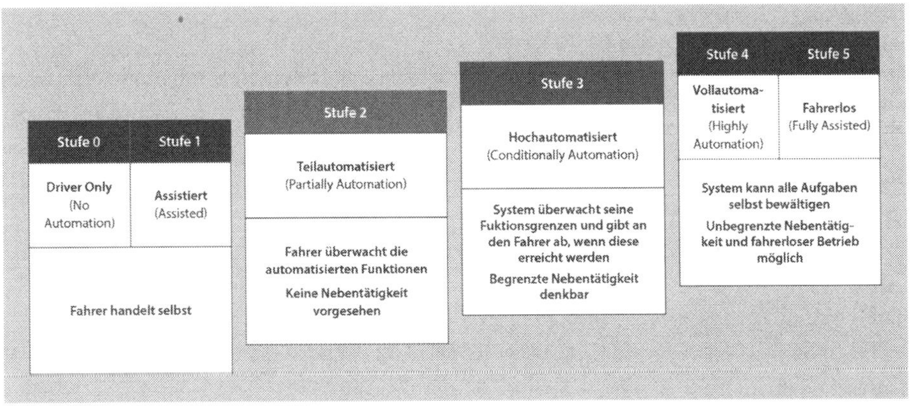

Abb. 7.6 Stufen des autonomen Fahrens

Unter Level 0 ist die traditionelle Art des Autofahrens zu verstehen, bei der der Mensch alle Fahraufgaben ohne technologische Unterstützung bei der Fahrzeugsteuerung übernimmt (Kraftfahrt-Bundesamt o. J.).

Level 1: Fahrerunterstützung
Im ersten SAE-Level kommen verschiedene Systeme zur Unterstützung des Fahrers hinzu, wie beispielsweise ein Abstandsregeltempomat, welches die Geschwindigkeit des Fahrzeugs in Abhängigkeit vom Abstand zum vorausfahrenden Fahrzeug erhöht oder verringert. Ebenso zur Fahrerunterstützung zählt auch eine aktive Lenkunterstützung, welche das Fahrzeug in bestimmten Situationen in der Fahrspur halten kann (Bundesanstalt für Straßenwesen 2021).

Die Systeme unterstützen den Fahrer somit bei der Quer- oder Längsführung des Fahrzeugs, jedoch nicht bei beiden gleichzeitig.

Bei Level 1 behält der Fahrer ebenfalls dauerhaft die Kontrolle über das Fahrzeug, er muss die Systeme überwachen und korrigierend eingreifen falls notwendig. Ebenfalls ist er verantwortlich für Verkehrsverstöße jeder Art und haftet auch für Unfälle, die möglicherweise durch die Benutzung der Assistenzsysteme entstehen (Kraftfahrt-Bundesamt o. J.).

Level 2: Teilweise Automatisierung des Fahrens
Im zweiten SAE-Level können die beiden Funktionen zur Quer- und Längsführung des Fahrzeugs auch gleichzeitig genutzt werden. Diese simultane Nutzung der Funktionen wird beispielsweise bei einem Stauassistenten benötigt, der automatisch wieder anfährt, nachdem das Fahrzeug zum Stillstand gekommen ist und es auch wieder abbremst, wenn zu nah auf den Vorfahrenden aufgeschlossen wird, während das Fahrzeug in der Spur gehalten wird.

Der Fahrer ist weiterhin verpflichtet, in jeder Situation die volle Kontrolle über das Fahrzeug zu behalten und sofort einzugreifen, wenn durch das System eine gefährliche Situation entsteht (Bundesanstalt für Straßenwesen 2021).

Level 3: Bedingte Fahrautomatisierung
Die dritte Stufe stellt einen bedeutenden Sprung in der Automatisierung dar. Auf dieser Ebene kann das Fahrzeug unter definierten Bedingungen alle Fahraufgaben selbstständig übernehmen. Der entscheidende Unterschied zu den vorherigen Stufen besteht darin, dass der Fahrer seine Aufmerksamkeit vorübergehend von der Fahraufgabe abwenden kann (Bengler et al. 2021).

Ein Beispiel für einen Assistenten in Level 3 ist ein Autobahn-Assistent, welcher das Fahrzeug innerhalb eines definierten Bereichs auf der Autobahn beschleunigt, bremst und lenkt.

Im weiteren Verlauf der Hausarbeit wird noch weiterführend auf die dritte Stufe eingegangen.

Level 4: Hochautomatisiertes Fahren
Im SAE-Level 4, dem hochautomatisierten Fahren, kann das Fahrzeug innerhalb vorgegebener Bereiche vollumfänglich selbstständig agieren. Es muss auf alle Verkehrssituationen reagieren und Entscheidungen in kürzester Zeit treffen können (Kraftfahrt-Bundesamt o. J.).

Falls das System nicht mehr in der Lage ist das Fahrzeug zu steuern versetzt es sich in einen möglichst risikoarmen Zustand.

Der Fahrer wird in dieser Stufe auch als Passagier bezeichnet, da er das Fahrzeug nicht mehr selbst steuert, sondern lediglich mitfährt. Er kann jedoch noch immer die Steuerung übernehmen und Fahren, ohne assistiert zu werden (Bengler et al. 2021).

Level 5: Vollautomatisiertes Fahren
Das fünfte SAE-Level ist die höchste Stufe des autonomen Fahrens, in welcher Fahrzeuge völlig selbstständig in jeder Umgebung und unter allen Umständen fahren können. Diese Fahrzeuge benötigen weder Lenkrad noch Pedale, weshalb die Insassen hier rein als Passagiere fungieren (Kraftfahrt-Bundesamt o. J.).

7.5.2 Technologische Anforderungen an autonome Fahrzeuge

Mit dem fortschreitenden Automatisierungsgrad in der Fahrzeugtechnik steigen auch die technologischen Anforderungen an die Automobilindustrie erheblich. Die zunehmende Verlagerung fahrerbasierter Aufgaben auf automatisierte Systeme erfordert eine komplexe technologische Infrastruktur. Um ein umfassendes Verständnis der aktuellen Fahrsituation zu ermöglichen, sind autonome Fahrzeuge auf eine Vielzahl unterschiedlicher Sensoren angewiesen. Hierzu zählen unter anderem Kameras sowie Radar- und Lidar-Sensoren (Light Detection and Ranging), die eine präzise Umfelderkennung und Fahrzeuglokalisierung ermöglichen (Fraunhofer IAO 2015). Sie dienen der Identifikation relevanter Objekte wie anderer Verkehrsteilnehmer, Hindernisse oder Verkehrszeichen. Ergänzend dazu erfassen Sensoren im Fahrzeuginnenraum Zustände wie die Aufmerksamkeit und Übernahmefähigkeit der Fahrenden, was insbesondere in Übergabeszenarien von hoher Relevanz ist (Fraunhofer IAO 2015).

Die erfassten Sensordaten umfassen große Datenmengen, die in Echtzeit verarbeitet werden müssen, um eine sichere und situationsgerechte Fahrentscheidung zu ermöglichen. Hierfür sind leistungsfähige Steuergeräte erforderlich, die die Sensorinformationen fusionieren, analysieren und entsprechende Steuerbefehle an die Aktoren weiterleiten.

Ein weiterer zentraler technologischer Aspekt ist die zuverlässige Datenübertragung. Autonome Fahrzeuge der Automatisierungsstufen 4 und 5 nach SAE benötigen eine stabile und kontinuierliche Internetverbindung, um aktuelle Informationen in Echtzeit empfangen, verarbeiten und weiterleiten zu können. Darüber hinaus ist die Kommunikation zwischen Fahrzeugen (Car-to-Car) sowie mit einer zentralen Backend-Infrastruktur (z. B. des Herstellers) von essenzieller Bedeutung für die sichere Interaktion mit der Verkehrsumgebung (Fraunhofer IAO 2015).

Zuverlässigkeit und Ausfallsicherheit sind grundlegende Anforderungen. Es müssen Redundanzsysteme vorhanden sein, die bei einem Ausfall sicherheitskritischer Komponenten deren Funktionen übernehmen können. Nur so lässt sich eine unterbrechungsfreie Systemfunktion sicherstellen (Bengler et al. 2021). Diese Redundanz ist unverzichtbar, da auch unter realen Bedingungen mit Ausfällen – etwa durch Verschmutzungen von Kameras – gerechnet werden muss.

Nicht zuletzt erfordert autonomes Fahren auch eine entsprechend moderne Infrastruktur. Dazu zählen ein flächendeckendes, anbieterunabhängiges 5G-Netz, Car-to-X-Kommunikation (Car2X) mit straßenseitigen Sensoren, hochreflektierende Fahrbahnmarkierungen sowie der Zugriff auf hochpräzise digitale Kartendaten (Bengler et al. 2021).

7.5.3 MTI im autonomen Fahren

Im Kontext des autonomen Fahrens bezieht sich die MTI auf die Art und Weise, wie Fahrer, Passagiere und andere Verkehrsteilnehmer mit dem autonomen Fahrzeug interagieren. Durch die zunehmende Entwicklung der automatisierten Fahraufgabe ändert sich die Rolle des Fahrers fundamental, aus diesem Grund müssen sich auch Anzeige-Bedien-Konzepte weiterentwickeln (VDI Fahrzeug- und Verkehrstechnik 2017). In Abhängigkeit des Automatisierungsgrades des Fahrzeugs entstehen somit neue Chancen und Herausforderungen hinsichtlich Konzeption, Gestaltung und Bewertung der MTI.

Ziel ist es vor allem, Sicherheit, Effizienz und Benutzerfreundlichkeit zu gewährleisten. Dies wird erreicht, indem der Fahrer stets informiert ist, in welchem Zustand sich sein Fahrzeug zurzeit befindet (Bundesanstalt für Straßenwesen 2021).

Um diese Funktionen zu erfüllen, gibt es verschiedene Möglichkeiten für die Systeme, dem Anwender Feedback zu geben. Durch visuelle Anzeigen im Bordcomputer direkt vor dem Fahrer werden wichtige Fahrdaten wie Geschwindigkeit, Kraftstoffstand und Warnleuchten angezeigt. Dazu gibt es in vielen modernen Fahrzeugen weitere Infotainment-Displays, welche genauere Daten anzeigen können, wie Reifendruck oder Wartungsinformationen. Zusätzlich gibt es häufig die Möglichkeit des Head-up-Displays (Fraunhofer IAO 2015) als Sonderausstattung, das wichtige statische Informationen wie die Fahrzeuggeschwindigkeit oder Verkehrszeichen, aber auch dynamische Informationen wie Navigationsangaben auf die Windschutzscheibe projizieren kann. Bei diesen visuellen Anzeigen gibt es verschiedene Möglichkeiten, die Aufmerksamkeit des Fahrers zu erregen, beispielsweise durch sequenzielles Auf-und Abblinken.

Zudem werden akustische Signale und Sprachausgaben für wichtige Meldungen und Navigationsanweisungen verwendet, damit der Fahrer nicht vom Verkehrsgeschehen abgelenkt wird. Ebenso werden die vorher beschriebenen visuellen Anzeigen je nach Dringlichkeit mit einem Warnton hinterlegt, falls es zu kritischen Situationen wie niedrigem Kraftstoffstand oder offenen Türen kommt.

Zuletzt kann dem Fahrer auch durch haptisches Feedback, wie Vibrationen im Lenkrad physisch mitgeteilt werden, dass er seine Fahrspur verlässt oder sein Überholvorgang andere Verkehrsteilnehmer gefährden würde. Auch diese Art der Mitteilung lenkt den Fahrer nicht vom Verkehrsgeschehen ab, wobei darauf zu achten ist, den Fahrer durch die Aktion nicht zu erschrecken, sondern ihn lediglich aufmerksam zu machen.

All diese Ausgabemöglichkeiten müssen für den Fahrer intuitiv sein, sodass keine Unsicherheit entsteht, wenn es um deren Bedeutung geht (Bundesanstalt für Straßenwesen 2021).

Die meisten Assistenzsysteme verfügen über verschiedene Modi, welche klar voneinander abzugrenzen sind. Der Fahrer muss jederzeit über den Status des Assistenzsystems informiert werden, sodass er weiß, ob er sich auf dessen Funktion verlassen kann. Aus diesem Grund muss für jedes System ein strukturiertes Schema zu erkennen sein, wie es die verschiedenen Modi darstellt (Bundesanstalt für Straßenwesen 2021). Beim hochautomatisierten Fahren ist darauf zu achten, den Fahrer auf die Übernahme der Kontrolle über das Fahrzeug vorzubereiten, während beim teilautomatisierten Fahren wichtig ist, dem Fahrer bewusst zu machen, dass er sich weiterhin der Fahraufgabe widmen und das System überwachen muss.

Ein Beispiel für die Anzeige der verschiedenen Modi ist beim Mercedes-Benz Drive-Pilot die verschiedenfarbige Darstellung des Fahrzeugs im Display, sowie auch die verschiedenfarbige Ausgabe für andere Verkehrsteilnehmer. Wenn das Fahrzeug sich autonom bewegt, werden dort alle Anzeigen im Innenraum Türkis eingefärbt. Auch die türkis eingefärbten Fahrtrichtungsanzeiger signalisieren anderen Verkehrsteilnehmern, dass das Fahrzeug sich autonom bewegt (Mercedes Benz AG 2023a, b).

Die beschriebenen Anforderungen an die MTI im autonomen Fahren verdeutlichen, wie wichtig eine durchdachte Gestaltung der Schnittstellen ist, um Sicherheit, Nutzerfreundlichkeit und Akzeptanz zu gewährleisten. Diese Anforderungen lassen sich durch grundlegende Prinzipien der MTI systematisch umsetzen.

7.5.4 Human-Machine-Interface- (HMI) Designs in autonomen Fahrzeugen

Im dritten SAE-Level wird erstmals von einer bedingten automatisierten Fahrweise gesprochen, aus diesem Grund wird dies die erste näher zu betrachtende Stufe im Zusammenhang mit dem autonomen Fahren sein.

Wie in Abschn. 3.1 kurz erläutert, gibt es in Level 3 Fahrzeugen erstmals die Möglichkeit, die Fahraufgabe vollständig vom System übernehmen zu lassen. Der Fahrer bleibt jedoch stets verantwortlich, bei einer Aufforderung durch das System wieder die Kontrolle zu übernehmen.

In bestimmten Szenarien, wie im Stau oder auf der Autobahn, kann das Fahrzeug sowohl die Längs- als auch die Querführung übernehmen, ohne dass der Fahrer eingreifen muss, wie es im SAE-Level 2 der Fall wäre. Ein wichtiger Unterschied ist jedoch, dass der Fahrer jederzeit wieder in der Lage sein muss, die Fahraufgabe an sich zu nehmen, wenn das System in kritische Situationen oder an seine Grenzen gerät (Bundesanstalt für Straßenwesen 2021). Dementsprechend sollte der Fahrer bereit sein, das System innerhalb weniger Sekunden nach dessen Aufforderung vollständig zu übernehmen.

Durch das Zusammenspiel von Lidar-Sensoren, welche die Umgebung mit hoher Präzision in Echtzeit scannen und dadurch Objekte und Hindernisse erkennen (Fraunhofer IAO 2015), sowie Radarsensoren, die unabhängig von Lichtverhältnissen die Geschwindigkeit und die Position anderer Fahrzeuge messen (Fraunhofer IAO 2015), und fortschrittlichen Kamerasysteme, welche zusätzlich visuelle Informationen wie Verkehrsschilder oder Ampeln erkennen, entsteht ein direktes Abbild der Umgebung, welches als Grundlage für automatisierte Entscheidungen dient. Mittels KI- gesteuerten Steuergeräten, werden diese Daten analysiert. Danach werden Aktoren wie die Lenkung oder der Antrieb beziehungsweise das Bremssystem angesteuert, um angemessen auf die erfassten Umgebungsdaten zu reagieren. Die Funktion dieser Technik ist jedoch limitiert, denn sie setzt immer ideale Wetterbedingungen und gereinigte Sensoren voraus. Auch die Verkehrsinfrastruktur, besonders die Straßenmarkierungen dürfen nicht unzureichend sichtbar sein, da sonst die Funktionalität der Systeme beeinträchtigt wird und es im schlimmsten Fall zum Systemausfall kommt (Bengler et al. 2021).

Um die Funktionalität zu gewährleisten, sind deshalb strenge Validierungsprotokolle erforderlich.

In der dritten Automatisierungsstufe gestaltet sich die MMI oft schwierig. Die Übergabe der Fahraufgabe vom Fahrzeug auf den Menschen erfolgt nach Aufforderung durch das Fahrzeug. Da der Mensch nach längeren Phasen der Inaktivität weniger aufmerksam ist, stellt die Kommunikation eine Herausforderung dar. Aus diesem Grund ist es wichtig, dass im Fahrzeug zusätzlich Überwachungssysteme für den Innenraum vorhanden sind (Fraunhofer IAO 2015). Nur dadurch kann das System sicherstellen, dass der Fahrer nicht zu sehr abgelenkt ist oder sogar schläft, sodass die Übergabe zu lange dauern würde.

Ebenfalls problematisch gestaltet sich die rechtliche Lage. In Deutschland ist der Einsatz von Level-3-Fahrzeugen rechtlich geregelt, wobei der Fahrer jederzeit eingreifen können muss. Im Falle eines Unfalls kann oft jedoch nicht zweifelsfrei geklärt werden, ob der Fahrer in der Verantwortung ist oder der Hersteller, insbesondere wenn das System nicht richtig funktioniert hat, was zu Unsicherheiten beim Anwender führt (Fraunhofer IAO 2015).

Durch die verschiedenen Kommunikationsformen wie beispielsweise Car2Car, durch die das Fahrzeug Warnungen von vorausfahrenden Fahrzeugen bei Glatteis oder starken Bremsungen erhält, kann das System proaktiv reagieren und potenzielle kritische Situationen frühzeitig vermeiden (Fraunhofer IAO 2015). Durch diese Kommunikationsformen treten jedoch ebenfalls Gefahren in Form von Cyberkriminalität auf (Fraunhofer IAO 2015). Diese müssen minimiert werden, da ferngesteuerte Fahrzeuge sonst zu potenziellen Waffen werden können. Die Sicherheitsmaßnahmen für automatisierte Fahrzeuge sollten immer aktualisiert werden, um die Integrität des Systems zu wahren (Maurer et al. 2015).

Ein weiterer wichtiger Faktor ist der Mensch. Viele Verbraucher stehen der Technik aus im Vorhinein genannten Gründen skeptisch gegenüber. Für eine großflächige Verwendung automatisierter Fahrzeuge muss also informiert und Akzeptanz geschaffen werden, um das Vertrauen in die Sicherheit solcher Systeme zu stärken (Maurer et al. 2015).

Demnach sind Fahrzeuge des SAE-Level-3 ein wichtiger Meilenstein auf dem Weg zum autonomen Fahren, es erfordert jedoch technische Weiterentwicklungen, klare rechtliche Regelungen und das Vertrauen der Verbraucher um als Grundlage für höhere Automatisierungsgrade zu dienen.

7.5.5 Besonderheiten und Herausforderungen von Level-4- Fahrzeugen

Das SAE-Level 4, auch als hochautomatisiertes Fahren bezeichnet, kann im Gegensatz zu Level-3 in bestimmten Situationen vollständig autonom fahren, ohne dass der Fahrer eingreifen können muss.

Dies funktioniert jedoch nur in klar definierten Szenarien, wie ausgewiesenen Städten oder Autobahnen. Dort kann das System die vollständige Kontrolle über das Fahrzeug übernehmen und selbst in unvorhergesehenen Situationen die Fahraufgabe bewältigen.

Die Systeme können innerhalb ihres Einsatzbereiches selbstständig agieren, weshalb der Fahrer auch anderen Aktivitäten nachgehen kann bzw. sich nicht im Fahrzeug befinden muss (Bengler et al. 2021). Möglich wird dies durch Sicherheitsmechanismen, welche das Fahrzeug beim Auftreten technischer Fehler in eine sichere Position bringen. Resultieren kann dies in einer vorsichtig ausgeführten Bremsung bis zum Stillstand, wobei auch andere Verkehrsteilnehmer über die Hupe oder das Warnblinklicht über die Notsituation des Fahrzeugs informiert werden.

Die Grenzen der Autonomie werden jedoch auch hier deutlich, wenn die Wetterbedingung nicht ideal sind und es beispielsweise schneit oder neblig ist, wodurch die Sensorik gestört wird. In diesem Fall wäre es dem Fahrzeug nicht mehr möglich, sicher auf das Verkehrsgeschehen zu reagieren und wäre somit fahrunfähig (Fraunhofer IAO 2015).

Häufig werden Level-4-Fahrzeuge in kommerziellen Anwendungen wie autonomen Shuttles oder Lieferfahrzeugen in der urbanen Mobilität genutzt, da dort vorher die Bereiche festgelegt werden können, in denen sich das Fahrzeug autonom bewegen kann (Bengler et al. 2021). Da diese Systeme noch mit hohem finanziellem Aufwand verbunden sind, lohnt es sich erst, diese bei hoher Auslastung anzuschaffen, wie es in den vorher genannten Anwendungen der Fall ist.

Durch die infrastrukturellen Voraussetzungen ist es bisher erst in wenigen Gebieten möglich, hochautomatisiert zu Fahren.

Ein bekanntes Beispiel für SAE-Level-4-Tests ist das amerikanische Unternehmen Waymo, welches autonome Taxidienste in San Francisco anbietet. Möglich wird dies durch präzise Kartendaten, Echtzeit-Kommunikation und Verkehrsmanagement Systeme, welche das dort abgegrenzte Gebiet auszeichnen (Waymo LLC o. J.).

Auch im SAE-Level-4 stellen sich ähnliche Haftungsfragen wie im Level-3, da es noch keine Regelungen zur Zulassung, Haftung bei Unfällen und Sicherheitsfragen gibt.

Bisher sind hohe Investitionen für Fahrzeuge des SAE-Level-4 notwendig, da die komplexe Technik sehr teuer ist und auch Kosten für die Modernisierung der Infrastruktur auf die Fahrzeuge umgelegt werden müssen (Fraunhofer IAO 2015).

Die Level-4-Funktionen befinden sich häufig noch in Testphasen auf Parkplätzen oder speziell definierten Teststrecken, sind mittlerweile aber auch vereinzelt schon auf deutschen Autobahnen nutzbar.

Auch hier erhöht die umfangreiche Vernetzung durch Car2X-Techniken die Angriffsfläche für potenzielle Cyberkriminalität. Wie in Level 3 müssen die Systeme besonders geschützt und immer wieder aktualisiert werden, damit die Sicherheit gewährleistet werden kann (Maurer et al. 2015).

Da die Einführung von Level-4-Systemen besondere Auswirkungen auf den Transportsektor insbesondere Personennahverkehr haben wird, sind auch die gesellschaftlichen Auswirkungen zu beachten. Der Arbeitsmarkt (Maurer et al. 2015) in diesem Sektor wird sich erheblich verändern, während das Vertrauen in die Technologie weiter gestärkt werden muss.

Die breite Verfügbarkeit von SAE-Level-4-Systemen könnte die Effizienz und Sicherheit im Straßenverkehr revolutionieren. Um dies zu erreichen, müssen jedoch technische, rechtliche und gesellschaftliche Hindernisse überwunden werden, was eine enge Zusammenarbeit zwischen Industrie, Gesetzgebern und der Gesellschaft erfordert.

7.5.6 Unterschiede

Da sich Level-3- und Level-4-Fahrzeuge grundlegend unterscheiden, gibt es auch verschiedene Konzepte zur Interaktion zwischen Fahrer und Fahrzeug. Völlig überschneidungsfrei sind die Level jedoch nicht, denn es gibt verschiedene Herausforderungen, welche gleichermaßen für beide Level wichtig sind.

Eine der größten Herausforderungen im SAE-Level 3 ist, die Übergabesituationen möglichst effizient zu gestalten. Das System muss den Fahrer rechtzeitig und vor allem eindeutig warnen, dass sein Eingreifen bald erforderlich ist. Möglich gemacht werden kann dies durch Warnungen, die sowohl auditiv, haptisch und visuell ausgegeben werden, um die Aufmerksamkeit des Fahrers (Reschke 2022) zu erlangen (Bundesanstalt für Straßenwesen 2021).

Im SAE-Level 4 muss der Fahrer nicht mehr in der Lage sein, das Fahrzeug zu übernehmen, er wird zum Passagier. Dadurch entsteht eine neue Art, wie die MTI funktionieren muss, indem auch alternative Aktivitäten unterstützt werden. Es werden innovative Innenraumgestaltungen möglich, wie z. B. personalisierbare Displays oder Unterhaltungssysteme

Wichtig ist auch, dass der Fahrer trotz dessen, dass er den Verkehr im SAE-Level 3 nicht ständig überwachen muss, ein Bewusstsein über die aktuelle Fahrsituation hat. Deshalb müssen MTI-Konzepte den Fahrer über den Fahrzeugzustand informieren (Fraunhofer IAO 2015), ohne dabei aufdringlich zu wirken, beispielsweise mit adaptiven Displays, welche je nach Aufmerksamkeitslevel des Fahrers verschiedene Informationen anzeigen.

Da es dem Fahrer aber erlaubt ist, sich anderen Tätigkeiten als der Fahraufgabe zu widmen, muss die Gestaltung der MTI einen Kompromiss finden, damit die Bereitschaft zur Übernahme bestehen bleibt. Dafür bekommt das System Informationen von Innenraumüberwachungssystemen, die den Aktivitätszustand des Fahrers kontrollieren.

Neu in Level 4 ist, dass das Fahrzeug selbst mit anderen Verkehrsteilnehmern kommunizieren muss. Demnach muss es also gerade im Außenbereich des Fahrzeugs neue Schnittstellen zu Kommunikation zwischen Mensch und Maschine geben, wie beispielsweise Lichtanimationen oder die Wiedergabe von Warntönen über Außenlautsprecher (Reschke 2022).

Erstmals wird in Level 4 außerdem eine ethische Komponente berücksichtigt, in der das Fahrzeug ethische Überlegungen in seine Entscheidungen einbezieht, da der Mensch nicht mehr in der Verantwortung ist. Autonomes Fahren muss nachweislich sicherer sein als menschliches Fahren. Der Schutz menschlichen Lebens hat höchste Priorität, auch wenn dies zu Sachschäden führen kann. Mit dem Wegfall der individuellen Fahrerverantwortung werden neue Haftungsmodelle erforderlich, wobei die Verantwortung für Fahrzeughandlungen beim Menschen verbleiben muss. Es gilt als ethisch nicht vertretbar, einer Maschine die Entscheidung über Leben und Tod zu überlassen (Maurer et al. 2015)

Auch das Thema Datenschutz spielt eine wichtige Rolle, wobei der Fahrer die Kontrolle über seine Daten behalten muss und diese bestmöglich verschlüsselt werden sollten.

Ebenso verschieden ist die Forderung nach Bedienelementen. Während in Level 3 noch klassische Bedienelemente wie Lenkrad und Pedale notwendig sind, um das Fahrzeug ohne autonome Systeme bedienen zu können, kann in Level 4 auf solche verzichtet werden. In SAE-Level 4 ist es außerdem notwendig, weitere Schnittstellen bereit zu stellen, um zusätzliche Funktionen für autonomes Fahren bieten zu können. Da die Fahrzeuge auch Fahrerlos bewegt werden können, benötigt es eine Kommunikationsmöglichkeit zum Fahrzeug, auch wenn sich kein Fahrer darin befindet.

7.5.7 Gemeinsamkeiten

In jedem Fall muss die MTI verständlich aufgebaut sein, damit der Fahrer ein Vertrauen zum System aufbauen kann. Dies ist entscheidend für die Übergabe der Fahraufgabe und der teilweisen bzw. vollständigen Abwendung von dieser in Level 3 und 4. In jeder Phase sollten die Insassen des Fahrzeugs also ein Bewusstsein haben, in welcher Situation sich das Fahrzeug befindet (Bundesanstalt für Straßenwesen 2021, S. 20). Das System muss seine Grenzen klar vermitteln können, das gilt sowohl in Level 3, wenn der Fahrer möglicherweise eingreifen muss, aber auch in Level 4, wenn das Fahrzeug die Grenzen seines autonomen Fahrbereichs erreicht (Fraunhofer IAO 2015).

Beide Level stehen vor ähnlichen technischen Herausforderungen, da sie zur Umgebungserfassung dieselbe Sensorik verwenden. Die Qualität der Sensoren und der Verarbeitung deren Daten sind entscheidend, wenn es um die Sicherheit und Akzeptanz des autonomen Fahrens geht. Die Sensorik ist in beiden Leveln auf ideale Wetterbedingungen angewiesen, da sie gleichermaßen durch Schnee oder Nebel beeinträchtigt wird. Eine weitere Gemeinsamkeit entsteht durch die Notwendigkeit einer modernen Infrastruktur. Die Systeme in beiden Fahrzeugen funktionieren derzeit nur in bestimmten Umgebungen und sind somit noch nicht flächendeckend einsetzbar. Es ist zu erkennen, dass es sowohl deutliche Unterschiede als auch viele Gemeinsamkeiten der HMI-Konzepte in Level 3 und in Level 4 gibt. Während der Fahrer in Level 3 noch aktiv eingebunden wird, übernimmt er in Level 4 die Rolle eines Passagiers. Beide Level erfordern jedoch ähnliche Prinzipien, wie eine klare MTI-Gestaltung, moderne Infrastruktur und Sicherheitsmaßnahmen, um Vertrauen und Akzeptanz zu gewährleisten.

7.5.8 Fazit

Autonomes Fahren stellt einen zentralen Innovationsbereich der Automobilindustrie dar, der in den kommenden Jahren signifikante Fortschritte verzeichnen dürfte. Bereits gegenwärtig erreichen zahlreiche Fahrzeuge Funktionen, die den Automatisierungsstufen 3 und 4 nach SAE entsprechen. Führende Hersteller wie Mercedes-Benz, BMW oder Tesla treiben die Entwicklung und Erprobung entsprechender Systeme mit dem Ziel der flächendeckenden Einführung voran. Ein prominentes Beispiel ist der „Drive Pilot" von Mercedes-Benz, ein Assistenzsystem für hochautomatisiertes Fahren. Dieses war bislang in der Lage, auf Autobahnen bei Geschwindigkeiten bis zu 60 km/h im Stau die Fahraufgabe vollständig zu übernehmen. Ab dem Sommer 2025 soll es möglich sein, auf der rechten Autobahnspur auch im regulären Verkehrsfluss autonom mit bis zu 95 km/h zu fahren (Mercedes Benz AG 2024a, b).

Auch international wird die Entwicklung autonomer Mobilitätslösungen vorangetrieben. In China wurden bereits in über 30 Städten Lizenzen für autonome Fahrdienste vergeben. Dabei kommen unter anderem auch deutsche Fahrzeugmodelle wie die Mercedes-Benz S-Klasse zum Einsatz. Trotz der fortschrittlichen Technik ist jedoch weiterhin ein Sicherheitsfahrer vorgeschrieben, der bei einem Systemausfall eingreifen kann. Neben klassischen Automobilherstellern engagieren sich auch Mobilitätsdienstleister intensiv im Bereich des autonomen Fahrens. Das US-amerikanische Unternehmen Waymo testete im vergangenen Jahr rund 250 modifizierte Jaguar I-PACE-Modelle als sogenannte „Robotaxis" im Stadtgebiet von San Francisco. Das zum Volkswagen-Konzern gehörende Unternehmen MOIA plant für das Jahr 2025 den Einsatz autonomer Fahrzeuge vom Typ VW ID.BUZZ im Personentransport. Anders als bei Waymo wird bei MOIA zunächst weiterhin ein Sicherheitsfahrer im Fahrzeug anwesend sein, um in kritischen Situationen eingreifen zu können. Ziel ist es, durch autonomes Ridepooling den innerstädtischen Verkehr zu reduzieren, Umweltbelastungen zu verringern, die Verkehrssicherheit zu erhöhen sowie neue Geschäftsmodelle zu erschließen. Gleichzeitig soll der zunehmende Fahrpersonalmangel abgefedert werden, um die Zuverlässigkeit des öffentlichen Verkehrs langfristig sicherzustellen (MOIA o. J.). Auch im Bereich des Gütertransports werden erste autonome Anwendungen erprobt. Ziel ist es, zunächst innerbetriebliche Transporte sowie Fahrten in Hafen- und Industriegebieten zu automatisieren. In einem weiteren Schritt könnten auch Transporte auf fest definierten Routen zwischen Logistikzentren autonom erfolgen (Maurer et al. 2015). Ein Beispiel hierfür ist das Förderprojekt ATLAS-L4, das autonome Lkw für den Einsatz auf Autobahnen entwickelt. Ab dem Jahr 2025 sollen diese Fahrzeuge in der Lage sein, komplette Strecken zwischen Logistikzentren selbstständig zu bewältigen. Das Projekt verfolgt das Ziel, dem Fahrermangel entgegenzuwirken, indem besonders monotone oder wenig attraktive Fahraufgaben automatisiert werden.

Literatur

Bengler, K., et al. (2021). Fahrerassistenzsysteme und Automatisiertes Fahren. In: S. Pischinger & U. Seiffert (Hrsg.), Vieweg Handbuch Kraftfahrzeugtechnik. Springer Verlag.

Brandt, H. (2024). Exoskelettale Unterstützung in der Pflege – Evaluation der muskuloskelettalen Belastung des unteren Rückens und der Akzeptanz von Exoskeletten beim passiven Transfer Sitz-Stand. Eine Mixed-Methods-Studie. ResearchGate. https://www.researchgate.net/publication/385290116

Bundesanstalt für Straßenwesen. (2021). Methoden für die Bewertung der Mensch-Maschine-Interaktion beim teilautomatisierten Fahren. Bergisch Gladbach.

de Looze, M. P., Bosch, T., Krause, F., Stadler, K. S., & O'Sullivan, L. W. (2016). Exoskeletons for industrial application and their potential effects on physical work load. Ergonomics, 59(5), 671–681. https://doi.org/10.1080/00140139.2015.1081988

Fraunhofer IAO. (2015). Hochautomatisiertes Fahren auf Autobahnen – Industriepolitische Schlussfolgerungen. 18. November.

International Organization for Standardization. (2016). ISO/TS 15066:2016 Robots and robotic devices — Collaborative robots [Technische Spezifikation]. Genf: ISO.

Kraftfahrt-Bundesamt. (o. J.). Automatisierungsstufen. https://www.kba.de/DE/Themen/Marktueberwachung/Produktpruefungen/AutomatisiertesAutonomesFahren/Automatisierungsstufen/Automatisierungsstufen_node.html [Zugriff am 16. Dezember 2024]

Maurer, M., Gerdes, J. C., Lenz, B. & Winner, H. (Hrsg.) (2015). Autonomes Fahren – Technische, rechtliche und gesellschaftliche Aspekte. Springer Vieweg, Wiesbaden.

MDPI. (2023). A Neurophysiological Evaluation of Cognitive Load during Augmented Reality Training for Maintenance and Assembly Tasks. https://www.mdpi.com/resolver?pii=s23187698

Mediengruppe Konradin. (2024). Mensch und Roboter Hand in Hand: Der sinnvolle Einsatz von MRK-Lösungen. https://automationspraxis.industrie.de/kuka-partner/mensch-und-roboter-hand-in-hand-der-sinnvolle-einsatz-von-mrk-loesungen/ [Zugriff am 01. Februar 2024].

Mercedes Benz AG. (2023a). Drive Pilot – Level-3-System. https://www.mercedes-benz.com/de/innovation/autonomes-fahren/drive-pilot/ [Zugegriffen: 14. April 2025].

Mercedes Benz AG. (2024a). Drive Pilot: Das erste Level-3-System für hochautomatisiertes Fahren. https://www.mercedes-benz.com/de/innovation/drive-pilot/ [Zugegriffen: 14. April 2025].

Mercedes Benz AG. (2024b). Produktinnovation Autonomes Fahren: Drive Pilot mit 95 km/h. https://group.mercedes-benz.com/innovationen/produktinnovation/autonomes-fahren/drive-pilot-95-kmh.html [Zugriff am 8. Januar 2025].

Mercedes Benz AG. (2023b). US-Behörden geben grünes Licht. https://presse.mercedes-benz.at/news-us-behoerden-geben-gruenes-licht [Zugriff am 30. Dezember 2024].

MOIA. (o. J.). Ridepooling – Mobilität neu gedacht. https://www.moia.io/de-DE/innovation [Zugegriffen: 14. April 2025].

Müller, R., Franke, J., Henrich, D., Kuhlenkötter, B., Raatz, A. & Verl, A. (Hrsg.) (2019). Handbuch Mensch-Roboter-Kollaboration. Carl Hanser Verlag, München.

Nagy, Á., Spyridis, Y., Mills, G. J. & Argyriou, V. (2024). User Experience Evaluation of AR Assisted Industrial Maintenance and Support Applications. arXiv. https://arxiv.org/abs/2410.17348

Onnasch, L., Maier, X. & Jürgensohn, T. (2016). Mensch-Roboter-Interaktion – Eine Taxonomie für alle Anwendungsfälle. Bundesanstalt für Arbeitsschutz und Arbeitsmedizin, Dortmund.

Reschke A (2022): Künstliche Intelligenz im Automobil – Grundlagen, Technologien und Anwendungen. Springer Vieweg, Wiesbaden.

VDI Fahrzeug- und Verkehrstechnik (2017): VDI-Statusreport: Autonomes Fahren – Technologische Entwicklungen und Herausforderungen. Verein Deutscher Ingenieure, Düsseldorf.

Waymo LLC (o. J.). Waymo – Die Zukunft der Mobilität. Online verfügbar unter: https://waymo.com/ [Zugegriffen: 14. Apr. 2025].

Weidner, R., Redlich, T. & Wulfsberg, J. P. (2015). Technische Unterstützungssysteme. Springer Verlag.

Anthropomorphisierung von Technik 8

Die Anthropomorphisierung technischer Systeme bezeichnet die bewusste Gestaltung von Technik mit menschenähnlichen Eigenschaften wie Sprache, Mimik oder Verhalten, um die Interaktion mit dem Menschen zu erleichtern. Ziel ist es, Vertrauen aufzubauen, Komplexität zu reduzieren und die Akzeptanz zu fördern. Beispiele reichen von sozialen Robotern mit Augen und Stimme bis hin zu digitalen Assistenten mit personalisierter Kommunikation. Das Kapitel untersucht, wie solche Gestaltungsentscheidungen die Wahrnehmung und Nutzung technischer Systeme beeinflussen und wo die Grenzen sinnvoll gezogen werden sollten.

8.1 Einführung in die Anthropomorphisierung

Der Begriff „Anthropomorphismus" leitet sich aus den griechischen Wörtern *ánthrōpos* (Mensch) und *morphḗ* (Gestalt, Form) ab (Duden 2024). Im Kontext technischer Systeme beschreibt die Anthropomorphisierung die Zuweisung menschlicher Eigenschaften oder Verhaltensweisen an nichtmenschliche Entitäten, insbesondere Maschinen und Roboter. Diese Übertragung kann sowohl intentional als auch unbewusst erfolgen und spielt in der Mensch-Roboter-Interaktion eine zentrale Rolle. Roboter werden aufgrund ihrer physischen Präsenz, ihres Verhaltens und ihrer Kommunikationsweise häufig als menschenähnlich wahrgenommen, was wiederum die Art und Qualität der Interaktion beeinflusst.

Grundsätzlich dient die Anthropomorphisierung der Erleichterung der Kommunikation und des Verständnisses technischer Systeme. Indem Maschinen mit menschlichen Merkmalen – etwa Mimik, Gestik oder Sprache – ausgestattet werden, erscheinen sie für Nutzerinnen und Nutzer vertrauter und zugänglicher. Diese Gestaltung erhöht nicht nur die

P. Pötters, S. Sen, *Mensch-Technik-Interaktion*,
https://doi.org/10.1007/978-3-658-49501-5_8

Interaktivität, sondern fördert auch Akzeptanz und Vertrauen in technische Systeme (Duffy 2003).

Ein theoretischer Rahmen zur Erklärung anthropomorpher Zuschreibungen wird durch die Drei-Faktoren-Theorie von Epley et al. geliefert. Diese differenziert drei zentrale psychologische Mechanismen, die zur Anthropomorphisierung nichtmenschlicher Akteure führen:

1. **Elicited Agent Knowledge** bezeichnet das Phänomen, dass Menschen ihr Wissen über menschliche Handlungsmuster auf nichtmenschliche Agenten übertragen. Ein Roboter, der etwa einen Tisch deckt, wird aufgrund dieser menschenähnlichen Handlung schnell als „hilfsbereit" interpretiert.
2. **Effectance Motivation** beschreibt das menschliche Bedürfnis, die Umwelt verstehbar und kontrollierbar zu machen. Anthropomorphe Zuschreibungen helfen dabei, das Verhalten technischer Systeme zu interpretieren. So wird ein servierender Roboter als „freundlich" wahrgenommen, weil diese Interpretation das Verhalten für den Menschen erklärbar macht.
3. **Sociality Motivation** verweist auf das menschliche Bedürfnis nach sozialer Interaktion und Bindung. Sobald ein technisches System soziale Merkmale wie Sprache oder Gesichtszüge aufweist, werden ihm Eigenschaften wie „Kollege" oder „Assistent" zugeschrieben – insbesondere in technologisch geprägten Kulturen (Epley et al. 2007).

Die Anthropomorphisierung technischer Systeme ist somit kein rein gestalterisches Phänomen, sondern Ausdruck tieferliegender kognitiver und sozialpsychologischer Prozesse. Sie bildet eine Brücke zwischen menschlicher Kommunikation und maschineller Funktionalität – mit weitreichenden Implikationen für Gestaltung, Akzeptanz und gesellschaftliche Integration technischer Systeme.

8.1.1 Humanoide Robotik

Im Kontext der Anthropomorphisierung technischer Systeme nimmt die humanoide Robotik eine zentrale Rolle ein. Sie bezieht sich auf die gestalterische und funktionale Ausrichtung robotischer Systeme an der menschlichen Körpergestalt und an menschlichem Verhalten. Humanoide Roboter zeichnen sich typischerweise durch eine dem Menschen analoge physische Struktur aus – mit Kopf, Rumpf, Armen und Beinen – und zielen darauf ab, die Interaktion mit Menschen durch ein vertrautes Erscheinungsbild zu erleichtern.

Diese Form der Gestaltung geht jedoch über das rein physische hinaus: Sie umfasst auch kognitive und soziale Funktionalitäten, die menschliches Verhalten simulieren und damit gezielt anthropomorphe Assoziationen hervorrufen. Solche Systeme sollen nicht nur funktional in menschlichen Lebenswelten agieren, sondern durch ihre menschenähnliche Präsenz auch emotionale Zugänge und soziale Interaktionen ermöglichen. Insofern ist die humanoide Robotik insbesondere im Bereich sozialer Robotik von Bedeutung, etwa in der Pflege, im Bildungsbereich oder in interaktiven Assistenzsystemen.

Zugleich wirft die Gestaltung humanoider Systeme eine Reihe ethischer, soziologischer und philosophischer Fragen auf: Die Nähe zum menschlichen Erscheinungsbild kann zu kognitiven Verzerrungen, unrealistischen Erwartungen oder moralischen Fehlzuschreibungen führen – etwa hinsichtlich Autonomie, Intentionalität oder Verantwortlichkeit. Zudem besteht die Gefahr der Reproduktion kultureller oder geschlechtsspezifischer Stereotype, etwa durch unreflektierte Designentscheidungen bei Stimme, Mimik oder Körperform.

Im Rahmen der Mensch-Technik-Interaktion zeigt sich somit, dass humanoide Robotik weit mehr ist als ein technisches Gestaltungsprinzip. Sie ist ein komplexes soziotechnisches Phänomen, das Gestaltung, Wahrnehmung und Bewertung technischer Systeme tiefgreifend beeinflusst. Am Ende des Kapitels (in Abschn. 8.8) werden die Entwicklung sowie einige aktuelle Systeme der humanoiden Robotik vorgestellt. Zuvor werden jedoch wichtige Eckpunkte der Anthropomorphisierung von Technik beleuchtet und kritische Implikationen diskutiert.

8.1.2 Gestaltmorphologie und deren Gesetze

Der Begriff *Gestaltmorphologie* beschreibt das reine Zuschreiben menschlicher Attribute, Eigenschaften und Verhaltensweisen auf nicht-menschliche Entitäten basierend auf physische (bspw. Form, Struktur) oder funktionale Merkmale (bspw. Verhalten) der Objekte. Die Gestaltmorphologie in der Technik überträgt menschliche Eigenschaften auf technische Systeme, um die Mensch-Technik-Interaktion zu optimieren. Maschinen wie soziale Roboter und virtuelle Assistenten verwenden Gesichtserkennung, Mimik, Gestik und natürliche Sprachverarbeitung, um menschenähnlich zu agieren. Durch künstliche Intelligenz passen sie sich an menschliche Verhaltensmuster an, was intuitive und emotionale Interaktionen ermöglicht und die Integration neuer Technologien im Alltag fördert.

Gestaltgesetze und ihre Bedeutung für die Anthropomorphisierung
Die klassischen Gestaltgesetze der Wahrnehmung liefern wichtige Grundlagen für die Gestaltung anthropomorpher Technik. Zu den relevanten Prinzipien zählen (Rainer 2014):

- **Gesetz der Nähe:** Elemente, die nah beieinanderliegen, werden als zusammengehörig wahrgenommen.
- **Gesetz der Ähnlichkeit:** Ähnliche Formen werden als Einheit gesehen.
- **Gesetz der Symmetrie:** Symmetrische Gestalten wirken geordnet und harmonisch.
- **Gesetz der guten Fortsetzung:** Linien oder Formen, die eine Fortsetzung andeuten, werden als zusammengehörig interpretiert.
- **Gesetz der Geschlossenheit:** Unvollständige Figuren werden als vollständige Gestalten ergänzt.

Diese Gesetze sind entscheidend dafür, ob technische Systeme als „Gesicht", „Körper" oder „Akteur" wahrgenommen werden. Beispielsweise können zwei symmetrisch angeordnete Kameras als „Augen" interpretiert werden, selbst wenn sie technisch keine solche Funktion haben. Die bewusste Anwendung oder auch Vermeidung dieser Gesetzmäßigkeiten ermöglicht es Gestaltenden, die Anthropomorphisierung gezielt zu steuern.

8.1.3 Der Uncanny-Valley-Effekt

Der Begriff „Uncanny Valley" wurde in den 1970er-Jahren von dem japanischen Robotiker Masahiro Mori geprägt. Der Uncanny-Valley-Effekt beschreibt ein Phänomen, bei dem menschenähnliche Objekte – etwa humanoide Roboter oder animierte Figuren – beim Betrachter Unbehagen oder gar Abneigung auslösen, wenn sie sich in einem bestimmten Bereich der Menschenähnlichkeit befinden. Dieses Phänomen wird als „Tal" bezeichnet, da die Akzeptanzkurve bei zunehmender Ähnlichkeit zunächst ansteigt, dann abrupt abfällt, bevor sie bei noch höherer Ähnlichkeit wieder zunimmt (siehe Abb. 8.1).

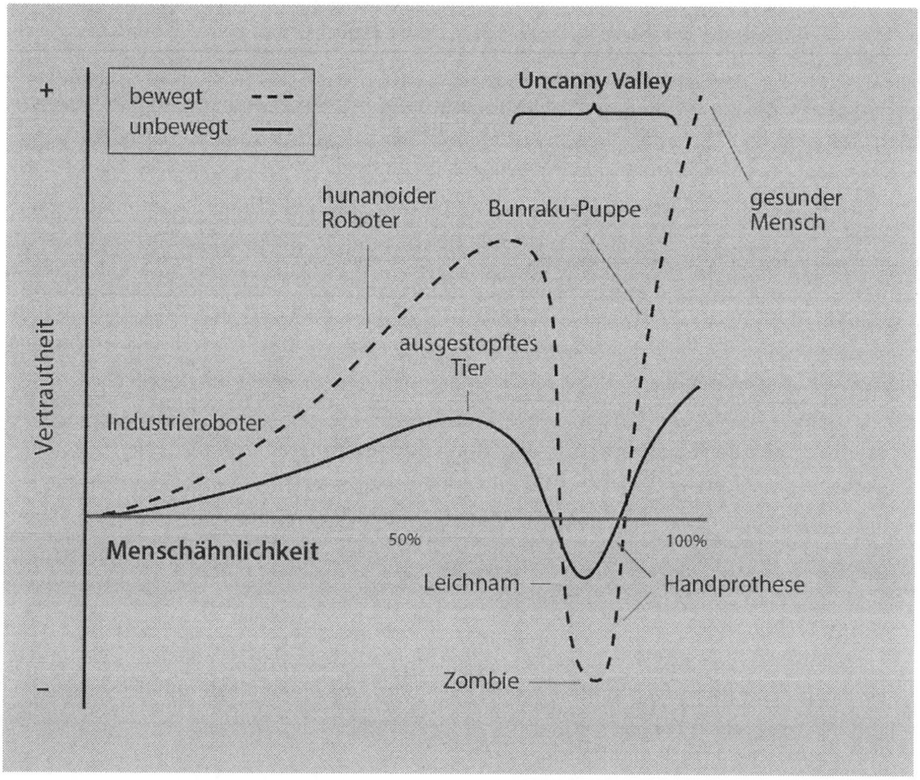

Abb. 8.1 Uncanny-Valley-Effekt

Ein anschauliches Beispiel sind realistisch animierte Figuren in Filmen oder Videospielen: Obwohl sie äußerlich stark an Menschen erinnern, wirken sie aufgrund minimaler Unstimmigkeiten in Mimik, Bewegung oder Hauttextur unheimlich. Ähnlich verhält es sich bei humanoiden Robotern, die nahezu menschlich aussehen, deren künstlicher Ursprung jedoch noch wahrnehmbar bleibt. Diese subtile Diskrepanz zwischen menschlichem Erscheinungsbild und maschineller Natur kann beim Beobachtenden Irritation oder Ablehnung hervorrufen. Der Effekt entsteht somit dann, wenn die Lücke zwischen menschlichem Aussehen und Verhalten einerseits und der erkennbar künstlichen Herkunft andererseits zu groß erscheint (Rossi 2020).

Im Kontext der Anthropomorphisierung technischer Systeme stellt der Uncanny-Valley-Effekt eine zentrale Herausforderung dar. Insbesondere das äußere Erscheinungsbild sowie die Bewegungsdynamik technischer Artefakte stehen im Fokus dieser Thematik (Roeßler et al. 2023). Der Effekt zeigt, dass eine zu hohe, aber noch unvollständige Menschenähnlichkeit zu negativen Reaktionen führen kann. Daher ist bei der Gestaltung anthropomorpher Systeme eine sorgfältige Balance zwischen Funktionalität, Ästhetik und Akzeptanz erforderlich.

In den folgenden Unterkapiteln werden weitere Gestaltungsdimensionen anthropomorpher Technik systematisch definiert und analysiert.

8.2 Gestaltungsdimension Kommunikation

Mit der fortschreitenden Digitalisierung gewinnt die anthropomorphe Gestaltung technischer Systeme in der Kommunikationsdimension zunehmend an Bedeutung. Die Art und Weise, wie Maschinen mit Menschen kommunizieren, beeinflusst maßgeblich die Qualität und Akzeptanz der Mensch-Technik-Interaktion. Eine gut gestaltete Kommunikation kann die Interaktion nicht nur erleichtern, sondern auch Vertrauen aufbauen und emotionale Bindung fördern (Duffy 2003).

Sprachliche Interaktion
Ein zentraler Aspekt ist die sprachliche Interaktion. Dabei wird natürliche Sprache von Maschinen verwendet, um eine intuitive und barrierearme Kommunikation zu ermöglichen. Sprachassistenten wie Siri oder Alexa verstehen gesprochene Befehle und reagieren darauf in dialogischer Form. Weiterentwickelte Dialogsysteme gehen über einfache Befehlserkennung hinaus und imitieren komplexe Gesprächsverläufe, wodurch sie in der Lage sind, auf Fragen kontextsensitiv zu antworten und ein möglichst natürliches Kommunikationsverhalten zu zeigen.

Multimodale Kommunikation
Multimodale Kommunikation integriert mehrere Kanäle, wie visuelle und taktile Signale, um die Interaktion zu erweitern. Humanoide Roboter nutzen etwa Mimik und Gestik, um emotionale Zustände oder kommunikative Intentionen auszudrücken (siehe Abschn. 8.2.3).

Ergänzend dazu kommen taktile Rückmeldungen wie Vibrationen zum Einsatz, die unmittelbare Rückkopplung auf Nutzereingaben ermöglichen und so die Interaktion zusätzlich unterstützen.

Emotionale Aspekte und Bindung
Emotionale Aspekte der Kommunikation gewinnen zunehmend an Relevanz. Technische Systeme imitieren gezielt emotionale Ausdrucksformen – etwa durch Tonlage, Mimik oder Dialogführung – um Empathie zu zeigen und emotionale Nähe herzustellen. Besonders in der Pflege kommen solche Systeme zum Einsatz, um das emotionale Wohlbefinden von Patientinnen und Patienten zu stärken und die soziale Interaktion zu fördern.

Technische Implementierung
Die Grundlage dieser Kommunikationsfähigkeiten bildet die technische Implementierung mittels Künstlicher Intelligenz. Durch Algorithmen des maschinellen Lernens können Systeme Muster im menschlichen Kommunikationsverhalten erkennen und adaptiv darauf reagieren. Mit zunehmender Interaktion verbessert sich durch kontinuierliches Training die Dialogkompetenz technischer Systeme – ein zentrales Merkmal lernfähiger, adaptiver Kommunikationsschnittstellen.

Soziokulturelle Anpassung
Ein weiterer Aspekt betrifft die soziokulturelle Sensibilität technischer Systeme. Um Missverständnisse zu vermeiden und kulturell angemessene Kommunikation zu gewährleisten, werden zunehmend kulturabhängige Kommunikationsstile berücksichtigt. Systeme können sich so an sprachliche, nonverbale und kontextuelle Eigenheiten unterschiedlicher Kulturkreise anpassen.

Gerade in sensiblen Anwendungsfeldern wie Gesundheitswesen oder Bildung sind diese Aspekte von besonderer Relevanz. Hier bedarf es einer ethisch verantwortungsvollen Gestaltung der Kommunikation zwischen Mensch und Maschine, um die Autonomie und Würde der Interagierenden zu wahren und Vertrauen in technologische Systeme langfristig zu sichern.

Einige exemplarische Technologien verdeutlichen die oben genannten Ansätze:

Soziale Roboter wie *Pepper* von SoftBank Robotics sind in der Lage, menschliche Gesichtsausdrücke sowie Mimik und Gestik zu erkennen und darauf zu reagieren. Dadurch entsteht eine wechselseitige, dialogorientierte Kommunikation, die den sozialen Charakter der Interaktion unterstreicht.

Virtuelle Assistenten wie *Siri* von Apple ermöglichen natürliche Sprachinteraktion, indem sie gesprochene Anweisungen verstehen und in einer menschenähnlichen Weise beantworten. Dies schafft eine zugängliche Schnittstelle zwischen Nutzerin bzw. Nutzer und digitalem System.

Ein weiteres Beispiel sind sogenannte Avatare wie *Neon* von Samsung. Diese digitalen Figuren nutzen komplexe Animationen in Kombination mit Künstlicher Intelligenz, um menschliche Mimik und Gestik realitätsnah zu imitieren und damit das Gefühl einer lebendigen, personalisierten Interaktion zu erzeugen.

8.2.1 Die Gestik als wichtiger Faktor

Gestik bezeichnet alle Bewegungen des Körpers, insbesondere der Hände und Arme, die zur nonverbalen Kommunikation genutzt werden. Ein einfaches Beispiel hierfür ist der Daumen hoch, Daumen runter und die flache Hand für Stop (siehe Abb. 8.2). Diese Bewegungen dienen dazu, Emotionen, Gedanken und Absichten zu übermitteln und gelten häufig als Ergänzung oder Verstärkung sprachlicher Äußerungen. Die Ursprünge der Gestik reichen tief in die Menschheitsgeschichte zurück und sind in zahlreichen Kulturen und Gesellschaften fest verankert. Gesten stellen nicht nur einen integralen Bestandteil der menschlichen Kommunikation dar, sondern sind zugleich Ausdruck kultureller Identität und sozialer Interaktionen (Kendon 2004).

Die Entwicklung von Robotern, die menschliche Gesten imitieren, beginnt mit der detaillierten Beobachtung und Erfassung menschlicher Bewegungsmuster. Studien zur Gestenerkennung führen zur Erstellung umfassender Datenbanken, die als Grundlage für die Programmierung robotischer Bewegungsabläufe dienen. Hierbei wird Motion-Capture-Technologie eingesetzt, um die Dynamik menschlicher Gestik präzise aufzuzeichnen. Für die technische Umsetzung werden hoch entwickelte Sensoren und Aktuatoren verwendet. Kameras, Tiefensensoren und Servomotoren ermöglichen es Robotern, menschliche Körperbewegungen realitätsnah zu replizieren. Durch maschinelles Lernen und künstliche Intelligenz sind Roboter zudem in der Lage, Gesten zu erkennen, zu interpretieren und in flüssiger, natürlicher Weise darauf zu reagieren.

Abb. 8.2 Gestiken

Ein zentraler Aspekt im Design solcher Systeme ist die Ergonomie. Die physische Struktur muss so gestaltet sein, dass Roboter Bewegungen komfortabel und effizient ausführen können. Dies erfordert flexible und präzise bewegliche Gelenke sowie geeignete Materialien, die Langlebigkeit gewährleisten, ohne die Beweglichkeit einzuschränken. Nutzerzentrierte Entwicklungsprozesse ermöglichen es, robotische Gesten durch kontinuierliches Feedback stetig zu verfeinern und an die Bedürfnisse der Anwendungskontexte anzupassen.

Ethik und Sicherheit stellen dabei essenzielle Rahmenbedingungen dar. Die Erhebung und Verarbeitung von Bewegungsdaten muss unter Einhaltung geltender Datenschutzbestimmungen erfolgen. Robotische Bewegungen sind zudem so zu gestalten, dass sie keine Gefahr für Nutzende darstellen – dies umfasst sowohl physische Sicherheit als auch die Vermeidung von Missverständnissen durch klare, kulturell anschlussfähige Gestik (Funk 2022).

Anwendungsbereiche anthropomorpher Gestik

Die Nutzung von Gestik in der Mensch-Maschine-Interaktion gewinnt zunehmend an Bedeutung. Als intuitive und instinktive Kommunikationsform fördern Gesten eine nahtlose und unmittelbare Verständigung. Studien belegen, dass bestimmte Gesten – wie Nicken, Klatschen oder Umarmen – universell interpretiert und verstanden werden können. Eine klare nonverbale Kommunikation ist dabei entscheidend für die erfolgreiche Integration von Robotern in menschliche Umgebungen (Dautenhahn 2007).

Im Gesundheits- und Pflegewesen übernehmen Roboter zunehmend unterstützende Funktionen. Durch gestenbasierte Kommunikation kann beispielsweise der Roboter *Pepper* mittels Kopfnicken oder -schütteln Zustimmung oder Ablehnung ausdrücken. Mit bestimmten Handbewegungen signalisiert er Hilfsbereitschaft oder bietet Objekte an. Gerade bei Sprachbarrieren oder sensorischen Einschränkungen erweist sich diese Form der Kommunikation als besonders vorteilhaft.

In Bildungskontexten unterstützen Roboter Lehrende und Lernende durch interaktive Methoden. Mithilfe von Gesten können sie Inhalte veranschaulichen – etwa durch das Zeigen auf eine Tafel – und in Rollenspielen emotionale Kompetenzen vermitteln. Dabei imitieren sie Gesichtsausdrücke und Körperhaltungen, um Emotionen verständlich darzustellen (Baxter et al. 2021).

Auch in der Unterhaltungsbranche finden gestikulierende Roboter breite Anwendung – etwa in Museen, Freizeitparks und Ausstellungen. Hier setzen sie nonverbale Kommunikation gezielt ein, um Besucherinnen und Besucher emotional anzusprechen, Geschichten pantomimisch zu erzählen oder durch Tanzbewegungen zu unterhalten. Sie lenken die Aufmerksamkeit auf Exponate oder führen interaktive Darbietungen durch.

Im häuslichen Umfeld assistieren Roboter bei Alltagsaufgaben wie Reinigung, Kochen oder Gartenarbeit. Die Steuerung erfolgt häufig über einfache Handzeichen: Nutzerinnen und Nutzer können sie mit einer Geste aktivieren, anweisen oder stoppen. In der Küche unterstützen Roboter, indem sie auf Zutaten hinweisen und Schritt-für-Schritt-Anleitungen visualisieren (Heuer et al. 2022a, b).

Im Bereich Sicherheit und Überwachung werden Roboter zur Kontrolle von Gebäuden und öffentlichen Räumen eingesetzt. Sie nutzen Gestik, um Zutrittsverbote zu signalisieren, auf Gefahren hinzuweisen oder bestimmte Handlungsanweisungen zu übermitteln. In lauten oder chaotischen Umgebungen ist diese visuelle Kommunikation besonders effektiv. Darüber hinaus können Roboter Ausweise oder QR-Codes anzeigen und so Identifikationsprozesse unterstützen.

Risiken und Chancen

Ein zentrales Risiko besteht in der Fehlinterpretation anthropomorpher Gesten. Kulturelle Unterschiede in der Gestenbedeutung können zu Missverständnissen führen, die die Kommunikation erschweren oder sogar gefährden (Lin et al. 2017). Eine weitere Herausforderung liegt in der potenziellen Übernutzung solcher Systeme. Wenn Menschen sich zu sehr auf gestengesteuerte Roboter verlassen, könnten eigene Kompetenzen verkümmern, was langfristig zur Abhängigkeit führen kann.

Auch die hohen Entwicklungs- und Wartungskosten stellen eine Hürde dar. Insbesondere kleinere Einrichtungen und Unternehmen könnten durch begrenzte finanzielle Ressourcen von der Nutzung solcher Technologien ausgeschlossen bleiben. Zudem sind technische Einschränkungen – etwa ungenaue Gestenerkennung – häufig mit Frustration und sinkender Akzeptanz verbunden (Huang und Mutlu 2019). Der intensive Robotereinsatz könnte auch soziale Konsequenzen haben, etwa durch eine Reduktion zwischenmenschlicher Interaktionen, was insbesondere bei alleinlebenden oder älteren Personen zu Vereinsamung führen kann. Schließlich besteht das Risiko von Arbeitsplatzverlusten in Bereichen, in denen einfache Tätigkeiten automatisierbar sind.

Gleichzeitig bietet die Integration anthropomorpher Gestik erhebliche Potenziale. Durch ihre intuitive Verständlichkeit ermöglichen Gesten eine niedrigschwellige und nutzerfreundliche Interaktion mit technischen Systemen. Dies senkt Barrieren und fördert die technologische Teilhabe. Roboter, die menschliche Bewegungen imitieren, erscheinen vertrauter und zugänglicher, was Akzeptanz und Vertrauen stärkt.

Gesten ergänzen oder ersetzen verbale Kommunikation – insbesondere in lärmintensiven oder multikulturellen Umgebungen – und beschleunigen die Informationsvermittlung. Sie ermöglichen zudem inklusive Interaktion, indem sie auch Menschen mit sensorischen Einschränkungen alternative Kommunikationskanäle bieten.

In Arbeitskontexten erhöhen gestengestützte Systeme die Effizienz, indem sie Arbeitsabläufe vereinfachen und beschleunigen. Auch in Lernumgebungen tragen Gesten zur besseren Vermittlung komplexer Inhalte bei und fördern das Verständnis durch anschauliche Visualisierung.

Die Anthropomorphisierung der Gestik wirkt sich somit unmittelbar auf die Qualität der Mensch-Maschine-Interaktion aus. Sie macht die Interaktion natürlicher, vertrauter und effektiver. Gerade in sozialen Kontexten wie Pflege, Bildung oder Dienstleistung tragen gestische Ausdrucksformen dazu bei, robotische Systeme als sozial kompetente Partner wahrzunehmen.

Damit anthropomorphe Gestik ihr volles Potenzial entfalten kann, bedarf es einer bewussten, interdisziplinären und verantwortungsvollen Gestaltung. Nur so lassen sich die Chancen dieser Technologie optimal nutzen und gleichzeitig potenzielle Risiken auf ein Minimum reduzieren.

8.2.2 Reaktionen der Nutzer auf Sprachassistenten

Die empirische Studie „Nutzerpräferenzen für Markierungen digitaler Sprachassistenten – Eine wettbewerbsbasierte Diskussion“ von Friederike Paetz und Timo Schultz (2023) untersucht anhand einer Umfrage mit 221 Teilnehmenden, wie NutzerInnen auf digitale Sprachassistenten wie Amazon Alexa, Apple Siri oder Google Assistant reagieren. Dabei wurde analysiert, welche visuellen und akustischen Signale bei der Interaktion bevorzugt werden und welche Reaktionen diese hervorrufen.

Die Ergebnisse verdeutlichen, dass visuelle Markierungen, etwa Lichtsignale zur Anzeige des Aktivierungsstatus, von den Nutzern besonders geschätzt werden. Diese Signale bieten eine sofortige und intuitive Rückmeldung darüber, wann das Gerät aktiv zuhört, und fördern somit Transparenz sowie Sicherheit im Interaktionsprozess. Ergänzend tragen akustische Rückmeldungen, wie kurze Bestätigungstöne oder gesprochene Rückversicherungen, wesentlich zu einer positiven Nutzererfahrung bei. Sie verringern das Risiko von Missverständnissen und bestätigen den erfolgreichen Empfang der Sprachbefehle.

Darüber hinaus zeigen sich personalisierte Interaktionsmöglichkeiten als bedeutender Faktor für die Nutzerzufriedenheit. Optionen zur individuellen Anpassung, wie etwa wählbare Sprachstile oder Interaktionsmodi, stärken sowohl das Vertrauen in die Technologie als auch deren Usability (siehe dazu Kap. 4). Die Teilnehmenden bewerten diese personalisierten Anpassungen als positiv, da sie eine stärkere Identifikation mit dem System und eine angenehmere Nutzungserfahrung ermöglichen.

Gleichzeitig weist die Studie auch auf zentrale Herausforderungen hin: Ein Großteil der Befragten äußerte Bedenken hinsichtlich des Datenschutzes und der Datensicherheit, insbesondere im Hinblick auf die Erfassung, Verarbeitung und Speicherung von Sprachdaten. Diese Sorgen wirken sich direkt auf das Nutzungsverhalten und die Akzeptanz der Sprachassistenten aus. Die Befragten wünschen sich daher erweiterte Kontrollmöglichkeiten über ihre Daten sowie eine größere Transparenz seitens der Anbieter.

Zur Verbesserung der Nutzererfahrung und Erhöhung der Akzeptanz digitaler Sprachassistenten empfehlen die Autoren der Studie, die identifizierten Nutzerpräferenzen sowie die geäußerten Bedenken gezielt in die Weiterentwicklung solcher Systeme einfließen zu lassen.

Die Einbindung von Gestaltmorphologie in die Gestaltung der Mensch-Technik-Kommunikation leistet dabei einen entscheidenden Beitrag: Durch den Einsatz anthropomorpher Eigenschaften und menschenähnlicher Kommunikationsformen wirken Maschinen vertrauenswürdiger und zugänglicher. Dies begünstigt nicht nur eine stärkere emotionale Bindung, sondern erleichtert auch den Zugang zu komplexen Technologien für eine breitere Nutzergruppe.

Allerdings sind mit dieser Entwicklung auch kritische ethische Fragestellungen verbunden. Die Imitation menschlicher Emotionen birgt das Risiko gezielter Manipulation, während die Verarbeitung personenbezogener Daten erhebliche Datenschutzprobleme mit sich bringt. Gesellschaftlich betrachtet kann die zunehmende Anthropomorphisierung technischer Systeme einerseits zur Reduktion sozialer Einsamkeit beitragen, andererseits aber auch dazu führen, dass menschliche Interaktionen durch maschinelle Alternativen ersetzt werden.

Vor diesem Hintergrund ist es unerlässlich, die Chancen dieser Technologien zu nutzen und zugleich die ethischen sowie gesellschaftlichen Implikationen kritisch zu reflektieren, um eine verantwortungsvolle und nachhaltige Anwendung sicherzustellen.

8.2.3 Vorteile und Herausforderungen

Die Gestaltungsdimension der Kommunikation bietet im Kontext anthropomorphisierter Technik zahlreiche Vorteile, ist jedoch auch mit spezifischen Herausforderungen verbunden. Im Folgenden werden jeweils drei zentrale Vorteile und Herausforderungen näher erläutert.

Vorteile

1. **Verbesserte Nutzerfreundlichkeit und Akzeptanz:** Die Integration anthropomorpher Eigenschaften in technische Systeme erleichtert den Zugang zu komplexen Technologien, insbesondere durch intuitive Benutzungsschnittstellen. Merkmale wie natürliche Sprache, emotionale Reaktionen und adaptive Interaktionsmechanismen erhöhen die Benutzerfreundlichkeit und führen zu einer stärkeren emotionalen Bindung zwischen Mensch und Maschine. Diese Vertrautheit steigert die Akzeptanz und Nutzungsbereitschaft der AnwenderInnen nachhaltig.
2. **Erhöhtes Vertrauen und Sicherheit:** Visuelle und akustische Rückmeldungen, die den Interaktionsstatus eines Systems transparent anzeigen, tragen wesentlich zur Vertrauensbildung bei. Durch individuell anpassbare Einstellungen, die auf die persönlichen Präferenzen und Bedürfnisse der NutzerInnen eingehen, wird die Sicherheit im Umgang mit technischen Systemen zusätzlich gestärkt. Die klare Kommunikation seitens der Maschine reduziert Unsicherheiten und schafft eine verlässliche Interaktionsgrundlage.
3. **Natürlichere Interaktion und soziale Bindung:** Durch die Anpassung an soziokulturelle Besonderheiten sowie die Imitation menschlicher Mimik, Gestik und Sprache wird eine empathische und verständnisvolle Kommunikation ermöglicht. Insbesondere im Gesundheitswesen trägt dies zur Verbesserung des Wohlbefindens der Pa-

tientInnen bei. KI-Algorithmen und maschinelles Lernen verbessern fortlaufend die Fähigkeit technischer Systeme, menschliche Verhaltensmuster zu erkennen und angemessen darauf zu reagieren, was zu einer natürlicheren und effektiveren Interaktion führt.

Herausforderungen

- **Datenschutz und Datensicherheit:** Die Erfassung, Speicherung und Verarbeitung personenbezogener Daten stellt eine erhebliche Herausforderung dar, da NutzerInnen häufig Bedenken hinsichtlich ihrer Privatsphäre äußern. Es bedarf robuster Sicherheitskonzepte, die den Schutz sensibler Daten gewährleisten und gleichzeitig die Funktionalität der Systeme erhalten. Erweiterte Kontrollmöglichkeiten sowie transparente Informations- und Zustimmungsprozesse sind essenziell, um das Vertrauen der NutzerInnen langfristig zu sichern.
- **Ethische und gesellschaftliche Implikationen:** Die Anthropomorphisierung technischer Systeme wirft fundamentale ethische Fragen auf, insbesondere im Hinblick auf den Umgang mit künstlicher Intelligenz und die Zuschreibung menschlicher Eigenschaften an nicht-menschliche Entitäten. Um den verantwortungsvollen Einsatz dieser Technologien sicherzustellen, sind verbindliche ethische Leitlinien erforderlich, die sowohl normative Standards als auch gesellschaftliche Auswirkungen berücksichtigen und negative Konsequenzen minimieren.
- **Technologische Komplexität und Implementierung:** Die Umsetzung anthropomorpher Kommunikationsformen erfordert hoch entwickelte technologische Lösungen, die sowohl physische Merkmale als auch funktionale Interaktionsmuster berücksichtigen. Insbesondere Fortschritte in den Bereichen künstliche Intelligenz und maschinelles Lernen sind notwendig, um die Kommunikationsfähigkeiten dieser Systeme kontinuierlich zu verbessern und ihre Zuverlässigkeit sicherzustellen. Die technische Komplexität stellt dabei eine besondere Herausforderung für die flächendeckende Implementierung dar.

Ausblick

Die Zukunft der Gestaltmorphologie in der Mensch-Technik-Kommunikation verspricht weitreichende Innovationen. Insbesondere die Weiterentwicklung künstlicher Intelligenz wird zu noch natürlicheren und anpassungsfähigeren Interaktionen führen. Dies eröffnet neue Einsatzmöglichkeiten in Bereichen wie Gesundheitswesen, Bildung und Kundenservice. Zugleich bleibt es unabdingbar, technologische Innovationen stets mit ethischer Reflexion und gesellschaftlicher Verantwortung zu begleiten. Nur durch eine ausgewogene Berücksichtigung dieser Aspekte lässt sich das Potenzial anthropomorpher Technologien nachhaltig und zum Wohle der digitalen Gesellschaft ausschöpfen.

8.3 Gestaltungsdimension Bewegung – Bedeutung von Bewegung für die Mensch-Technik-Interaktion

Bewegung stellt eines der zentralen Gestaltungsprinzipien in der Mensch-Technik-Interaktion dar, da sie als grundlegender Träger von Kommunikation und sozialer Bedeutung fungiert. In der Anthropomorphisierung technischer Systeme bezeichnet die Gestaltungsdimension Bewegung insbesondere die physische Fortbewegung sowie körpersprachliche Ausdrucksformen. Diese Dimension beeinflusst maßgeblich, wie Menschen technisch vermittelte Aktivitäten interpretieren.

Bewegung ist ein elementares Mittel, mit dem der Mensch Leben, Intention und Emotion in seiner Umwelt erkennt. Bereits minimale Unterschiede in Bewegungsabläufen – etwa hinsichtlich Geschwindigkeit, Rhythmus oder Orientierung – können beim Beobachtenden klare Assoziationen hervorrufen: Ist ein Objekt freundlich, kompetent oder potenziell gefährlich? Technische Systeme, die sich „menschenähnlich" bewegen, erzeugen oftmals eine stärkere soziale Wirkung. Im Gegensatz dazu können unnatürliche oder ruckhafte Bewegungen Irritation, Misstrauen oder gar Ablehnung hervorrufen (siehe Abschn. 8.1.3)

Gerade bei sozialen Robotern, Servicerobotern oder autonomen Systemen im öffentlichen Raum ist Bewegung nicht bloß funktionales Mittel zum Zweck, sondern zugleich Träger nonverbaler Kommunikation. Die Qualität der Bewegungsabläufe beeinflusst dabei direkt die Zuschreibung von Absicht, die Wahrnehmung von „Menschlichkeit" sowie die Zugänglichkeit eines Systems. Entsprechend kommt der gezielten Gestaltung dieser Bewegungsdimension – sei es durch Softwaresteuerung, Aktorik oder Bewegungsplanung – eine zentrale Bedeutung in der anthropomorphen Gestaltung zu.

8.3.1 Gestaltungsprinzipien für menschenähnliche Bewegung

Kontinuität und Flüssigkeit

Menschliche Bewegungen folgen einer spezifischen Dynamik: Sie sind weich, fließend und orientieren sich an physikalischen Gesetzen wie Trägheit und Beschleunigung. Roboter, die sich abrupt oder ruckartig bewegen, wirken hingegen mechanisch und unnatürlich. Zur Erzeugung einer anthropomorphen Wirkung sollten Bewegungen daher:

- sanft beschleunigen und abbremsen (Easing),
- fließende Übergänge ohne abrupte Brüche aufweisen,
- natürlichen Bewegungspfaden folgen.

Ein Beispiel hierfür ist der humanoide Roboter NAO von SoftBank Robotics, der seine Bewegungen in geschwungenen Bahnen ausführt, um menschliches Verhalten möglichst authentisch zu imitieren.

Zielgerichtetheit und Intentionalität
Bewegungen, die eine klare Zielorientierung erkennen lassen – etwa das Zuwenden zu einer Person oder das Zeigen auf einen Gegenstand – fördern die Wahrnehmung des Systems als „handlungsfähig" und „bewusst". Gestalterisch wird dies unterstützt durch:

- Blick- oder Kopfbewegungen in Richtung eines Zielobjekts,
- simultane Ausführung mehrerer Bewegungen (z. B. Zeigegeste mit gleichzeitiger Körperdrehung),
- gezielte Pausen, die als nachdenkliches Verhalten interpretiert werden können.

Rhythmus und Timing
Der zeitliche Verlauf von Bewegungen beeinflusst maßgeblich die Wahrnehmung von Lebendigkeit. Zu langsame Bewegungen wirken träge oder leblos, zu schnelle erscheinen hektisch oder panisch. Die kulturell und kontextuell angemessene Wahl von Bewegungszeiten ist daher essenziell. Pausen, Wiederholungen und subtile Variationen fungieren dabei als wichtige Mittel zur Emotionalisierung technischer Bewegungen.

Ein prominentes Beispiel ist der Roboterhund Spot von Boston Dynamics: Trotz fehlender menschlicher Merkmale wirkt Spot durch seine geschmeidigen Bewegungsabläufe, adaptive Balance und flüssige Reaktionen auf Umweltveränderungen lebendig und „tierähnlich". Diese Bewegungsqualität fördert seine Akzeptanz als funktionales, aber zugleich „sympathisches" technisches Wesen – wenngleich die maschinenhafte Optik in Verbindung mit menschenähnlichem Bewegungsmuster bei manchen NutzerInnen auch Unbehagen auslöst.

Auch soziale Roboter wie Paro (Robbe) oder Pepper (humanoide Form) setzen gezielt auf langsame, rhythmische Bewegungen, um emotionale Nähe zu schaffen. Bewegungen wie sanftes Kopfnicken, Winken oder Reaktionen auf Berührungen wirken beruhigend und zugänglich. Hierbei folgt die Bewegungsplanung dem Prinzip „Weniger ist mehr", um Überforderung oder Missverständnisse in der Interaktion zu vermeiden.

8.3.2 Beispiele – Emotionen durch Bewegung

Insbesondere der Mund spielt bei der Gestaltung sozialer Roboter eine zentrale Rolle. Durch das Öffnen und Schließen des Mundes können Emotionen wie Freude, Überraschung oder Traurigkeit ausgedrückt werden. Diese Darstellung kann entweder mechanisch-realistisch mit Lippen und Zähnen erfolgen oder als digitale Animation auf einem Bildschirm visualisiert werden.

Allerdings bergen Bewegungen des Mundbereichs auch Risiken im Kontext des Uncanny-Valley-Effekts (Gray 2012). Besonders dann, wenn Bewegungen minimal verzögert ablaufen oder unnatürlich wirken, kann dies beim Menschen Befremden oder

Ablehnung hervorrufen. Verstärkt wird dieser Effekt oftmals durch synthetisch klingende Sprachwiedergabe, die als wenig authentisch wahrgenommen wird.

Neben dem Mund sind die Augen als zentrales Gestaltungselement von Bedeutung. Augenbewegungen – sei es ruhend, blickverfolgend oder mit dynamischer Augenbrauenbewegung – tragen maßgeblich zur Vermittlung emotionaler Zustände bei. Dabei ist es weniger entscheidend, ob diese visuell als Displaydarstellungen oder physisch geformt umgesetzt werden. Entscheidend ist, dass die Bewegungen kohärent, kontextsensibel und expressiv gestaltet sind.

Beispiele hierfür sind Roboter wie Ameca von Engineered Arts, dessen feine Augen- und Gesichtsmotorik in Echtzeit Emotionen darstellt, oder einfache, aber wirkungsvolle Bildschirm-Augen bei Robotern wie Cozmo, die durch Vergrößerung, Verkleinerung oder Blinzeln emotionale Rückmeldungen geben.

Insgesamt zeigt sich, dass die Dimension Bewegung einen essenziellen Einfluss auf die Wahrnehmung und Akzeptanz technischer Systeme hat. Bewegungen dienen nicht nur der funktionalen Ausführung von Aufgaben, sondern sind zentraler Bestandteil nonverbaler Kommunikation, die das soziale Erleben in der Mensch-Technik-Interaktion maßgeblich prägt.

8.4 Gestaltungsdimension – Kontext

Neben physischen Merkmalen, Kommunikationsfähigkeiten und Bewegungsdynamiken spielt der Nutzungskontext eine wichtige Rolle für die Wahrnehmung und Akzeptanz technischer Systeme. Anthropomorphisierte Technik wird nicht isoliert wahrgenommen, sondern stets im Zusammenspiel mit situativen, sozialen und kulturellen Rahmenbedingungen interpretiert. Die gleiche technische Gestaltung kann je nach Einsatzort und Umfeld gänzlich unterschiedlich bewertet werden. Diese Kontextsensitivität ist ein zentrales Gestaltungsprinzip der Anthropomorphisierung.

Der Begriff „Kontext" umfasst dabei verschiedene Ebenen:

- **Physischer Kontext**: Der konkrete Ort der Nutzung, z. B. Wohnzimmer, Krankenhaus, Produktionshalle.
- **Sozialer Kontext**: Die beteiligten Personen und deren Beziehung untereinander, z. B. Familie, Pflegepersonal, Kunden.
- **Kultureller Kontext**: Gesellschaftliche Werte, Normen und die technologische Offenheit einer Kultur.
- **Funktionaler Kontext**: Die spezifische Aufgabe oder Erwartung an das technische System.

Diese Ebenen beeinflussen maßgeblich, wie anthropomorphe Merkmale wahrgenommen werden. Während etwa ein sprechender Roboter im Pflegeheim als empathisch und unterstützend empfunden wird, kann dieselbe Figur in einem industriellen Umfeld als unangebracht oder störend wirken. Die Gestaltungsdimension „Kontext“ steuert somit, welche Formen der Anthropomorphisierung angemessen, hilfreich oder potenziell problematisch sind (Onnasch und Roesler 2021).

8.4.1 Gestaltung im Spannungsfeld von Erwartung und Funktion

Erwartungen der Nutzer

Technische Systeme werden stets mit bewussten und unbewussten Erwartungen konfrontiert. Diese entstehen durch persönliche Vorerfahrungen, mediale Repräsentationen und kulturell verankerte Vorstellungen von „menschlicher“ Technik. Anthropomorphe Gestaltung aktiviert automatisch Assoziationen wie Intelligenz, soziale Kompetenz oder Vertrauenswürdigkeit. Werden diese impliziten Erwartungen durch das tatsächliche Verhalten der Technik nicht erfüllt, drohen Enttäuschung und Vertrauensverlust.

Ein klassisches Beispiel ist die Gestaltung eines Roboters mit Gesicht und Augen. Diese visuellen Elemente suggerieren emotionale Sensibilität und Verständnis – auch wenn das System technisch nur simple Reiz-Reaktions-Schemata beherrscht. Besonders in sensiblen Bereichen wie der Kinderbetreuung oder im Gesundheitswesen kann eine solche Diskrepanz zwischen Form und Funktion zu Missverständnissen führen.

Funktionale Angemessenheit

Die Wahl anthropomorpher Gestaltungselemente muss stets im Einklang mit der funktionalen Zielsetzung des Systems stehen. In sicherheitskritischen oder hochfunktionalen Umgebungen – etwa im OP-Saal oder in Kontrollzentren – kann ein übermäßiger Einsatz menschenähnlicher Eigenschaften kontraproduktiv sein. Hier stehen Präzision, Effizienz und technische Klarheit im Vordergrund. Dagegen sind in sozialen Kontexten, wie Pflege oder Service, gezielte anthropomorphe Merkmale förderlich, um Vertrauen aufzubauen und Interaktionsqualität zu erhöhen.

8.4.2 Kontextualisierte Erwartungssteuerung

Ein zentrales Konzept im Kontextdesign anthropomorpher Systeme ist die Erwartungssteuerung. Diese beschreibt den gezielten Abgleich zwischen dem vom Design erzeugten Eindruck und den tatsächlich verfügbaren Systemfähigkeiten. Durch bewusste Reduktion oder Betonung bestimmter anthropomorpher Merkmale lässt sich steuern, welche Rolle ein technisches System im Nutzungskontext einnimmt.

Beispielsweise kann in einem Pflegekontext ein Roboter mit einer freundlich-weichen Stimme und einfachen Mimik-Animationen soziale Nähe herstellen, ohne dabei falsche Erwartungen an seine kognitive Leistungsfähigkeit zu wecken. In einem industriellen Umfeld hingegen signalisiert ein funktional reduziertes Interface durch klare Farb- und Lichtsignale vorrangig Effizienz und Sicherheit.

Die Kontextualisierung der Erwartungshaltung ist daher ein essenzielles Mittel, um Enttäuschungen zu vermeiden und die Nutzererfahrung positiv zu gestalten (Onnasch und Roesler 2021).

8.4.3 Adaptivität und situative Anpassung

Ein weiterer relevanter Aspekt ist die Adaptivität technischer Systeme an den Nutzungskontext. Moderne Roboter und sprachbasierte Assistenzsysteme sind zunehmend in der Lage, ihre Verhaltensweisen kontextsensitiv anzupassen. Durch Sensorik, Umfelderkennung und Nutzeranalyse kann das System situativ entscheiden, welche anthropomorphen Merkmale in welchem Maße aktiviert werden.

Beispiel: Ein Serviceroboter in einem Hotel kann im Empfangsbereich freundlich und gesprächig auftreten, während er sich im Bereich der Gepäcklogistik funktional und sachlich verhält. Diese dynamische Anpassungsfähigkeit erhöht nicht nur die Akzeptanz, sondern steigert auch die Effizienz und Treffsicherheit der Interaktion.

8.4.4 Interkulturelle Perspektiven

Auch der kulturelle Kontext spielt eine entscheidende Rolle in der Gestaltung anthropomorpher Technik. Studien zeigen, dass in asiatischen Kulturen – insbesondere in Japan und Südkorea – eine höhere Akzeptanz für vermenschlichte Roboter besteht als in westlichen Gesellschaften. Dies ist auf kulturelle Narrative und traditionsreiche Vorstellungen von Technik als sozialem Akteur zurückzuführen.

Die Gestaltung anthropomorpher Merkmale muss daher stets im Einklang mit den kulturellen Erwartungen und sozialen Normen der Zielgruppe erfolgen. Ein Roboter, der in Japan als „freundlicher Assistent" wahrgenommen wird, könnte in Europa als „künstlich und aufdringlich" empfunden werden, wenn das Maß der Vermenschlichung nicht sorgfältig abgestimmt ist.

8.4.5 Beispiele kontextsensitiver Anthropomorphisierung

Pflegekontext: Roboter in der Altenhilfe
In der Altenpflege werden anthropomorphisierte Roboter wie Paro (Robbe) oder Pepper (humanoid) gezielt eingesetzt, um emotionale Nähe herzustellen. Die Gestaltung als niedliches Kuscheltier oder freundlicher humanoider Begleiter unterstützt soziale Interaktionen, fördert das Wohlbefinden der Bewohner:innen und wirkt gegen Vereinsamung. Die positive Wirkung dieser Gestaltung ist dabei eng an den spezifischen sozialen und emotionalen Kontext des Pflegeumfeldes gebunden (de Graaf et al. 2015)

Industriekontext: Mensch-Roboter-Kollaboration
Im industriellen Bereich wird Anthropomorphisierung zurückhaltender eingesetzt. Kollaborative Roboter (Cobots), die mit Menschen direkt zusammenarbeiten, nutzen meist reduzierte Formen wie Display-Augen, Lichtsignale oder Bewegungsindikatoren, um ihre Absichten verständlich zu machen. Diese minimalistische Anthropomorphisierung unterstützt das Sicherheitsgefühl und fördert reibungslose Arbeitsabläufe. Eine zu starke Vermenschlichung wäre hingegen hinderlich, da der Fokus auf Funktionalität und technischer Effizienz liegt.

8.5 Basisemotionen

Ein zentraler Aspekt der Anthropomorphisierung technischer Systeme ist deren Fähigkeit, menschliche Emotionen zu erkennen, zu interpretieren und durch adäquate Reaktionen in die Mensch-Technik-Interaktion einzubinden. Diese Kompetenz ist entscheidend, um die Akzeptanz und Integration von Robotern in alltägliche Lebensbereiche zu fördern. Roboter, die emotional reagieren, erleichtern den Zugang zu komplexer Technologie und erhöhen die wahrgenommene Natürlichkeit der Interaktion. Besonders in den Bereichen Gesundheitswesen, Gastronomie, Bildung, Unterhaltung und zunehmend auch in der Industrie seit 2023 kommt dieser Aspekt verstärkt zum Tragen.

8.5.1 Definition und Bedeutung von Basisemotionen

Der Begriff der Basisemotionen beschreibt jene grundlegenden Emotionen, die kulturübergreifend im menschlichen Erleben verankert sind. Die Theorie von Paul Ekman identifiziert sieben Basisemotionen: Freude, Trauer, Angst, Wut, Überraschung, Verachtung und Ekel (Ekman 1992). Diese Emotionen gelten als universell, da sie unabhängig von sozialen oder kulturellen Prägungen auftreten und mit spezifischen physiologischen Reaktionen sowie distinkten Gesichtsausdrücken verbunden sind.

Kontrovers diskutiert wird die Anzahl dieser Basisemotionen. Robert Plutchik erweiterte das Konzept um den Aspekt der Erwartung und entwickelte das Modell des „Rad der Emotionen" (Plutchik 2001). Dieses Modell visualisiert emotionale Zustände als Spektrum mit Übergängen und Mischformen, was die Komplexität menschlicher Emotionserfahrung differenzierter abbildet. Dennoch bleibt die Grundlage beider Modelle in der Annahme, dass bestimmte Emotionen angeboren und kulturübergreifend gleichartig exprimiert werden.

Für die Entwicklung emotional interagierender technischer Systeme sind diese Basisemotionen von zentraler Bedeutung, da sie als Referenz für die Programmierung von Erkennungs- und Ausdrucksmechanismen dienen. In Abb. 8.3 werden exemplarisch die sieben Basisemotionen anhand von Gesichtsausdrücken eines menschlichen Probanden dargestellt.

Abb. 8.3 Basisemotionen

8.5.2 Darstellung von Emotionen

Roboter verfügen naturgemäß über kein eigenes emotionales Empfinden. Ihre „Emotionen" resultieren aus der Erkennung menschlicher Signale und einer daraufhin programmierten Reaktion (Rojas 2016). Die Erkennung erfolgt über multisensorische Systeme: Mikrofone erfassen Tonlage und Sprachmelodie, Kameras erkennen Gesichtsausdrücke, und Bewegungssensoren erfassen Gestik und Körperhaltung.

Die Darstellungsformen emotionaler Reaktionen bei Robotern lassen sich in drei Hauptkategorien gliedern:

1. **Visuelle Mittel:**
   Roboter visualisieren Emotionen häufig über „Gesichtselemente". Beispielsweise werden Augen durch LEDs simuliert, deren Größe, Form und Leuchtintensität Emotionen wie Freude (geweitete Pupillen) oder Angst (schnelles Blinken) ausdrücken. Displays ermöglichen eine noch differenziertere Mimikdarstellung, wobei Augenbrauenbewegungen, Mundwinkelstellungen oder Stirnfalten digitale Äquivalente menschlicher Ausdrucksformen bilden.
2. **Auditive Mittel:**
   Durch Modulation der Stimmlage, Lautstärke und Sprechgeschwindigkeit imitieren Roboter emotionale Zustände. Lachen, Seufzen, Erstaunen oder Traurigkeit werden durch spezifische Klangmuster und akustische Feedbacks erzeugt. Besonders humanoide Roboter nutzen diese Mittel, um empathische Reaktionen zu simulieren.

3. **Haptische Mittel:**
   Physische Gesten wie Nicken, Umarmungen, Winken oder das Ausstrecken der Arme gehören ebenfalls zur emotionalen Kommunikation. Durch präzise Bewegungssteuerung via Servomotoren und Aktuatoren wird eine Annäherung an menschliche Bewegungsdynamik erreicht, wodurch die emotionale Wirkung der Roboter verstärkt wird.

Die Kombination dieser Ausdrucksformen ermöglicht es sozialen Robotern, ein glaubwürdiges emotionales Verhalten zu präsentieren. Entscheidend ist hierbei das Arrangement dieser Mittel – also die simultane Abstimmung von visuellen, auditiven und haptischen Reaktionen –, um Authentizität zu erzeugen.

Für eine erfolgreiche Mensch-Roboter-Kommunikation ist die Verwendung natürlicher Sprache essenziell. Anders als künstliche Kommandosprachen ermöglicht natürliche Sprache eine flexible, situationsgerechte Interaktion. Ergänzend kommen speziell entwickelte Programmiersprachen für humanoide Roboter zum Einsatz, welche auf die intuitive Verständlichkeit von Befehlen und Anweisungen ausgerichtet sind (Watzlawick 1967).

Die Herausforderung liegt darin, die Balance zwischen technischer Komplexität und Nutzerfreundlichkeit zu finden. Eine erfolgreiche Kommunikation setzt voraus, dass Roboter die emotionale Intention des Menschen korrekt erfassen und mit kontextgerechtem Verhalten darauf reagieren. Ebenso wichtig ist, dass Menschen die Reaktionen des Roboters eindeutig interpretieren können, um Missverständnisse zu vermeiden.

8.5.3 Empathie

Empathie beschreibt die Fähigkeit, Emotionen, Perspektiven und Bedürfnisse anderer nachzuvollziehen und darauf angemessen zu reagieren. Sie manifestiert sich in Mitgefühl, Verständnis und zugewandter Kommunikation. Zentral für Empathie ist das Vorhandensein von Emotionen und einem Bewusstsein. Bei Robotern handelt es sich jedoch um simulierte Empathie – eine Nachbildung empathischen Verhaltens ohne eigenes Erleben (Bendel 2021).

Roboter können durch algorithmisch gesteuerte Reaktionen den Anschein empathischer Zuwendung erzeugen. Dies geschieht etwa durch das Erkennen emotionaler Zustände beim Menschen und durch das Zeigen entsprechender Reaktionen: Trost bei Traurigkeit, Bestärkung bei Unsicherheit oder Zurückhaltung bei Ärger. Diese Simulation ist jedoch rein funktional und beruht auf vordefinierten Reiz-Reaktions-Mustern.

Die Wirkung von empathischen Simulationen ist ambivalent: Einerseits fördern sie Akzeptanz und Nutzungsbereitschaft, insbesondere in Pflege, Therapie und Service. Andererseits besteht die Gefahr der emotionalen Täuschung – also der Annahme, Roboter verfügten über echte emotionale Intelligenz.

Ein relevanter Aspekt ist hierbei der schon erklärte Uncanny Valley-Effekt. Je menschenähnlicher ein Roboter gestaltet ist, desto höher sind die Erwartungen an seine empathischen Fähigkeiten. Bleiben diese unerfüllt, entsteht Irritation bis hin zu Ablehnung. Die

Diskrepanz zwischen realistischer Erscheinung und begrenzter emotionaler Kompetenz führt zu einem Bruch in der Mensch-Technik-Interaktion.

Für die Gestaltung empathischer Roboter ist daher ein reflektierter Umgang mit anthropomorphen Elementen erforderlich. Designentscheidungen müssen berücksichtigen, in welchem Maß Empathie simuliert wird, ohne falsche Erwartungen zu wecken. In diesem Zusammenhang ist auch der funktionale Kontext entscheidend: Während in der Altenpflege empathisch agierende Roboter positive Effekte zeigen, wäre eine solche Simulation in sicherheitskritischen Industrieumgebungen eher kontraproduktiv.

Zukünftige Entwicklungen zielen darauf ab, die Erkennungs- und Reaktionsfähigkeit von Robotern hinsichtlich menschlicher Emotionen weiter zu verbessern. Fortschritte in den Bereichen Künstliche Intelligenz und Machine Learning eröffnen hierbei neue Potenziale, die jedoch stets im Spannungsfeld zwischen technischer Machbarkeit, ethischer Verantwortung und gesellschaftlicher Akzeptanz stehen.

8.6 Simulation von Emotionen, Mimik, Gestik und Motorik

Vor allem soziale Roboter werden zunehmend in gesellschaftliche Kontexte integriert und übernehmen dabei Aufgaben, die traditionell Menschen vorbehalten waren. Sie interagieren mit Menschen in alltäglichen Situationen, etwa in der Pflege, im Service oder in der Bildung, und sollen dabei nicht nur funktional, sondern auch sozial kompetent wirken. Damit diese Roboter als sozial akzeptabel wahrgenommen werden, ist es notwendig, dass sie über bestimmte äußere Merkmale und Verhaltensweisen verfügen, die beim Menschen vertraute Kommunikationsformen nachbilden. Anthropomorphisierung kann sich in verschiedenen Dimensionen äußern, etwa in der äußeren Form, in sprachlichen Fähigkeiten oder in der Fähigkeit, Emotionen zu simulieren.

Insbesondere die Simulation von Emotionen, Mimik, Gestik und Motorik ist entscheidend für eine gelingende Mensch-Roboter-Interaktion. Durch sie werden soziale Roboter in die Lage versetzt, emotionale Zustände auszudrücken, nonverbale Hinweise zu geben und insgesamt „lebendig" zu erscheinen (Bendel 2021).

Diese Aspekte sind nicht nur funktional, sondern auch kommunikationspsychologisch relevant, da sie es Menschen erleichtern, mit Robotern zu interagieren, ihnen zuzuhören oder auf sie zu reagieren.

8.6.1 Grundlagen und Bedeutung der Emotionssimulation

Die Simulation von Emotionen stellt eine zentrale Strategie im Rahmen der Anthropomorphisierung dar, um eine effektivere Mensch-Roboter-Interaktion zu ermöglichen. Emotionale Simulationen, wie das Nachahmen von Mimik oder affektiven Reaktionen, können die wahrgenommene „Menschlichkeit" eines Roboters erhöhen und somit soziale Bindung sowie Interaktion erleichtern. Durch die Einbindung von emotionsähnlichen

Ausdrucksformen wird die Illusion eines inneren emotionalen Zustands erzeugt, der vom Menschen als authentisch interpretiert werden kann.

Insbesondere in sozialen Kontexten trägt die emotionale Simulation dazu bei, dass Roboter als empathisch, aufmerksam und sozial kompetent wahrgenommen werden. Dies wirkt sich positiv auf das Vertrauen der Nutzer, die wahrgenommene Intelligenz sowie die emotionale Akzeptanz des Roboters aus.

Ein zentraler Bereich ist die Simulation von Mimik, bei der emotionale Gesichtsausdrücke mithilfe motorisierter Mechanismen oder flexibler Materialien nachgebildet werden. So sind einige humanoide Roboter mit beweglichen Gesichtskomponenten ausgestattet, die es ihnen ermöglichen, kontextabhängige mimische Reaktionen zu zeigen. Ergänzend dazu spielt die Gestik-Simulation eine bedeutende Rolle: Emotionen wie Freude oder Trauer können durch charakteristische Körperhaltungen und Bewegungsabläufe dargestellt werden. Diese Gesten, etwa geöffnete Arme oder gesenkte Schultern, gelten in vielen Kulturen als universell verständlich und lassen sich durch robotische Systeme nachbilden.

Ein weiterer Ansatz liegt in der Modulation von Stimme und Sprache. Emotionale Zustände wie Begeisterung, Angst oder Ärger äußern sich beim Menschen oftmals durch Veränderungen in Tonhöhe, Lautstärke oder Sprechmelodie. Entsprechend können auch künstliche Stimmen algorithmisch so angepasst werden, dass sie emotionale Nuancen imitieren.

Zudem nutzen einige Roboter physiologische Signaläquivalente, um emotionale Zustände zu vermitteln. Hierzu zählen etwa Veränderungen in der Lichtfarbe, der Einsatz von Vibrationen oder akustischen Signalen, die bestimmte emotionale Zustände symbolisieren sollen. Schließlich tragen auch verhaltensbasierte Reaktionsmuster zur emotionalen Wirkung eines Roboters bei. So können soziale Roboter auf Interaktionen mit dem Menschen dynamisch reagieren, etwa durch kurze Reaktionsverzögerungen, abrupte Bewegungen oder empathisch wirkende Handlungen, wodurch ein Eindruck von Emotionalität entsteht (Misselhorn et al. 2023).

Insgesamt zeigen diese Ansätze, dass die Simulation von Emotionen in der Robotik ein komplexes Zusammenspiel verschiedener technischer und wissenschaftlicher Disziplinen erfordert, um eine möglichst natürliche und zwischenmenschlich wirkende Kommunikation zu ermöglichen.

Zudem wird durch diese Art der Kommunikation der Roboter als sozial kompetenter wahrgenommen, was Vertrauen, Akzeptanz und Empathie fördert. Vor allem in sensiblen Einsatzbereichen kann dies entscheidend zur Wirksamkeit von Robotertechnologien beitragen.

Jedoch greift die Diskussion um die emotionale Ausdrucksfähigkeit von Robotern eine zentrale philosophische Unterscheidung auf: jene zwischen tatsächlich erlebten Emotionen („emotions-had") und lediglich beobachtbaren oder wahrgenommenen Emotionen („emotions-perceived") (Misselhorn et al. 2023).

Aus dieser Perspektive können Maschinen keine echten Emotionen empfinden, sondern lediglich emotionale Zustände simulieren, die beim menschlichen Gegenüber als

Emotionen wahrgenommen werden. Diese Sichtweise steht in der Tradition des kartesianischen Dualismus, insbesondere der Annahme René Descartes', dass Maschinen nicht zu bewussten Erfahrungen fähig sind. Roboter erscheinen somit nicht als fühlende Wesen, sondern als Systeme, die durch funktionale Nachahmung emotionale Reaktionen auslösen können, ohne selbst emotionale Bewusstseinszustände zu erleben.

8.6.2 Beispiele Simulation von Emotionen

Der therapeutische Roboter Paro etwa reagiert auf Berührungen und Sprachlaute mit Bewegungen und Geräuschen, die als Zuneigung oder Freude interpretiert werden können. Dies fördert insbesondere im Pflegekontext, etwa bei Demenzpatienten, eine emotionale Bindung. Auch die humanoiden Roboter Pepper und Nao von SoftBank Robotics sind so programmiert, dass sie durch affektive Reaktionen wie Gesichtsausdrücke, Sprachintonation und körperliche Gesten emotionales Verhalten nachahmen. Ein weiteres Beispiel ist der Roboter Kismet, der über bewegliche Augenbrauen, Mundpartien und Kopfbewegungen Emotionen wie Freude, Überraschung oder Ärger simulieren kann. Diese Beispiele verdeutlichen, dass die glaubhafte Darstellung emotionaler Reaktionen das anthropomorphe Potenzial von Robotern deutlich erhöht, da Menschen dazu neigen, solchen Ausdrucksformen innere Zustände zuzuschreiben, auch wenn diese technisch erzeugt sind (Manzeschke und Assadi 2023).

Zur technischen Umsetzung der Emotionssimulation eignet sich insbesondere das OCC-Modell von Ortony, Clore und Collins. Dieses kognitiv orientierte Modell basiert auf Bewertungen von Ereignissen, Handlungen oder Objekten und erlaubt eine regelbasierte Implementierung von Emotionen in künstlichen Systemen. Das Modell wird in zahlreichen Robotiksystemen als Grundlage für emotionale Reaktionen verwendet und bietet eine strukturierte Möglichkeit, Emotionen programmatisch zu simulieren.

Die Emotionssimulation in der Künstlichen Intelligenz basiert auf den Grundlagen des Affective Computing, einem interdisziplinären Forschungsfeld an der Schnittstelle von Informatik, Psychologie und Kognitionswissenschaft. Ziel ist es, technischen Systemen die Fähigkeit zu verleihen, menschliche Emotionen zu erkennen, kontextbezogen zu interpretieren und in glaubwürdiger Weise nachzubilden, um die Interaktion zwischen Mensch und Maschine emotional intelligenter und natürlicher zu gestalten. Die technische Umsetzung erfolgt über mehrere miteinander verknüpfte Komponenten. Zunächst analysieren KI-Systeme mittels sensorischer Wahrnehmung nonverbale Signale wie Mimik, Stimmintonation oder Körperhaltung, um emotionale Zustände zu identifizieren. Ergänzend greifen sie auf strukturierte Wissensbasen über Emotionen zurück, um kontextabhängige Bedeutungen zu erschließen. Evaluationsmechanismen wie Sentimentanalyse, Natural Language Processing und maschinelles Lernen ermöglichen darüber hinaus die Bewertung von Situationen und die Ableitung geeigneter emotionaler Reaktionen. Abschließend sorgt eine programmierte Verhaltenssteuerung dafür, dass diese Reaktionen über ein Repertoire an Ausdrucksformen glaubwürdig umgesetzt werden. Dieser ganzheitliche Ansatz zeigt, dass Emotionssimulation weit über eine einfache Nachahmung hinausgeht: Sie ist das Ergebnis eines komplexen Zusammenspiels technischer, kognitiver und kontextueller Prozesse (Misselhorn et al. 2023).

8.6.3 Technische Umsetzung und Herausforderungen

Zahlreiche Studien belegen, dass emotional agierende Roboter positiver wahrgenommen werden. Nutzer reagieren auf sie nicht nur empathischer, sondern sind auch eher bereit, mit ihnen zu interagieren oder ihnen Hilfe anzubieten. Diese emotionalen Kompetenzen stärken das Vertrauen in die Technologie und erleichtern deren Integration in menschliche Lebenswelten. Dennoch bleibt kritisch zu hinterfragen, inwiefern die Simulation von Emotionen zu realitätsfernen Erwartungen führt und wie offen kommuniziert werden sollte, dass es sich um rein programmierte Reaktionen handelt.

Denn neben den technologischen Fortschritten wirft die Entwicklung emotionaler Maschinen auch eine Reihe philosophischer und ethischer Fragen auf. Eine zentrale Unsicherheit besteht darin, ob Maschinen in der Zukunft möglicherweise doch in der Lage sein könnten, bewusste Emotionen zu entwickeln, anstatt nur deren äußere Erscheinungsformen zu imitieren. Darüber hinaus wird die Simulation von Emotionen in sozialen Kontexten kritisch hinterfragt, da sie möglicherweise zu Fehlannahmen über die tatsächliche Natur von Künstlicher Intelligenz führen könnte. Insbesondere könnte dies die Art und Weise verändern, wie Menschen mit Maschinen interagieren, indem sie Maschinen fälschlicherweise als fühlende oder empathische Akteure betrachten.

Die Simulation von Emotionen in Robotern zeigt, wie stark technologische und ethische Fragestellungen miteinander verflochten sind. Während solche Systeme das Potenzial besitzen, die Mensch-Roboter-Interaktion natürlicher und sozialer zu gestalten, besteht gleichzeitig die Gefahr, dass sie emotionale Nähe nur vortäuschen. Eine bewusste, verantwortungsvolle Gestaltung und Kommunikation über die Grenzen künstlicher Emotionalität ist daher essenziell.

8.7 Gestaltung von Reaktionszeiten

Im Kontext der Anthropomorphisierung technischer Systeme beschreibt die Reaktionszeit die Dauer zwischen einem Handlungsimpuls des Menschen und der darauffolgenden Antwort des Systems. Sie ist ein zentrales Gestaltungselement der Mensch-Technik-Interaktion, da sie sowohl funktionale als auch soziale Bedeutungen transportiert. Insbesondere bei anthropomorphen Robotern ist das Timing ihrer Reaktion entscheidend für die Wahrnehmung von Natürlichkeit, Kompetenz und sozialer Präsenz.

8.7.1 Psychologische Wirkung und Interaktionsqualität durch Reaktionszeiten

Studien belegen, dass anthropomorph gestaltete Roboter eine verkürzte Reaktionszeit im Vergleich zu konventionellen, nicht-menschlichen Systemen aufweisen (Weidner und Redlich 2015). Diese reduzierte Reaktionsdauer wird von Nutzern als positiv wahrgenommen, da sie das Zusammenspiel zwischen Mensch und Maschine erleichtert, Vorhersagbarkeit erhöht und die Interaktion natürlicher erscheinen lässt. Zu kurze oder zu lange Reaktionszeiten hingegen wirken unnatürlich und können Misstrauen oder Frustration hervorrufen.

In der sozialen Robotik ist die Feinabstimmung der Reaktionszeit von besonderer Relevanz. Menschen erwarten ein spezifisches Timing, das sie aus zwischenmenschlichen Interaktionen kennen. Werden diese Erwartungen erfüllt, steigert dies die wahrgenommene Intelligenz und Empathiefähigkeit des Roboters. Andrist et al. (2014) konnten zeigen, dass nicht nur die Reaktionszeit, sondern auch das Blickverhalten eines Roboters die Wahrnehmung seiner Anthropomorphität signifikant beeinflusst. Blickkontakt, subtile Kopfbewegungen und mimische Reaktionen wirken in Kombination mit einem passenden Antwort-Timing authentisch und erhöhen die soziale Präsenz des Roboters.

Reaktionszeiten beeinflussen somit weit mehr als die technische Effizienz. Sie wirken unmittelbar auf die emotionale und soziale Interpretation des Systems. In einer Untersuchung von Li et al. (2010) wurde nachgewiesen, dass Nutzer Roboter mit menschenähnlichen Reaktionszeiten signifikant positiver bewerteten als solche mit rein funktionalem Timing. Je stärker das Antwortverhalten dem menschlichen Standard entsprach, desto höher war die wahrgenommene Kompetenz, Vertrauenswürdigkeit und Sympathie.

Ein weiterer wichtiger Aspekt ist die Kontextsensitivität von Reaktionszeiten. In Notfallsituationen wird eine unmittelbare Reaktion als kompetent und verlässlich wahrgenommen, während in emotional aufgeladenen Interaktionen eine kurze Verzögerung als Zeichen von Empathie interpretiert wird (Eyssel und Kuchenbrandt 2012). Daraus folgt, dass es keine universell „richtige" Reaktionszeit gibt – ihre optimale Ausgestaltung ist immer vom jeweiligen sozialen, funktionalen und kulturellen Kontext abhängig.

Auch die Multimodalität spielt eine Rolle: Ein Roboter, der nicht nur verbal, sondern gleichzeitig durch Gestik oder Mimik reagiert, kann längere Reaktionszeiten durch diese nonverbalen Signale kompensieren. Forschung zur „embodied interaction" zeigt, dass die physische Präsenz und nonverbale Reaktion eines Roboters die Wahrnehmung seiner Antwortgeschwindigkeit positiv beeinflussen kann.

Gleichzeitig sind technische Limitationen ein nicht zu unterschätzender Faktor. Sensorverarbeitung, Netzwerklatenz und Hardwarebeschränkungen beeinflussen die reale Reaktionszeit eines Systems. Diese technischen Verzögerungen stehen im Spannungsfeld zur angestrebten anthropomorphen Gestaltung und erfordern eine leistungsfähige Systemarchitektur, um eine natürliche Interaktionsdynamik zu gewährleisten (Duffy 2003).

Interessant ist auch die soziodemografische Perspektive: Ältere Menschen bewerten längere Reaktionszeiten oft weniger negativ als jüngere Nutzer, die durch schnelle digitale

Interaktionsformen geprägt sind. Ebenso existieren kulturelle Unterschiede: Während in individualistischen Kulturen wie den USA Effizienz und Schnelligkeit geschätzt werden, legen kollektivistische Gesellschaften, wie etwa Japan, größeren Wert auf reflektierte und bedachte Reaktionen (Li et al. 2010).

Ein weiterer relevanter Faktor ist die Erwartungskonformität: Nutzer, die einen menschenähnlichen Roboter vor sich sehen, erwarten auch ein entsprechendes Antwortverhalten. Bleibt dieses aus, entsteht eine Diskrepanz, die zu Irritation und Ablehnung führen kann. Adaptive Systeme, die auf Basis vorheriger Interaktionen das situativ angemessene Reaktionstempo erlernen, könnten hier künftig Abhilfe schaffen.

Zudem gewinnen nonverbale Reaktionszeiten zunehmend an Bedeutung. Mikrogesten – wie das leichte Anheben der Augenbrauen, subtile Kopfneigungen oder minimale Mimikbewegungen – wirken oft bereits vor der verbalen Antwort und tragen signifikant zur Wahrnehmung von „Lebendigkeit“ bei. Studien zeigen, dass Roboter, die solche Mikroreaktionen zeigen, trotz objektiv längerer Antwortzeiten als natürlicher wahrgenommen werden.

Ein innovativer Ansatz ist das sogenannte „Timing-Matching“: Dabei passt der Roboter kontinuierlich sein Antwortverhalten an das Sprechtempo und die Interaktionsdynamik seines menschlichen Gegenübers an. Diese synchronisierte Interaktion steigert nachweislich das Vertrauen, die wahrgenommene Kompetenz sowie die emotionale Bindung zum System.

8.7.2 Ethische Implikationen und adaptive Reaktionssysteme

Neben funktionalen und sozialen Aspekten wirft die Gestaltung von Reaktionszeiten auch ethische Fragen auf. Besonders in sicherheitskritischen Anwendungen, wie der Medizinrobotik oder beim autonomen Fahren, kann eine anthropomorph verzögerte Reaktion gefährliche Konsequenzen haben. Hier muss eine klare Priorisierung der Funktionalität gegenüber sozialer Erwartung erfolgen.

Darüber hinaus birgt die Simulation von Empathie durch gezielt verzögerte Reaktionszeiten das Risiko, Nutzer emotional zu täuschen. Die Grenze zwischen benutzerfreundlicher Gestaltung und manipulativer Wirkung ist fließend. Systeme, die bewusst eine Verzögerung einbauen, um „Mitgefühl“ zu suggerieren, müssen transparent und ethisch reflektiert entwickelt werden.

Zukünftige adaptive Reaktionssysteme sollten daher in der Lage sein, zwischen verschiedenen Kontexten, Nutzergruppen und Interaktionsmodi zu differenzieren. Maschinelles Lernen, kontextbasierte Situationsanalyse und multimodale Signalverarbeitung bieten hier das Potenzial, Reaktionszeiten dynamisch und bedarfsgerecht anzupassen.

Ein Beispiel aus der aktuellen Forschung ist die Arbeit von Onnasch und Roesler (2021), die zeigen konnten, dass adaptive Systeme, welche Reaktionszeiten situativ steuern, die wahrgenommene Natürlichkeit und Akzeptanz von Robotern signifikant erhöhen können, ohne dabei die funktionale Sicherheit zu beeinträchtigen. Diese adaptiven Ansätze bieten einen vielversprechenden Weg, die Balance zwischen sozialer Akzeptanz, technischer Effizienz und ethischer Verantwortung in der Mensch-Roboter-Interaktion zu wahren.

8.8 Beispiele humanoide Robotik

Nachdem nun die wesentlichen Aspekte der Anthropomorphisierung von Technik gerade im Hinblick auf die humanoide Robotik erläutert wurden, wird nun abschließend ein kurzer Überblick über humanoide Systeme und deren Einsatzgebiete gegeben.

Die Geschichte humanoider Roboter begann in den 1970er-Jahren mit dem WaBot-1 in Japan, gefolgt von Asimo von Honda in den 2000er-Jahren, der Treppen steigen und rennen konnte, aber nur eine kurze Betriebsdauer hatte.

Frühe Ansätze und Forschungen am Fachbereich Wirtschaftsingenieurwesen der Hochschule Niederrhein beschäftigten sich 2016 mit einer eigenen Experimentierplattform namens „Rhoni" (siehe Abb. 8.4).

Die Idee bestand darin, einen menschenähnlichen Roboter zu entwickeln, der zukünftig einfache Handgriffe in Haushalt und Pflege übernehmen sollte: beim Aufstehen und Anziehen helfen, aufräumen oder ein Teil aus dem Küchenregal holen. Dabei war nicht der Ersatz von stationärer Pflege durch Roboter im Fokus, sondern es ging vielmehr um Entlastung des Personals durch Übernahme unterstützender Tätigkeiten: Wäschesäcke wegbringen, Essen oder Medikamente verteilen, Mülleimer leeren, Akten transportieren oder Getränke holen. Trotz intensiver Arbeit an dem Projekt sind viele Ziele noch nicht erreicht worden, da sich das System als zu komplex erwies. Die Steuerung war fehleranfällig, die Bedienerschnittstelle überforderte selbst geschultes Personal, und eine intuitive Mensch-Maschine-Interaktion fehlte. Bewegungen sind starr vorgegeben und nicht adaptiv, autonome Entscheidungen oder lernfähige Systeme fehlten. Sicherheitsmechanismen existierten nicht; der Betrieb erfordert permanente Überwachung. Die Bewegungskontrolle war unzuverlässig – der Roboter konnte auf unbekannte Hindernisse nicht reagieren und ist instabil. Somit wurde das Projekt im Laufe der Zeit verworfen aber lieferte dennoch eine wichtige Kernaussage: Eine verständliche und klare Mensch-Maschine-Interaktion ist für solche technischen Artefakte unerlässlich.

Somit sind bis heute marktgerechte humanoide Roboter selten und die Entwicklung dauert oft lange. Beispiele für kommerzielle Roboter, die im Laufe der letzten Jahre in Erscheinung getreten sind, wie Nao und Pepper, zeigen, dass humanoide Roboter heute vor allem in den Bereichen Pflege, Bildung und Service eingesetzt werden, jedoch nicht für den privaten Gebrauch verfügbar sind.

Seit Ende 2023 zeigt sich auch der Einsatz im industriellen Kontext, wie z. B. bei dem Unternehmen Nio in der Elektroautoproduktion in China. Ein prominentes Beispiel befindet sich in dem BWM-Werk in Spartenburg/USA. Der humanoide Roboter Figure 02, entwickelt vom kalifornischen Unternehmen Figure AI, wird dort aktuell in der Blech-

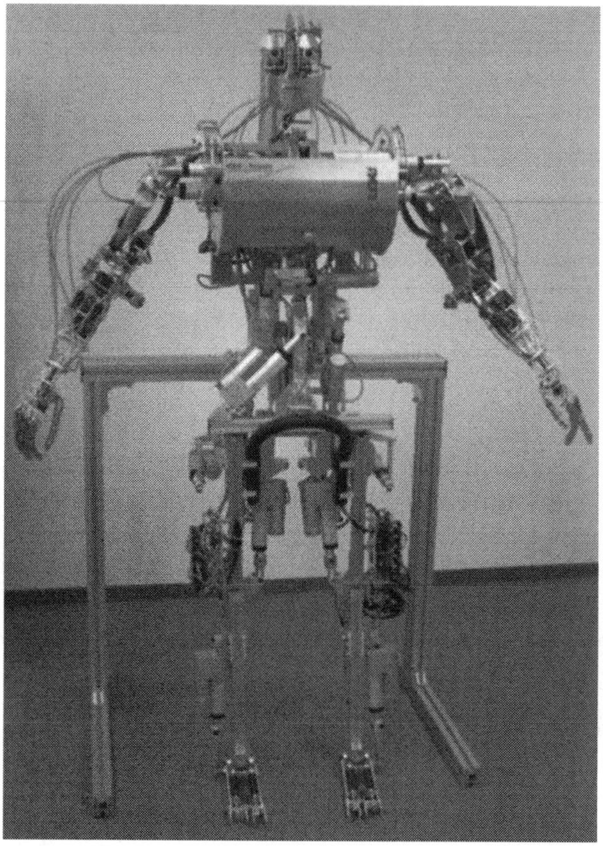

Abb. 8.4 Roboter Rhoni

fertigung erprobt. Mit einer Körpergröße von rund 1,70 Metern und einem Gewicht von 70 kg wurde er speziell für industrielle Anwendungen konzipiert. Seine Hände bieten 16 Bewegungsfreiheitsgrade und eine dem Menschen vergleichbare Greifkraft, wodurch er in der Lage ist, anspruchsvolle Aufgaben wie das exakte Platzieren von Blechteilen in Fertigungsvorrichtungen zu übernehmen (BMW Group 2024). Dank sechs integrierter RGB-Kameras, Mikrofonen, Lautsprechern sowie fortschrittlicher Sensorik ist Figure 02 fähig, sich selbstständig in der Produktionsumgebung zu orientieren und mit ihr zu interagieren. Im Vergleich zu seinem Vorgängermodell verfügt er über eine dreifach gesteigerte Rechenleistung, was eine besonders präzise und effiziente Ausführung seiner Aufgaben ermöglicht.

BMW betrachtet den Einsatz von Figure 02 als sinnvolle Entlastung für Mitarbeitende bei körperlich anstrengenden und ergonomisch ungünstigen Tätigkeiten. Der Testlauf ist Teil der unternehmensweiten BMW iFACTORY-Strategie, die auf eine digitalisierte, flexible und nachhaltige Produktion hinarbeitet (BMW Group 2024). In der Zukunft, wenn die Verkaufspreise für die Unternehmen wirtschaftlich sind, werden humanoide Roboter immer mehr Einzug in Fabrikhallen erhalten und werden in einem Arbeitssystem fester Bestandteil sein.

Aufbau eines humanoiden Roboters

Humanoide Roboter haben typischerweise zwei Arme, einen Kopf, Augen, Mund und Ohren. Manche sind mit Rollen statt Beinen ausgestattet, wie zum Beispiel „Pepper" und andere beherrschen sogar menschliche Bewegungsmuster wie Tanz, wie „NAO". Außerdem können diese kommunizieren sowie Mimik und Gestik verwenden, wodurch sie natürlichsprachliche Interaktion ermöglichen. Durch Machine Learning sind humanoide Roboter anpassungsfähig und können durch gemeinsame Erfahrungen mit Menschen ihr Verhalten anpassen und dadurch soziale Beziehungen aufbauen. Trotzdem bleiben sie Maschinen und sind nicht perfekte Imitationen des Menschen (z. B. keine Haut oder Haare). Androide Roboter hingegen sind Menschenkopien, die mit Haut und Gesicht ausgestattet sind, um dem menschlichen Erscheinungsbild möglichst nahe zu kommen. Die Entwicklung humanoider Roboter ist technisch anspruchsvoll. Obwohl Computer mittlerweile in Bereichen wie Schach oder Go überlegen sind, stoßen Roboter bei einfachen physiologischen Aufgaben wie Wahrnehmung und Mobilität oft an ihre Grenzen, was als Moravec'sches Paadox bezeichnet wird. Bei der RoboCup Humanoid League, wo Roboter gegeneinander antreten, hatten diese Schwierigkeiten bei einfachen Tätigkeiten. Trotz dieser Herausforderungen wird weiterhin stark in die Entwicklung humanoider Roboter investiert, da es als Ziel angesehen wird, menschenähnliche Maschinen zu schaffen, die mit dem Menschen natürlicher interagieren können.

Ameca – der fortschrittlichste humanoide Roboter

Ein gutes Beispiel für die rasante Entwicklung ist die Ameca-Version 2024 (siehe Abb. 8.5) des britischen Unternehmens Engineered Arts gilt als einer der fortschrittlichsten humanoiden Roboter weltweit. Entwickelt zur Förderung der natürlichen Mensch-Maschine-Interaktion, kombiniert Ameca hoch entwickelte Mechanik mit künstlicher Intelligenz und realitätsnaher Mimik. Der Roboter verfügt über 27 fein abgestimmte Aktuatoren im Gesicht, die ihm ermöglichen, Emotionen wie Überraschung, Freude oder Skepsis äußerst glaubwürdig darzustellen. Unterstützt durch integrierte Mikrofone, Kameras und cloudbasierte KI erkennt Ameca Gesichter, interpretiert Emotionen und kommuniziert in mehreren Sprachen, darunter Englisch, Arabisch, Chinesisch, Spanisch, Hindi und Russisch (Engineered Arts 2024; Blooloop 2024).

Ein modulares Design ermöglicht den einfachen Austausch und die individuelle Konfiguration von Komponenten wie Kopf oder Armen – ein Vorteil für zukünftige Weiterentwicklungen. Dank der Cloud-Konnektivität kann Ameca weltweit ferngewartet und mit neuen Funktionen aktualisiert werden. Der Roboter kommt bereits in verschiedenen Bereichen zum Einsatz: Im Museum of the Future in Dubai agiert Ameca als interaktiver Assistent für Besucher, im National Robotarium in Edinburgh wird er für Bildungs- und Forschungszwecke genutzt. Zudem präsentierte sich Ameca auf dem Mobile World Congress 2024 als technologische Innovation mit beeindruckender sozialer Responsivität (The National Robotarium 2024; ineltec 2024).

Die 2024er-Version von Ameca demonstriert eindrucksvoll, wie humanoide Roboter künftig nicht nur technische, sondern auch soziale Aufgaben übernehmen können. Durch ihr menschenähnliches Erscheinungsbild und einfühlsames Verhalten leistet Ameca einen wichtigen Beitrag zur gesellschaftlichen Akzeptanz humanoider Technologien.

Abb. 8.5 Ameca

Humanoid als Sozialpartner

Zudem sollen Menschen diese Roboter als soziale Wesen wahrnehmen und mit ihnen eine gewisse Form der Beziehung eingehen können wie zum Beispiel in der Pflege, Bildungseinrichtungen oder im Kundenkontakt, um die Akzeptanz und Interaktionsqualität zu erhöhen. Humanoide Roboter bestehen aus Tausenden mechanischer und elektrischer Komponenten und sind somit komplexe technische Systeme. Sie sind darauf ausgelegt, sich kontinuierlich zu bewegen, ihre Gliedmaßen zu benutzen und mit Objekten zu interagieren. Dies führt zu hohem Verschleiß, da sich Kabel im Inneren abnutzen und Gelenke ausleiern. Daher sind humanoide Roboter sehr wartungsintensiv, was bei ihrem Einsatz, insbesondere im Gesundheitswesen, berücksichtigt werden muss. Einige Hersteller bieten hochpreisige Systeme mit langlebigen Industriekomponenten an, die seltener ausfallen, während andere günstigere Modelle für weniger komplexe Aufgaben wie Hol- und Bringdienste entwickelt wurden (Pfannstiel 2022).

Des Weiteren wird auf Flexibilität gesetzt: Roboter können in verschiedenen Konfigurationen eingesetzt werden, etwa nur mit Kopf für einfache Aufgaben wie beim Empfang von Gästen. Diese Flexibilität reduziert nicht nur Kosten, sondern ermöglicht eine schrittweise Einführung des Roboters. Auch die Adaptivität wird betont, da einzelne Komponenten des Roboters, wie der Kopf oder die Arme, regelmäßig verbessert werden können, ohne das gesamte System zu ersetzen. Dies bietet eine nachhaltigere und kostengünstigere Lösung.

Schließlich wird auch die Einfachheit betont, indem die Komplexität des Systems reduziert wird. Der Roboter Myon ist so konzipiert, dass seine Module autark arbeiten und Selbstdiagnosen durchführen können. Dies erhöht die Zuverlässigkeit und ermöglicht eine frühzeitige Erkennung von Problemen, bevor größere Schäden auftreten. Diese modularen, flexiblen und adaptiven Ansätze machen humanoide Roboter nicht nur für den industriellen Einsatz, sondern auch für den Einsatz im Gesundheitswesen und anderen Bereichen attraktiv (Pfannstiel 2022).

Ethik und Herausforderungen

Die Ethik im Zusammenhang mit humanoiden Robotern ist auch ein wichtiger Aspekt. Dabei wird betont, dass Ethik nicht nur als Instrument zur Akzeptanz technischer Entwicklungen dient, sondern als eigenständige normative Reflexion über moralische Herausforderungen, die durch neue Technologien wie humanoide Roboter entstehen.

Ein zentraler Punkt ist, dass humanoide Roboter keine moralischen Akteure im eigentlichen Sinne sind. Sie verfügen weder über Bewusstsein noch über die Fähigkeit zu moralischer Urteilsbildung. Vielmehr handelt es sich um von Menschen hergestellte Systeme, deren Verhalten durch Design, Programmierung und Trainingsdaten beeinflusst wird. Zwar können ihre Reaktionen auf soziale Interaktionen als „moralisch" interpretiert werden, dies ist jedoch Ergebnis menschlicher Zuschreibung und nicht Ausdruck tatsächlicher moralischer Kompetenz (Funk 2023). Gerade durch diese Zuschreibungen wird deutlich, dass humanoide Roboter moralisch aufgeladen sein können – nicht durch ihr eigenes Handeln, sondern durch die ethischen Wertungen, die in ihrem Design und ihrer Funktion angelegt sind. Dazu zählt insbesondere das Problem des training bias, also der Verzerrungen, die durch vorstrukturierte und kulturell geprägte Datensätze in das Verhalten der Roboter einfließen.

Zukünftige Entwicklungen

Die Entwicklung humanoider Roboter hat seit Ende 2024 einen großen Sprung nach vorne gemacht, wobei die Erfahrungen aus der Industrierobotik nur bedingt hilfreich sind, da humanoide Roboter in einer sich ständig verändernden Umgebung interagieren müssen, ohne Menschen zu schädigen. Insbesondere mittels einer KI-Nutzung wird es in den nächsten Jahren zu immer mehr Einsatzmöglichkeiten kommen. Ein weiterer bedeutsamer Aspekt dabei ist, wie schon oben beschreiben, der Datenschutz. Humanoide Roboter interagieren häufig im privaten, pflegenahen, oder industriellen Umfeld und nutzen dabei Sensoren zur Spracherkennung, Kameras oder Bewegungsanalyse. Daraus ergibt sich eine besondere datenschutzrechtliche Relevanz, denn sie verarbeiten potenziell sensible Informationen. Die Bedeutsamkeit von humanoiden Robotern wird durch Wachstumsmarktprognosen deutlich. Genaue Verkaufszahlen der letzten Jahre gibt es nicht fundiert aufbereitet. Aber folgende Informationen zeigen das Potenzial des humanoiden Roboter Marktes:

- **2015–2020**: Der Markt befand sich in einer frühen Phase mit begrenzten kommerziellen Einsätzen hauptsächlich in Forschung und Entwicklung.
- **2021–2023**: Zunehmende Integration in Sektoren wie Gesundheitswesen, Bildung und Unterhaltung führte zu einem moderaten Anstieg der Verkäufe.
- **2024**: Der Marktwert wurde auf etwa **1,55 Mrd. USD** geschätzt, mit einem prognostizierten Wachstum auf **1,81 Mrd. USD** im Jahr 2025 (Coherent Market Insights 2025).
- **Langfristige Prognose**: Einige Analysen schätzen den Marktwert bis 2035 auf **38 Mrd. USD**, angetrieben durch Fortschritte in KI und autonomen Systemen (Research and Markets 2025).

Literatur

Andrist, S., Tan, X. Z., Gleicher, M. & Mutlu, B. (2014). Conversational gaze aversion for human-like robots. Proceedings of the 2014 ACM/IEEE International Conference on Human-Robot Interaction.

Baxter, P., Kennedy, J., Senft, E., & Belpaeme, T. (2021). Designing and evaluating iconic gestures for child-robot second language tutoring. *Interacting with Computers*, 33(6), 596–613. https://doi.org/10.1093/iwc/iwab019

Bendel, O. (2021). Soziale Roboter: Technikwissenschaftliche, wirtschaftswissenschaftliche, philosophische, psychologische und soziologische Grundlagen. Springer Vieweg, Wiesbaden. Online verfügbar unter: https://doi.org/10.1007/978-3-658-31482-6

Blooloop (2024). Museum of the Future introduces Ameca humanoid robot. Online verfügbar unter: https://blooloop.com/museum/news/museum-of-the-future-ameca-humanoid-robot/ [Zugegriffen: 11. Mai 2025].

BMW Group (2024). Erfolgreicher Testeinsatz humanoider Roboter im BMW Group Werk Spartanburg. Online verfügbar unter: https://www.press.bmwgroup.com/deutschland/article/detail/T0444264DE/erfolgreicher-testeinsatz-humanoider-roboter-im-bmw-group-werk-spartanburg?language=de [Zugegriffen: 11. Mai 2025].

Coherent Market Insights (2025). Humanoid Robot Market Size and Share Analysis – Growth Trends and Forecasts (2025–2032). Online verfügbar unter: https://www.coherentmarketinsights.com/industry-reports/humanoid-robot-market [Zugegriffen: 11. Mai 2025].

Dautenhahn, K. (2007). Socially intelligent robots: Dimensions of human–robot interaction. Philosophical Transactions of the Royal Society B: Biological Sciences, 362(1480), 679–704. https://doi.org/10.1098/rstb.2006.2004

de Graaf, M. M. A., Allouch, S. B. & Klamer, T. (2015). Sharing a life with Harvey: Exploring the acceptance of and relationship-building with a social robot. Computers in Human Behavior, 43, 1–14. https://doi.org/10.1016/j.chb.2014.10.030

Duffy, B. R. (2003). Anthropomorphism and the social robot. Robotics and Autonomous Systems, 42(3–4), 177–190. https://doi.org/10.1016/S0921-8890(02)00374-3

Dudenredaktion (Hrsg.) (2024). Duden – Die deutsche Rechtschreibung. 29. Auflage. Dudenverlag, Berlin.

Ekman, P. (1992). An argument for basic emotions. Cognition & Emotion, 6(3–4), 169–200. https://doi.org/10.1080/02699939208411068

Engineered Arts (2024). Ameca – The World's Most Advanced Humanoid Robot. Online verfügbar unter: https://engineeredarts.com/robot/ameca/ [Zugegriffen: 11. Mai 2025].

Epley, N., Waytz, A. & Cacioppo, J. T. (2007). On seeing human: A three-factor theory of anthropomorphism. Psychological Review, 114, 864–886.

Eyssel, F. & Kuchenbrandt, D. (2012). Social categorization of social robots: Anthropomorphism as a function of robot group membership. British Journal of Social Psychology.

Funk, M. (2022). Roboter- und KI-Ethik. In Springer eBooks. https://doi.org/10.1007/978-3-658-34666-9

Funk, M. (2023). Ethik künstlicher Intelligenz: Eine Topographie zur praktischen Orientierung. Springer Vieweg, Wiesbaden.

Gray, K. W. (2012). Feeling robots and human zombies: Mind perception and the uncanny valley.

Heuer, H., Tribelhorn, A. & Schiebener, J. (2022a). Mensch-Technik-Interaktion: Grundlagen, Konzepte und Anwendungen. Springer Vieweg, Wiesbaden.

Heuer, H., Lütge, C., & Schultz, C. D. (2022b). Integration of home assistance with a gesture-controlled robotic arm. In: *Proceedings of the 2022 International Conference on Human-Robot Interaction* (S. 123–132). ACM.

Huang, C.-M., & Mutlu, B. (2019). Modeling and evaluating narrative gestures for humanlike robots. *International Journal of Social Robotics*, 11(1), 5–23. https://doi.org/10.1007/s12369-018-0495-6

Ineltec (2024) Ameca: Revolutionary Breakthrough in Humanoid Robotics at Mobile World Congress 2024. https://www.ineltec.net/news/technology/ameca-revolutionary-breakthrough-in-humanoid-robotics-at-mobile-world-congress-2024. Zugegriffen: 11. Mai 2025

Kendon, A. (2004). Gesture: Visible Action as Utterance. Cambridge University Press, Cambridge.

Li, D., Rau, P. L. P. & Li, Y. (2010). A cross-cultural study: Effect of robot appearance and task. International Journal of Social Robotics, 2, 175–186. https://doi.org/10.1007/s12369-010-0056-9

Lin, P., Abney, K. & Bekey, G. A. (2017). Robot Ethics 2.0: From Autonomous Cars to Artificial Intelligence. Oxford University Press, Oxford.

Manzeschke, A., & Assadi, A. (2023). Anthropomorphe Roboter: Zwischen Simulation und Täuschung. In: Manzeschke, A. & Assadi, A. (Hrsg.), Technik und Ethik: Perspektiven auf die Mensch-Maschine-Interaktion (S. 45–68). Springer VS, Wiesbaden.

Misselhorn, C., Poljansek, T., Störzinger, T. & Klein, M. (2023). Emotional Machines: Perspectives from Affective Computing and Emotional Human-Machine Interaction. Springer Nature, Wiesbaden.

Onnasch, L. & Roesler, E. (2021). Anthropomorphism in Human–Robot Interaction: A Multi-Level Taxonomy of Design Features. International Journal of Social Robotics, 13, 1229–1240. https://doi.org/10.1007/s12369-021-00776-5

Paetz, F., & Schultz, C. D. (2023). Nutzerpräferenzen für Markierungen digitaler Sprachassistenten – Eine wettbewerbsbasierte Diskussion. In: Gerth, S. & Heim, L. (Hrsg.), *Entrepreneurship der Zukunft: Digitale Technologien und der Wandel von Geschäftsmodellen* (S. 345–370). Springer Fachmedien, Wiesbaden.

Pfannstiel, M. (2022). Künstliche Intelligenz im Gesundheitswesen: Entwicklungen, Beispiele und Perspektiven. Springer Gabler, Wiesbaden.

Plutchik, R. (2001). The Nature of Emotions. American Scientist, 89(4), 344–350.

Rainer, F. (2014). Gestaltgesetze und visuelle Wahrnehmung: Grundlagen für Grafikdesign und Bildgestaltung. Springer Vieweg, Berlin.

Research and Markets (2025). Humanoid Robots Research Report 2025: A $38 Billion Market, Driven by Advances in AI and Autonomous Systems. Online verfügbar unter: https://www.businesswire.com/news/home/20250319568532/en/Humanoid-Robots-Research-Report-2025-A-%2438-Billion-Market-Driven-by-Advances-in-AI-and-Autonomous-Systems%2D%2D- [Zugegriffen: 11. Mai 2025].

Roeßler, E., zur Kammer, K. & Onnasch, L. (2023). Multidimensionale Fragebögen zur Erfassung der wahrgenommenen Robotermorphologie (RoMo) in der Mensch-Roboter-Interaktion. Zeitschrift für Arbeitswissenschaft, 77, 609–628. https://doi.org/10.1007/s41449-023-00383-5

Rojas, R. (2016). Brauchen Roboter Emotionen? – Auf lange Sicht werden wir keine mitfühlenden Roboter haben. Heiser Medien, Hannover.

Rossi, M. S. (2020). Emotion Recognition for Human-Robot Interaction: Recent Advances and Future Perspectives. In Smart Sensor Networks and Autonomy.

The National Robotarium (2024) World's most advanced humanoid robot arrives at the National Robotarium. https://thenationalrobotarium.com/worlds-most-advanced-humanoid-robot-arrives-at-the-national-robotarium/. Zugegriffen: 11. Mai 2025

Watzlawick, P. (1967). Paul Watzlawick – Die fünf Axiome der Kommunikationstheorie. Online verfügbar unter: https://www.paulwatzlawick.de/axiome.html [Zugegriffen: 29. Mai 2025].

Weidner, F. & Redlich, B. (2015). Reaktionszeit als Designfaktor in der Mensch-Maschine-Interaktion. Zeitschrift für Arbeitswissenschaft.

FSC
www.fsc.org
MIX
Papier | Fördert
gute Waldnutzung
FSC® C083411

Kolibri 360 GmbH
Ferdinand-Jühlke-Straße 7
99095 Erfurt, Deutschland
produktsicherheit@kolibri360.de